C

D

G

A Wappen des Seefliegerhorstes Holtenau:
Farben: Äußerer Rand schwarz; innerer Rand rot. Der Adler in Silber, sitzt auf einem braunen Ast, der unten links und rechts ein grünes Blatt hat. Der Untergrund (hinter dem Adler) ist blau.

B Wappen des Seenotdienstes der Luftwaffe:
Farben: Umrandung blau; das Feld ist gelb (Luftwaffen-Spiegel-Farbe) Adler, Rune und Welle blau (himmelblau). Die hellen Flecken auf dem Hals des Adlers, Augenwinkel und Schnabelzwischenraum, sind gelb.

C Wappen der Landstaffel der Seenotgruppe 81:
Farben: Rand weiß, Untergrund gelb, Rune und Wellen blau, Schwert grau.

D Wappen der 2. Seenotflottille:
Farben: Untergrund des Oberteils (mit Löwen) gelb, der Löwe selbst weiß. Untergrund mit dem Drachen blau, der Drache selbst weiß mit blauen Streifen. Die Flügel haben schwarze Streifen. Das Schwert ist weiß unter dem Griff dunkelblau.

E Wappen der 4. Seenotstaffel:
Farben: Äußerer Rand weiß-blaue Quadrate, innerer Rand und die Rune in Gold, der Untergrund ist schwarz. Die Wellen sind weiß-blau-weiß-blau-weiß-blau.

F Wappen der 1. Seenotstaffel:
Farben: Rand des Wappens weiß, der Löwe und die Wellen ebenfalls weiß, die Rune gelb, der Untergrund himmelblau.

G Wappen der 2. Seenot(Schutz- und Such)-Staffel:
Farben: Schwarzes Feld ohne Rand, was weiß zu sehen ist, (Luftschraube, Schwert, Rettungsring) sind weiß. Die Wellen über und unter dem Rettungsring sind blau.

Kühn · Der Seenotdienst der deutschen Luftwaffe 1939–1945

Der dramatische Einsatz einer Handvoll Männer
für Freund und Feind

VOLKMAR KÜHN

Der Seenotdienst der deutschen Luftwaffe 1939-1945

MOTORBUCH VERLAG STUTTGART

Umschlagzeichnung: Carlo Demand
Einband und Umschlagkonzeption: Siegfried Horn
Fotos:
Carl Heß (69)
Heinz J. Nowarra (11)
Dornier, München (5)
Archiv Verfasser (2)

ISBN 3-87943-564-2

1. Auflage 1978

Satz und Druck: Druckhaus Schwaben, 7100 Heilbronn
Bindung: Verlagsbuchbinderei Karl Dieringer, 7000 Stuttgart 1
Printed in Germany

Inhalt

Danksagung

Der besondere Dank des Autors gilt allen Persönlichkeiten und Stellen, die mit dazu beigetragen haben, dieses Buch in der vorliegenden Art zu erstellen.
Insbesondere hat er Oberstleutnant a. D. Carl Heß und dessen Gattin zu danken.
In jahrelanger Mühe, unter Einsatz seiner ganzen Persönlichkeit, hat Oberstleutnant a. D. Heß, der während des Zweiten Weltkrieges in vorderster Reihe des Seenotdienstes stand, all das wichtige Material gesammelt, das Grundlage dieses Werkes geworden ist.

Dortmund-Oespel, im März 1977

Vorwort

Dies ist die Geschichte eines dramatischen und zugleich gefahrvollen Ringens. Dieses Buch berichtet menschliche Hilfsbereitschaft in unmenschlicher Zeit – bis zur Aufopferung des Lebens.
Als im Verlaufe des Zweiten Weltkrieges aus dem »Retten nach dem Kampf« ein »Retten *und* Kämpfen« wurde, zeigte sich die ganze Größe jener Soldaten, die bei fast jedem Wetter und jeder Feindlage mit ihren Flugzeugen starteten und mit ihren Booten ausliefen, wenn irgendwo in der Weite der See eine Flugbesatzung, oder die Besatzung eines Schiffes in Seenot geraten war.
Vom Gegner mit weit überlegenen Kampfmitteln angegriffen, der auch die mit dem Roten Kreuz gekennzeichneten Seenotmaschinen nicht schonte, retteten die Männer des deutschen Seenotdienstes dennoch immer wieder, ohne Ansehen der Person, auch schiffbrüchige Gegner.
Sie liefen mit ihren kleinen Booten in eine tosende See hinein, immer des Gegners gewärtig, der sie mit seinen weit überlegenen Kampfmitteln vernichten konnte. Sie starteten bei Tag und bei Nacht und gingen mit ihren schwerfälligen Flugbooten auf hochgehende See nieder, des eigenen Unterganges gewärtig. Sie taten dies, um zu retten.
Dieses Buch ist allen Männern des Seenotdienstes der Luftwaffe gewidmet, die in diesem Einsatz des Zweiten Weltkrieges über 12000 in Seenot geratene Soldaten *aller* Nationen retteten. Es ist dem Gedächtnis an jene gewidmet, deren Boote und Schiffe während der Rückführungsaktionen aus dem Osten 150000 Menschen

– oft unter Opferung des eigenen Lebens – in den freien Westen brachten. Viele von ihnen verloren ihr Leben bei dem Versuch, das Leben eines Gegners zu retten; viele wurden verwundet, und alle blieben bislang vergessen.
Hier ist *ihre* Geschichte.

Die Aufbauzeit des Seenotdienstes.

DER AUFBAU VOR DEM KRIEGE

Als mit dem beginnenden offiziellen Aufbau der deutschen Luftwaffe an deren obere Führungsstellen die Notwendigkeit herantrat, zum Schutze der über See fliegenden deutschen Flugzeuge der Luftwaffe einen Seenotdienst aufzubauen, galten diese Erwägungen zunächst nur der Seefliegerei. Landflugzeuge flogen in den ersten Jahren noch nicht über See.
Nichts lag also näher, als beim Luftkreiskommando VI (See), dem alle Seefliegerverbände unterstellt waren, eine solche Dienststelle für den Seenotfall aufzustellen. Dies wurde schließlich auch beschlossen.
Der damalige Oberstleutnant Goltz, Referent I b (Bodenorganisationen) dieses Luftkreiskommandos, erhielt den Auftrag, einen solchen Seenotdienst aufzubauen. Da ihm auch die Schiffs- und Bootsangelegenheiten der Seefliegerwaffe des Luftkreiskommandos VI unterstanden, schien er der geeignete Offizier für diese schwierige Aufgabe zu sein. Als Sachbearbeiter wurde ihm der damalige Marinebaurat Heldt zur Verfügung gestellt.
Oberstleutnant Goltz erarbeitete eine »Vorläufige Seenotdienstordnung«. Diese wurde in Gestalt eines Luftkreis-Kommandobefehls zur Kenntnisnahme erlassen.
In dieser Seenotdienstordnung wurden Nord- und Ostsee in Seenotbezirke unterteilt. Die Nordsee in zwei Bezirke, weil sich dort keine größeren Seefliegerhorste befanden, die Ostsee in drei, später in vier Bezirke.
Die Kommandanten der Seefliegerhorste in diesen Seenotbezirken

waren gleichzeitig auch Leiter der Seenotbezirke. Ihre Horstfunkstellen wurden nunmehr auch Seenotfunkstellen.
Jedem dieser Seenotbezirke wurde ein Flugsicherungsschiff zugeteilt. Den Leitern der Seenotbezirke standen außerdem alle Flugbetriebsboote der in ihrem Bezirk liegenden Seefliegerhorste zur Verfügung. Allerdings gab es auf manchen Seefliegerhorsten nur erst ein Flugbetriebsboot.
Die Flugzeuge der Staffeln und der Fliegerschulen standen im Notfall ebenfalls zur Verfügung. Über das Stationskommando in Kiel oder Wilhelmshaven konnten auch Fahrzeuge der Kriegsmarine zu Seenotaufgaben angefordert werden. Darüber hinaus standen alle Rettungsboote der Gesellschaft zur Rettung Schiffbrüchiger zur Verfügung. Mit den Hauptverwaltungen dieser Gesellschaften waren diesbezügliche Vereinbarungen getroffen worden.
Da die Flugsicherungsschiffe ebenso wie die Flugbetriebsboote der Klassen A und B mit Zivilpersonal bemannt waren, wurde für sie ein besonderer Bereitschaftsdienst befohlen, um in schweren Seenotfällen ihren Einsatz sicherzustellen.
Ein weiteres Mittel, in Seenot geratene Flugzeugbesatzungen zu retten, bestand in der Möglichkeit, Seenotmeldungen über die Küstenfunkstellen Norddeich oder Arkona auf Rügen direkt an die in See stehenden Kriegs- und Handelsschiffe zu funken, mit der Bitte, nach vermißten Flugzeugen Ausguck zu halten und sie zu bergen, zum mindesten aber die Besatzungen zu retten. Zusätzliches Personal stand in der Anfangszeit nicht zur Verfügung.
Diese Regelung erwies sich in der ersten Zeit des Aufbaues der Luftwaffe als durchaus ausreichend, denn es gab nur einige wenige Seenotfälle, die meistenteils auch mit diesen wenigen Rettungsmitteln gemeistert werden konnten. Diese Seenotfälle entstanden überwiegend durch Notwasserungen der Seeflugzeuge infolge Motorschadens.
Bei Seenotalarmen wurden automatisch die Tore jenes Seefliegerhorstes geschlossen, der von der betreffenden Seenotbezirksstelle zum Seenoteinsatz herangezogen wurde. Alle Personen, die zum Seenotdienst kommandiert waren, vor allem die Boots-Freiwache, wurden dann mit einem Bereitschaftswagen in den Horst geholt.

Die Fl.B.-Boote liefen aus, die Suchflugzeuge starteten und flogen zur Position des Seenotfalles, oder – wenn eine solche nicht bekannt war – flogen den üblichen Kurs des überfälligen Flugzeuges ab. Der Alarmzustand war mit Abschluß des Seenotfalles beendet.

Die Seefliegerverbände und die Fliegerschulen (See) in der Nord- und Ostsee wurden solcherart ausreichend betreut.

Doch bereits während dieser Zeit der Behelfe erkannten die damit befaßten Stellen, daß der Seenotdienst weiter verbessert und daß er auf eigene Füße gestellt werden mußte. Dies zum einen, weil auch der zivilen Luftfahrt geholfen werden sollte, und zum anderen, weil damit zu rechnen war, daß auch Landflugzeuge bei einem zu erwartenden Einsatz im Kriege über See fliegen würden. Es galt, gesetzliche Bestimmungen über die Hilfeleistungspflicht in Seenotfällen von Luftfahrzeugen zu schaffen.

Solche gesetzliche Bestimmungen bestanden bereits für alle jene Staaten, die der CINA (Convention Internationale de Navigation Aéronautique) angehörten. Deutschland zählte nicht dazu.

Erst im Wehrleistungsgesetz und später im Reichsleistungsgesetz wurden entsprechende Bestimmungen aufgenommen.

Nachdem im Frühjahr 1939 der erste übungsmäßige Einsatz von Landflugzeugen über See erfolgt war, stellte man den daran beteiligten Fliegerverbänden alle jene Vorschriften zu, die von dem Referenten für den Seenotdienst bei der L. In. 8 ausgearbeitet worden waren. Es waren dies:

L.Dv. 92/Teil 1: »Vorläufige Seenotdienstordnung«.

L.Dv. 92/Teil 2: »Verzeichnis der Seenothilfsmittel an der deutschen Nord- und Ostseeküste«.

L.Dv. 92/Teil 4: »Rechtsvorschriften und Verwaltungsbestimmungen über Hilfeleistungen für Luftfahrzeuge in Seenot.«

Alle Einheiten, die bei dieser ersten Übung über See zum Einsatz gelangten, wurden mit Rettungsschlauchbooten ausgerüstet und im Gebrauch derselben unterwiesen.

Bei dieser Übung verlief alles glatt. Es kam zu keinem Seenotfall, so daß auch keine Erfahrungen gesammelt werden konnten. Ein Mangel wurde jedoch sofort erkannt: der Funkverkehr ließ sehr zu wünschen übrig. Dies war Anlaß für den Chef des Nachrich-

tenverkehrswesens der Luftwaffe, General Martini, eine Flugsicherungszentrale bei Bremen zu fordern. Der Generalstab der Luftwaffe genehmigte diesen Antrag. Mit der Führung dieser Flugsicherungszentrale wurde Major Spindler betraut, der von der Luftnachrichtentruppe kam.
Die Flugsicherungszentrale Bremen wurde mit der Seenotzentrale Nord, Major Engelhorn, zusammengeschlossen und letztere der ersten unterstellt. Dieses Verfahren bewährte sich, wenn es auch in diesem besonderen Falle negativ ins Gewicht fiel, daß der Kommandeur der Flugsicherungszentrale keine seemännische Vorbildung besaß. Um diesen Mißstand zu beheben, wurde die Seenotzentrale Nord zu Beginn des Zweiten Weltkrieges nach Wilhelmshaven verlegt und dort dem Befehlshaber der Sicherung Nordsee (BSN) einsatzmäßig unterstellt. Sie wurde gleichzeitig durch eine direkte Leitung mit der Flugsicherungszentrale verbunden.
Eine für die Ostsee in Stettin-Altdamm geplante gleiche Einrichtung konnte vor Kriegsausbruch nicht mehr fertiggestellt werden.
Dies war die Ausgangssituation zu Beginn des Zweiten Weltkrieges. Da der Generalstab der Luftwaffe für den Seenotdienst keine Vorbereitungen im Falle einer Mobilmachung getroffen hatte, unterblieben diese.

DIE FAHRZEUGE FÜR DEN SEENOTDIENST. – DAS »KOMMANDO DER SCHIFFE UND BOOTE«.

Mit dem Bau und Betrieb von Seeflugzeugen wurden auch Fahrzeuge erstellt, die diese Seeflugzeuge betreuen konnten. Es waren Flugbetriebsboote. Später wurden besondere Schiffe gebaut oder vorhandene, brauchbare Schiffe umgebaut und mit Einrichtungen zum Anbordnehmen von Seeflugzeugen versehen.
Oberstleutnant Goltz stand zu Anfang nur das kleine Flugsicherungsschiff »Krischan« zur Verfügung. Es war mit Ladebäumen zur Übernahme kleiner Flugzeuge ausgerüstet und konnte Seeflugzeuge über das Heck aufnehmen.
Die »Krischan« war von der deutschen Verkehrsfliegerschule in List auf Sylt an die Luftwaffe abgegeben worden. Ein zweites Flugsicherungsschiff mit einer Krananlage befand sich im Bau.

Hinzu kamen einige schnelle Flugbetriebsboote, Klasse B, die allerdings nur bedingt seefähig waren, mehrere kleinere Flugbetriebsboote der späteren Klasse C für den Hafenbetrieb und ein seefähiges Chefboot für den Kommandierenden General des Luftkreiskommandos VI (See).
Oberstleutnant Goltz ließ alle Boote in die Gruppe Schiffe und Boote zusammenfassen. Als Leiter dieser Gruppe wurde vom Reichsluftfahrtministerium (RLM) der spätere Generalmajor Schantz, der Marineoffizier gewesen war, sowie der frühere Marine-Ingenieur, Hauptmann Bendix, abkommandiert.
Die Flugsicherungsschiffe wurden mit Zivilpersonal bemannt. Sie führten die Reichsdienstflagge und waren als Staatsfahrzeuge kenntlich gemacht.
Die leichten und schnellen A-Boote waren infolge ihres geringen Gewichtes und wegen der geringen Ausladung mit der Bahn transportierbar. Dies war ein Vorteil insofern, als ihr Transport auch zu Kriegsschauplätzen, die sie über See nicht erreichen konnten, möglich war.
Das Technische Amt des RLM stellte bereits 1936 feste Bauprojekte für Flugsicherungsschiffe und Flugbetriebsboote auf. Insgesamt wurden von den Flugsicherungsbooten der Klasse A nur 10 Stück gebaut. Die Klasse C – sogenannte »Seeschwalben« – und die C-Tunnelboote, für den Betrieb auf den Seefliegerhorsten, wurden in einer Stückzahl von 64 fertiggestellt.
Im Laufe der Jahre gelang es, die Geschwindigkeit der B-Boote von 10 kn auf 30 kn zu steigern. Die Größe wurde von 20 t auf 60 t erhöht. Der Bau der besseren, widerstandsfähigeren B-Klassen-Stahlboote begann erst verhältnismäßig spät. Sie waren bei feindlichen Luftangriffen viel weniger empfindlich, als die Boote mit den Holzrümpfen.
Zu den von der Luftwaffe entwickelten Booten gehörten noch eine Anzahl von Bergungsprähmen mit Motoranlagen und Hebekränen sowie Flugbetriebsboote der D-Klasse. Letztere waren Motorbarkassen für den Personal- und Materialtransport. Eine große Zahl an Motorjollen wurden außerdem gebaut. Seetankschiffe und andere Schiffe und Boote kamen hinzu, so daß aus der Gruppe Schiffe und Boote schließlich das selbständige »Kommando der Schiffe und Boote« hervorging.

Die Entwicklung aller dieser Boote in bezug auf Geschwindigkeit und Bewaffnung während des Zweiten Weltkrieges wird in den entsprechenden Abschnitten dargestellt.
Die Flugsicherungsschiffe waren die Paradestücke der Seeluftwaffe. Ihr Bau wurde bereits vor dem Kriege begonnen. Sie hatten Größen um etwa 1000 t und waren seetüchtig für beinahe jedes Wetter. Ihre Geschwindigkeit war mit 20 bis 24 kn groß, und in funktechnischer Hinsicht befanden sie sich auf dem neuesten Stand der Technik. Was aber das wichtigste war: Auf ihrem geräumigen Heck wurde eine Krananlage montiert, die im Stande war, jedes damals gebaute Seeflugzeug an Bord zu nehmen. Daß darüber hinaus anderes Schwergut an Bord genommen werden konnte, war ein weiterer Vorteil.
Die Flugsicherungsschiffe »Phoenix«, »Rolshofen«, »Bernhard von Tschirschky«, »Karl Meyer«, »Greif«, und auch die übrigen, wurden in der Seeluftwaffe rühmlich bekannt. (Anlage: *Flugsicherungsschiffe der Luftwaffe).*
Während des Krieges wurden – dies sei vorausgeschickt – durch Flieger-Ingenieur Kolb von der Luftflotte 3 auf der Seinewerft Meulan, zwei dort liegende Schnellboote der französischen Marine fertiggestellt. Sie bewährten sich sehr gut und hatten die für damalige Zeit sagenhafte Geschwindigkeit von über 40 Knoten. Nachdem sie sich voll im Einsatz bewährt hatten, wurde die Werft beauftragt, sechs weitere Schnellboote dieses Typs herzustellen. (Siehe Anlage: *Die Schnellbote im Seenotdienst.)*
Dies war auch ein Grund mit dafür, daß die Luftwaffe eine eigene Seefahrtsschule zur Ausbildung des seemännischen und technischen Personals für ihre Schiffe und Boote einrichtete. Sie befand sich zunächst in Püttnitz. Später wurde sie in Lobbe auf Rügen stationiert. Ihr Leiter wurde Oberst von Beulwitz. (Siehe Anlage: *Die Schiffe und Boote des Seenotdienstes der Luftwaffe.)*

DIE SEENOTFLUGZEUGE – VON DER HE 59 ZUR DO 24.

Bei den wenigen Seenotfällen vor Ausbruch des Zweiten Weltkrieges wurden neben den vorhandenen Booten auch Seeflugzeuge eingesetzt, aber ein eigens für den Seenotfall konstruiertes Flug-

zeug, das den Anforderungen dieses Einsatzes voll entsprach, gab es nicht.
Erst ab 1939 wurden einige Stellen damit beauftragt, ein Seeflugzeug älteren Baumusters für Seenotzwecke umzurüsten. Man verfiel auf die He 59, ein Schwimmerflugzeug von großen Ausmaßen. 14 Maschinen dieses Typs wurden bei der Firma Walter Bachmann in Ribnitz, Mecklenburg, zu diesem neuen Zweck umgebaut.
Die erste Maschine wurde gewissermaßen als Muster im Einvernehmen und unter Einschaltung des L.In. 14 – Sanitätsinspektion – umgebaut und in Probeeinsätzen getestet.
Von der L.In. 14 wurde die sanitäre Ausrüstung ergänzt. Es kamen zu dem vorhandenen Seenotmaterial elektrisch heizbare Schlafsäcke und ein Pulmotor der Firma Dräger für die Wiederbelebung bewußtloser Schiffsbrüchiger hinzu. Im Rumpf der Maschine wurde eine Bodenluke geschaffen, die mit einer ausklappbaren Leiter versehen wurde, welche bei gewässerter Maschine bis zum Wasser hinunterreichte. So war es Schiffsbrüchigen möglich, ohne akrobatische Leistungen an Bord zu gehen. Um auch Bewußtlose in die Maschine zu bekommen, wurde oberhalb dieser Übernahmeluke eine Heißtalje mit einem daran befestigten Bauchgurt angebracht. Es war nunmehr möglich, Bewußtlose und verwundete Schiffbrüchige mühelos an Bord zu »heißen«.
Die bei der He 59 üblichen Zusatztanks wurden ausgebaut. Dadurch wurde Platz für Gerettete geschaffen. Schwimmwesten, Schlauchboote, Notproviant und Signalmittel vervollständigten die Seenotausrüstung der He 59, die bis zu Seegang 3 einsatzfähig war, eine Geschwindigkeit von 190 km/h entwickelte und eine Eindringtiefe von 350 km besaß. Dieses Seeflugzeug war mit einem Funkgerät und einer Peilanlage versehen. Später, als der Gegner zum Angriff auf Seenotmaschinen überging, wurden in diese Maschinen je 1 MG 15 und ein MG 131 eingebaut.
Auf Befehl der zweiten Abteilung des Generalstabes wurde die He 59 weiß gestrichen und mit dem Roten Kreuz und zivilem Kennzeichen versehen.
Was man verabsäumt hatte, war eine Prüfung der Frage, ob die Verwendung von Seenotflugzeugen nach den internationalen Bestimmungen des Roten Kreuzes im Kriege zulässig war. (Zu Be-

ginn des Krieges und selbst noch während des Norwegenfeldzuges wurden von britischer Seite gegen den Einsatz von Seenotfliegern keinerlei Einwendungen gemacht. Später im Kanal wurde dies anders, wie in den folgenden Kapiteln dargestellt werden soll.)

Mit den ersten umgebauten He 59 sollte auch die 1. Seenot-Staffel aufgestellt werden. Durch die notwendige Grundüberholung verzögerte sich der Umbau erheblich, so daß es noch eine Weile dauerte, ehe diese 1. Seenot-Staffel aufgestellt werden konnte.

Mit Beginn des Zweiten Weltkrieges wurden weitere 6 He 59 bei der Firma Bachmann und 12 He 59 im Luftpark Kiel-Holtenau umgebaut.

Die He 59 hatte vier Mann Besatzung. Gelegentlich flog als fünfter Mann noch ein Sanitäts-Uffz. mit. Bei den Flugbooten Do 24 und »Breguet Bizerte« flog ständig ein Sanitäts-Uffz. oder ein Seenotarzt mit. Diese Maßnahme, die leider bei der räumlichen Enge in der He 59 nicht immer möglich war, erwies sich bei der Rettung von Schwerverwundeten und Unterkühlten oftmals als letzte Rettung.

In der He 59 saßen vorn, in der Bugkanzel des Rumpfes, der Beobachter und Kommandant, der von hier aus eine gute Sicht nach vorn und zu beiden Seiten hatte. Zweieinhalb Meter hinter ihm, etwas erhöht, saß der Flugzeugführer und unmittelbar hinter dem Flugzeugführer hockte der Bordfunker, der Funk- und Peilgerät zu bedienen hatte. In der Mitte des Rumpfes, dicht hinter den Tragflächen befand sich der Stand des Bordmechanikers. Von hier aus konnte der Raum seitwärts und nach rückwärts eingesehen werden.

Diese Placierung war bei den Suchaktionen wichtig, denn wenn beispielsweise bei schräg von vorn einfallender Sonne die Sichtverhältnisse für den Beobachter ungünstig waren, hing es entscheidend von den Beobachtungsmöglichkeiten des Bordmechanikers ab, ob in See treibende schiffbrüchige Menschen gefunden wurden, oder nicht.

Die Besatzung war untereinander durch die Eigenverständigung im Sprechfunk verbunden.

Neben dieser Maschine stieß man bei der Suche nach weiteren geeigneten Seeflugzeugen auf die Do 24, von der man zunächst in

Seenotarzt Dr. Winkler unternimmt erste Wiederbelebungsversuche bei einem geretteten, unterkühlten Jäger

Do 24 landet in Aalborg

Oberstleutnant Heß geht in Aalborg an Land

Oben: Schnellboot »Mars« läuft zum Seenotfall aus

Die Hecksee eines Fl.B.-Bootes im Einsatz im Atlantik

Flak-Übungsschießen auf dem Flugsicherungsschiff »Bernhard von Tschirschky«

Flugsicherungsschiff »Bernhard von Tschirschky« holt im September 1940 am westlichen Kana ausgang die aus Narvik entkommenen fünf restlichen Zerstörer ab. Von links: zwei Funker, Major Heß, Oblt. Sönnichsen, Kapitän Baumann

Scharf-
schießen auf
der »Bernhard
von
Tschirschky«

Flieger
greifen an!

»Alles
feuerbereit!«

Holland eine Reihe erbeutete. Die Do 24 wurde in den Niederlanden bei der Firma »Aviolanda« in Lizenz gebaut.
Der Generalstab der Luftwaffe sah in dieser Maschine *das* Seenotflugzeug schlechthin. Er setzte durch, daß die genannte Firma weitere Do 24-Flugboote für den deutschen Seenotdienst baute. Nach einer Reihe von Erweiterungsbauten gelang es der »Aviolanda«, monatlich eine Do 24 zu bauen und so den Bestand an Seenotflugzeugen zu erhöhen. Nach den ersten großen Bewährungsproben wurde eine weitere niederländische Firma mit dem Bau dieses Flugzeugtyps betraut. Geraume Zeit später wurden auch in Frankreich Do 24 bei der Societé Nationale des Constructions Aeronautiques du Nord in Le Havre, in Caudebec, Meaulte und Sartrouville gebaut. Damit wurde die Do 24, mit ihren Start- und Landemöglichkeiten bei Seegang bis 6, ihrer Eindringtiefe von 1000 km und einer Marschgeschwindigkeit von 250 km/h, womit sie 60 km/h schneller war als die He 59, *das* Standard-Seenotflugzeug des Zweiten Weltkrieges.
Nach Beendigung des Westfeldzuges hatte man in Hourtin eine Anzahl Flugboote des Typs »Breguet Bizerte« erbeutet. Dieses Flugboot war von den Franzosen über dem Atlantik, im Kanal und im Mittelmeer eingesetzt worden und hatte sich als außerordentlich robust erwiesen. Die in Hourtin erbeuteten Flugboote wurden überholt und in Dienst gestellt. Sie entwickelten nur 180 km/h und hatten eine Eindringtiefe von 600 km, aber sie waren auch bei Seegang 5 einsetzbar. Auf dem Verhandlungswege gelang es, aus dem unbesetzten Südfrankreich weitere Boote dieses Baumusters zu beschaffen und ebenfalls in Dienst zu stellen. Damit wurde die beinahe über Nacht zu einem weiten Seenotgebiet gekommene Luftflotte West in die Lage versetzt, weitere Seenotstaffeln aufzustellen und in Seenot geratene Flieger retten zu können.
Gelegentlich kamen bei Seenotfällen auch Do 18 zum Einsatz. Auch das Hilfs-Seenotflugzeug Fw 58, der Fieseler Storch, die Arado 196 und 198 wurden zum Seenot- und Sumpfnoteinsatz herangezogen.
Die Verwendung von Seenotflugzeugen brachte dem Seenotdienst eine bedeutende Erweiterung der Einsatzmöglichkeiten. Dies nicht nur hinsichtlich der Eindringtiefe, sondern auch wegen der Über-

schaubarkeit der See von einem überhöhten Standort aus.
Beispielsweise konnten die Seenotflugzeuge bei der üblichen Suchhöhe von 200 m ein wesentlich größeres Seegebiet überblicken, als es den Seenotbooten möglich war. Der Umstand, daß ein Seeflugzeug den Absturz- oder Seenotort in viel kürzerer Zeit finden kann, als ein Boot und, daß es in bedeutend kürzerer Zeit wieder im Einsatzhafen sein kann, wo die Geretteten in ärztliche Hilfe gelangten, kam hinzu. Rasche ärztliche Betreuung war oft für die Erhaltung des Lebens der Geretteten von entscheidender Bedeutung.
Der einzige Nachteil gegenüber Booten war die Tatsache, daß Starts und Landungen von Seenotmaschinen nur bis zu einem bestimmten Seegang möglich waren.

DIE SEENOTRETTUNGS- UND SIGNALMITTEL.

Da die Positionsbestimmung von in Seenot geratenen Personen mit Hilfe nachrichtentechnischer Mittel und navigatorischer Berechnungen nur annähernd möglich war und sich immer wieder Fehler einschlichen, die das Auffinden so kleiner Ziele in der Unendlichkeit der See erschwerten und oftmals unmöglich machten, mußte zur Auffindung Schiffbrüchiger zu weiteren Hilfsmitteln gegriffen werden.
Diese waren in Gestalt optischer Signale und von Markierungsmitteln gegeben. Es kam entscheidend darauf an, daß Flugzeugbesatzungen auch solche Mittel mitnahmen, um sie im Notfall einsetzen zu können, und daß sie weitere Rettungsmittel mitnahmen, um sich bis zu ihrer Auffindung am Leben zu erhalten.
Die vorhandenen Rettungsmittel wurden, ebenso wie die Signalmittel, in der letzten Phase vor dem Kriege ständig verbessert und vervollkommnet.
Die Rettungsschlauchboote wurden verbessert und durch neue Typen ersetzt. Im Hallenschwimmbad von Berlin-Neukölln, das mit einer Wellenerzeugungsanlage ausgerüstet war, wurden diese Rettungsboote erprobt. Als Vermittler und Berater zwischen der Front und dem Technischen Amt der Luftwaffe sowie den Erpro-

bungsstellen war es Fliegerstabsingenieur Zeller, der sich unermüdlich einsetzte und das Bestmöglichste herausholte.
Bis zur Mitte des Jahres 1944 hatten sich diese Signal- und Rettungsmittel bis ins letzte Detail hinein vervollkommnet. Von der Kapok-Schwimmweste (später wurden Luftschwimmwesten eingesetzt) über das Notsendegerät NSG 4 und Blendspiegel war eine lange Liste an Rettungs- und Signalmitteln geschaffen worden. Es waren dies:
Kapok- oder Luftschwimmweste für jedes Besatzungsmitglied. Beide mit Halskragen und Kinnstütze, so daß der Kopf auch bei Bewußtlosigkeit des Schwimmenden ständig über Wasser gehalten wurde.
Einmann-Rettungsschlauchboot für Jäger und solche Flugzeugbesatzungen, die größere Schlauchboote nicht mitnehmen konnten. Dieses Schlauchboot wurde neben Fallschirm und Schwimmweste verpackt auf dem Rücken getragen. Es enthielt einen Treibanker, der, ausgebracht, den Bug des Bootes gegen die See hielt, und einen Schöpfbecher zum Lenzen des Bootes.
Uraninfarbbeutel zur Erzeugung eines großen gelbgrünen Farbfleckens.
Seenotsignalpatrone ohne Pistole abzuschießen, zum Sichbemerkbarmachen beim Näherkommen eines Bootes oder Flugzeuges.
Rauchnotzeichen rot, ein weit sichtbares Zeichen für Boote und Suchflugzeuge, sowie ein guter Anhaltspunkt für eine Landung.
Notsendegerät NSG 4 zur Aufgabe eines anpeilbaren SOS-Rufes. Es wurde durch Drücken auf einen Knopf betätigt.
Notsignalflagge, bestehend aus einem Aluminium-Teleskopschaft mit einer 1 qm großen gelben Seidenflagge, zum Heranwinken und Bemerkbarmachen.
Blendspiegel mit Zielvorrichtung zum Anspiegeln eines Suchflugzeuges bei Sonnenschein.
Absprungverpflegung K, Trillerpfeife und Kappmesser.
Für größere Flugzeuge wurden 4-m- und 3-m-Schlauchboote gefertigt. Ein solches Boot konnte im Rumpf der meisten Flugzeuge so untergebracht werden, daß es bei einer Notlandung auf See ausgelöst und entfaltet werden konnte.
Die Ausstattung eines 4-m-Schlauchbootes: Kohlensäureflasche zum ersten, sich automatisch vollziehenden Aufblasen des Bootes.

Segeleinrichtung, einschließlich Schwert zur Ausnützung des Windes, falls die Richtung günstig war.
Bootsriemen, zusammensteckbar, und Ruderdollen nebst Gummischlaufe, falls gerudert werden sollte.
Treibanker (siehe oben)
Schöpfbecher (siehe oben)
Blasebalg, mit Füllschlauch und Anschlußventil zum Nachfüllen von Luft in das Schlauchboot.
Handleine zum Festhalten des Bootes.
Bordrundleine als Haltemöglichkeit für außenbords Schwimmende.
Strickleiter zum Anbordgehen.
Vier Kenterbeutel, die das Umschlagen des Bootes verhindern sollten.
Wendeleine, mit der man ein umgeschlagenes Boot wieder in die Normallage bringen konnte.
Die im Boot befindlichen Zubehör-Packtaschen enthielten: 1 Rauchnotzeichen, rot, 1 Farbbeutel, 1 Notsignalflagge, 1 Blendspiegel, 1 Kompaß, 1 Flickbeutel, mit dem Beschädigungen am Boot repariert werden konnten, 1 Sanitätspack, der unter anderem auch Licht- und Frostschutzsalbe enthielt, 8 Sonnenbrillen, 8 Sonnenhüte, 8 Pelerinen für Regenwetter, 2 Notproviantbehälter, 1 Notsignalbehälter, 1 Hautreinigungsmittel und 1 Sonderdruck: »Verhalten im Rettungsschlauchboot«.
Die zusätzliche Ausrüstung: 4 Notsignalfackeln, zwei Rauchnotzeichen rot, Notsendegerät NS 2 mit Antennenbehälter.
Der Sender arbeitete mittels einer Drahtantenne, die bei Wind mit Hilfe eines Drachens, bei Windstille mit einem Ballon ausgefahren wurde.
Die Farbe von Boot, Segel, Pelerinen, Abwurfbojen usf. war gelb.
Neben den eigentlichen Seenotflugzeugen He 59, Do 24 und »Breguet-Bizerte« konnten auch die später zur Seenotsicherung und -Suche eingesetzten Landflugzeuge des Seenotdienstes, Me 410 und Fw 190, verschiedene Rettungs- und Signalmittel abwerfen:
Me 410: Abwurfleuchte Lux S und N, Rauchnot- und Farbzeichen zur Markierung des Unfallortes. Ein Schlauchboot und ein Proviantbehälter, verbunden durch eine 75 m lange schwimmende

Leine, die so quer zum Wind geworfen wurde, daß beide Teile an die in Seenot befindlichen Männer herangetrieben wurden.
Fw 190: Abwurfleuchte Lux S und N, Rauchnot- und Farbzeichen zur Markierung des Unfallortes. Schlauchboot in Seenotbombe.
Behelfsflugzeuge warfen Abwurfleuchte Lux S und N sowie Proviantbojen und Schlauchboote ab.

DAS NACHRICHTENVERBINDUNGSWESEN DES SEENOTDIENSTES.

Für einen erfolgreichen Seenoteinsatz waren reibungslos funktionierende Nachrichtenverbindungen die wesentliche Voraussetzung. Das gute Zusammenspiel mehrerer Nachrichtenstellen ohne Zeitverlust mußte einwandfrei ablaufen, wenn eine Rettung gelingen sollte. Die Einsatzstellen des Seenotdienstes waren zu diesem Zweck mit den Gefechtsständen der über See fliegenden Verbände, den Flugsicherungszentralen, sowie allen für Seenotmeldungen in Frage kommenden Stellen, durch ein gutes Nachrichtennetz verbunden. Falls keine direkte Leitung vorhanden war, konnte durch ein »Ausnahmegespräch-Seenotfall« – das Vorrang selbst vor anderen Ausnahmegesprächen hatte – die Verbindung in kürzester Zeit hergestellt werden.
Den Seenoteinsatzdienststellen standen meistenteils die Funkbetriebsstellen eines Fliegerhorstes, oder eines Gefechtsbunkers zur Verfügung. Die Seenotbereichskommandos hingegen verfügten in den meisten Fällen über eigene Funkstellen, die mit hochqualifizierten und für ihre Aufgaben speziell ausgebildeten Nachrichtenmännern besetzt waren. Die gleiche Seenot-Nachrichteneinheit stellte jeweils auch die Bord- und Bootsfunker des Seenotdienstes, von denen letztere zu ihrer Funkausbildung noch eine seemännische Ausbildung absolvieren mußten.
Diese Seenotfunkstellen waren mit dem FuG 10, FuG 16 und FuG 141 ausgerüstet. Mit dem FuG 10 schalteten Flugzeuge und Boote auf eine Frequenz von 4208 KHz. Dies war ihre taktische Welle, auf der sie ihre Meldungen, nach der Notfunksignaltafel verschlüsselt, durchtasteten und den Funkverkehr mit der eigenen Bodenstelle abwickelten. Die Peil- und Ausweichwelle war 4863 KHz. Darüber hinaus wurde auf diesem Funkgerät die Feindflug-

Kurzwelle geschaltet, auf der die eigene Flugsicherung von der Flugsicherungszentrale übernommen wurde. In Küstennähe konnte auf Befehl auf der Frequenz von 3400 KHz auch der Sprechfunkverkehr aufgenommen werden.
Das FuG 16 diente als Funksprechgerät der Jäger. Es war in Seenotfällen, welche die Jäger betrafen, von den Seenoteinsatzmitteln empfangsseitig besetzt. Es durfte jedoch nur in Ausnahmefällen gesprochen werden.
Auf dem FuG 141 wiederum wurden folgende Wellen eingerastet und benutzt:
a) Die Fühlunghalter- und Peilwelle auf 532 KHz.
b) Die internationale Seenotwelle auf 500 KHz.
c) Die Feindflug-Langwelle.
Die Fühlunghalter- und Peilwelle wurde eingeschaltet, wenn ein Fühlunghalter des Fliegenden Verbandes über dem Seenotfall kreiste und Peilzeichen für das anfliegende Seenotflugzeug tastete. Die 500 KHz-Welle – das sind 600 m – ist die bekannte internationale Seenotwelle, auf welche auch die Peiler der großen Küstenfunkstellen eingestellt sind. Die Seenotsender NSG 2 und NB 4, die zur Seenotausrüstung der Fliegenden Besatzungen gehörten, arbeiteten auch auf dieser Welle, und ihr automatisch gefunktes SOS konnte bei Seenotfällen angepeilt werden.
Auf dieser 500 KHz-Frequenz konnte auch mit dem Gegner Verbindung aufgenommen werden. Dies geschah in einzelnen Fällen in der Anfangsphase des Zweiten Weltkrieges und führte auch zu Rettungsergebnissen. Später entfiel dieser Gebrauch, nachdem klar war, daß Seenotmaschinen vom Gegner abgeschossen wurden.
Anfangs jedoch wurde auf dieser Welle wechselseitig auf Seenotfälle hingewiesen, die mit den eigenen Einsatzmitteln nicht erreicht werden konnten, weil sie außerhalb der Reichweite der eigenen Rettungsmittel lagen.
An dieser Stelle sei erwähnt, daß aufgrund internationaler Abkommen – auch heute noch – für sämtliche Funkstellen die Verpflichtung besteht, *jeden* Funkverkehr von der 15. bis zur 18. und von der 45. bis zur 48. Minute jeder Stunde einzustellen, damit die Frequenz 500 KHz. während der Funkstille intensiv überwacht werden kann.

Für die über See fliegenden und in Seenot geratenen Besatzungen gab es zwei Notrufe.

1. Der Notfunkspruch (auch Pan-Meldung genannt).
2. Das Notsignal SOS.

Die Pan-Meldung wurde bei Motorschaden oder sonstigen Störungen getastet, die zu einem Seenotfall führen *konnten.* In diesem Falle setzte der Funker die Meldung als Kr-Spruch (besonders dringend) verschlüsselt auf seiner taktischen Welle ab. Der Spruch mußte alle Angaben enthalten, die für einen eventuellen Seenotfall wichtig waren. Gleichzeitig damit mußte eine Standortpeilung angefordert werden.

Sobald eine Pan-Meldung einging, wurde bei den Seenoteinsatzmitteln, die dafür in Frage kamen, Alarmbereitschaft ausgelöst.

Das Notsignal SOS wurde nur in höchster Not getastet. Es wurde offen gefunkt und neben dem SOS auch das Kennzeichen der Maschine und deren Standort durchgetastet. Dieser Spruch konnte auf der jeweils geschalteten Welle abgegeben werden.

Sobald irgendein Flugzeug einen Seenotfall sichtete, setzte es seinerseits über Kr einen Funkspruch darüber ab.

Erst im vorletzten Kriegsjahr wurde der Zeichengeber 16 (ZG 16) eingebaut. Dieses Gerät war parallel zur Taste des Funkers geschaltet. Es gab automatisch SOS- und Peilzeichen auf der jeweils eingeschalteten Welle. Dieser Zeichengeber 16 konnte auch bei Ausfall des Funkers von allen Besatzungsmitgliedern in Betrieb genommen werden. Und zwar durch den Druck auf verschiedene Knöpfe, die von jedem Besatzungsmitglied erreicht werden konnten.

Der entscheidenden Wichtigkeit des Funkverkehrs in Seenotfällen wurde dadurch Rechnung getragen, daß das Funkpersonal der Flugzeuge Notfunkspruch und Notsignal mit laufend kontrollierter und verbesserter Standortangabe ständig bereithalten mußte und daß alle in Frage kommenden Wellen vorsorglich eingerastet waren.

Neben Draht und Funk war auch noch eine optische Verständigung vorgesehen, wenn keine andere Möglichkeit der Verständigung mehr bestand. Diese Signale waren in einer Seenotsignaltafel festgelegt worden.

DER SEENOTFALL IN DER THEORIE.

Um bestmöglich in Seenotfällen gerüstet zu sein, wurden vor dem Zweiten Weltkrieg und während dieses Krieges immer neue Verfügungen, Merkblätter und Ratschläge herausgegeben, mit denen die Besatzungen sich nach dem neuesten Stand orientieren konnten. Aus diesen Hinweisen und Hilfen schälte sich der theoretische Verlauf eines Seenoteinsatzes folgendermaßen heraus:

Der Seenotfall: Ein zur Landung auf See gezwungenes Flugzeug gibt das Notsignal SOS mit Standort und Kennzeichen des Flugzeuges auf der vorgesehenen Welle an seinen Verband durch.

Nachrichtenübermittlung und Einsatzbefehl: Der Verband alarmiert den Seenotdienst und setzt eigene Suchflugzeuge und das Hilfs-Seenotflugzeug Fw 58 ein, um die genaue Seeposition festzustellen, dort ein Schlauchboot, eine Luxleuchte, Farbbeutel oder ähnliches Rettungsmaterial abzuwerfen und als Fühlunghalter über dem Seenotfall zu bleiben.

Die Seenoteinsatzmittel: Flugzeuge und Boote der Seenotstellen sind inzwischen gestartet und laufen oder fliegen auf dem durchgegebenen Kurs in Richtung Seenotfall, um bei Feststellung des genauen Standortes (die durchgegebenen Standortangaben waren meistenteils nicht sehr genau) schon nahe an den Seenotfall herangekommen zu sein.

Die Seenotsuche soll nach zwei Methoden durchgeführt werden.

1. Bei der Streifensuche werden Suchstreifen, nach Möglichkeit mit oder gegen den Wind durchgeführt, geflogen, so daß eine einwandfreie Koppelnavigation möglich ist. An den Umkehrpunkten ist eine Blindflugkurve zu fliegen. Dadurch entsteht ein Zwischenraum von 2 bis 3 km zwischen den geflogenen Streifen.
2. Bei der Suche in Spiralform wird der vermutliche Standort des Seenotfalles in Spiralen umkreist. Die Abstände der Spiralkurven sind von den Sichtbedingungen am Seenotort abhängig.

Haben die Flugzeuge die Seenotposition festgestellt, bleibt eine Maschine als Fühlunghalter über dieser Position (eine eventuelle Ablösung soll genau über dem Seenotfall stattfinden, so daß Ablöser *und* abgelöste Maschine den Seenotfall sehen können). Das Seenotflugzeug wird nun herangeführt, oder peilt sich mit Hilfe des Fühlunghalters, der Peilzeichen gibt, an die Unfallstelle heran. Dann kann gewassert und die in Seenot befindliche Besatzung an Bord genommen werden.

Ein so reibungslos verlaufender Seenotrettungsfall gehörte jedoch zu den Seltenheiten. Oftmals waren die Seenoteinsatzmittel auf so vage Formulierungen angewiesen wie: »Wir haben zwischen Exeter und Cherbourg eine Ju 88 verloren, keine Position.«

Der Verband war dann meistenteils auch nicht in der Lage, Suchflugzeuge zu stellen, weil er geschlossen im Einsatz war, oder weil er 200 km von der Küste entfernt lag. Allerdings war es dann möglich, den geflogenen Kurs des Verbandes zu rekonstruieren und die eingesetzten Seenotflugzeuge konnten auf diesem Kurs ihren Suchflug abstellen.

Bei Tag mußte Jagdschutz angefordert werden und die viel schnelleren Jäger halfen dabei durch das Fliegen von Kurven und Kreisen mit, zu beiden Seiten dieses Kurses die See abzusuchen.

In der Nacht entfiel der Jagdschutz. Dafür wurden zusätzlich ein Flugbetriebsboot eingesetzt, dieses aber konnte die in Seenot geratenen Flieger nur dann sehen, wenn jene Leuchtzeichen abschossen, aus denen ihr Standort zu erkennen war.

Bei der Berechnung des Suchkurses spielten verschiedene Faktoren, wie Gezeitenstrom, Windrichtung und andere Dinge, eine Rolle. Schlauchboote, mit in Seenot geratenen Fliegern wurden oftmals im Ärmelkanal binnen zweier Stunden durch Wind und Strom um bis zu 14 sm abgetrieben.

Die um Jagdschutz angegangenen Jagdverbände stellten stets Jagdschutz zur Verfügung. Allerdings kam es hin und wieder auch vor, daß der Gegner durch die Zahl der Geleitschutz-Maschinen angelockt wurde und es über den niedrigfliegenden Seenotflugzeugen zu Luftkämpfen kam, die neue Seenotfälle zur Folge hatten.

Oftmals wurde die Suche nach in Seenot geratenen Fliegern von Seenotmaschinen und Booten tagelang fortgesetzt. Ab und zu ereignete sich der Glücksfall, daß ein Seenotflugzeug bei Nacht 400 km weit in den Atlantik hinausflog und dennoch bereits bei der ersten Suchkurve die Leuchtzeichen der im Wasser treibenden Seenotfälle emporstiegen.

Nach langem Drängen und Mahnen und immer neuen Eingaben wurde schließlich im Sommer 1944 dem Seenotdienst eine eigene

Landstaffel mit Flugzeugen der Baumuster Me 410 oder Fw 190 zugeführt. Mit diesen Maschinen war es möglich, die Seenotsuche bedeutend zu intensivieren, sowie zu schützen und die in Seenot befindlichen Flugbesatzungen rascher aufzufinden und die Seenotflugboote oder Boote heranzuführen.

DER SEENOTDIENST UND DAS ROTE KREUZ.

Noch vor Kriegsbeginn waren aufgrund eines Befehls der zweiten Abteilung des Generalstabes alle für den Seenotdienst verfügbaren He 59 weiß gestrichen und mit Roten Kreuzen und zivilen Kennzeichen versehen worden. Man hoffte, dadurch für die Seenotflugzeuge den Schutz der Genfer Konvention sicherstellen zu können. Zu Beginn des Krieges blieben die so kenntlich gemachten Maschinen auch unbehelligt. Selbst noch im Norwegenfeldzug wurden sie nicht angegriffen.

Erst gegen Ende August 1940 wurden unter den Schutz des Roten Kreuzes gestellte Seenotflugzeuge, die nicht nur deutsche, sondern auch englische Flieger aus Seenot retteten, und auch deutsche Seenotboote, die ebenfalls kenntlich gemacht worden waren, von englischen Fliegern und Seestreitkräften angegriffen und vernichtet.

Dies war umso überraschender, als die mit dieser Praxis beginnenden Briten keinesfalls vorher etwa wegen der Verletzung des Artikels 30 des Genfer Abkommens »zur Verbesserung des Loses der Verwundeten und Kranken« vom 27. 7. 1929 protestiert, oder gar eine Untersuchung eingeleitet hatten.

Proteste dagegen gab es offensichtlich deshalb nicht, weil es ja auch im britischen Interesse lag, daß *ihre* notgelandeten Flugzeugbesatzungen vor der norwegischen Küste durch deutsche Seenotflugzeuge gerettet wurden.

Von Seiten der deutschen Wehrmachtführung ging man von der Annahme aus, daß der Einsatz von Seenotflugzeugen nach den zur Zeit gültigen Bestimmungen international *voll gerechtfertigt* sei und daß darüber keine Unstimmigkeiten bestünden. Dies erwies sich später als Irrtum.

Die britische Regierung stützte sich bei ihrem späteren Vorgehen offiziell auf den Absatz 3 des Artikels 18 der Haager Landkriegsordnung und bezog die Anwendung der Grundsätze des Genfer Abkommens vom 18. 10. 1907 auch auf den Seekrieg. Sie ließ über Rundfunk im Juli 1940 eine Erklärung veröffentlichen, die sie als eine »Warnung an Deutschland« bezeichnete. Darin wurde zum Ausdruck gebracht, daß Großbritannien nicht gewillt sei, Seenotflugzeuge über dem Kampffeld und in der Nähe der englischen Küste zu dulden. Man habe deutsche Seenotflugzeuge über englischen Konvois gesichtet, die offenbar Erkundungstätigkeiten ausübten. Dies wurde unter Hinweis auf Absatz 3 des Artikels 18 nicht mehr geduldet. (Dieser Absatz 3, Art. 18 lautet: »Abgesehen von besonderer und ausdrücklicher Erlaubnis ist es untersagt, zu überfliegen: Die Feuerlinie und die vor den Hauptverbandsplätzen gelegene Zone, sowie allgemein jedes feindliche oder vom Feind besetzte Gebiet.«)

Da die Rettungsaktionen deutscher Seenotflugzeuge in der Regel auch nach Luftkämpfen gestartet wurden, die unter Umständen über einem vom Gegner beherrschten Gebiet stattgefunden hatten, und sie dadurch in ein Gebiet fliegen mußten, das zur Interessensphäre des Gegners gehörte, schien Großbritannien sogar mit seiner These im Recht. Es existierte in der Tat kein Vertrag, der es völkerrechtlich verbot, Seenotflugzeuge abzuschießen.

Daß dies, so, wie es geschah und unter welchen Umständen es geschah, dennoch völkerrechtswidrig war, erläutert Prof. Dr. Alex Meyer, Leiter der Forschungsstelle für Luftrecht an der Universität Köln:

»Es ist zwar verständlich, wenn der Engländer die Seenoteinsatzmittel bekämpfte, soweit sie in seine Seegebiete vorstießen, da er dadurch eine, wenn auch unbeabsichtigte Seeaufklärung verhindern wollte. Der Abschuß von Seenotflugzeugen und -Booten aber, die im unmittelbaren Bereich der damals von den Deutschen besetzten französischen, belgischen und niederländischen Küstengebiete ertrinkende, abgeschossene Flieger, unabhängig zu welcher Kriegspartei sie gehörten (oft waren es Engländer und deren Verbündete) retten wollten, war auch nach den Bestimmungen der Genfer Konvention und aus humanitären Gründen auf alle Fälle völkerrechtswidrig.«

Die Seenotverbände im Krieg.

EINSÄTZE IN DER NORD- UND OSTSEE.

Die Inspektion der Seeflieger, L.In. 8, wurde mit Kriegsausbruch am 1. 9. 1939 dem General der Luftwaffe beim Oberbefehlshaber der Marine unterstellt. Damit war auch der Seenotdienst diesem GendLw. unterstellt. Oberst Goltz blieb Referent für den Seenotdienst. Als Mitarbeiter wurde ihm Lt. d. Res. Steidle, ein ehemaliger Seeoffizier und Seeflieger des Ersten Weltkrieges, zugeteilt.

Unter dem Kommando von Major Dreyer sollte in der Ostsee die Flugsicherungs- und die Seenotzentrale zusammengelegt werden. Da die Flugsicherungszentrale noch nicht einsatzbereit war, übte Major Dreyer seine neue Funktion zunächst beim B.S.O. aus. Daß es nicht zu der geplanten Zusammenfassung von Flugsicherung und Seenotdienst kam, verhinderte die im Ostseeraum bereits zu Beginn des Krieges möglichen Erfahrungen und Erkenntnisse, die sicherlich auch für alle anderen Kriegsschauplätze wichtig gewesen wären.

Während des Polenfeldzuges gab es nur sehr wenige Seenotfälle. Einer der für die Ostsee typischen Seenotfälle ereignete sich südlich der schwedischen Küste bei Karlskrona. Ein deutsches Seeflugzeug trieb hier nach seiner Notwasserung mit südlichem Wind in die schwedischen Hoheitsgewässer ab. Ehe die angesetzten Fahrzeuge es erreichen konnten, befand sich die Maschine bereits in den schwedischen Hoheitsgewässern. Die Besatzung wurde interniert.

Als westlich Libau ein Seeflugzeug notwassern mußte, trieb es mit auflandigem Wind auf die Hafenmolen zu und wurde nachts durch die Russen aufgenommen, ehe der zur Rettung ausgelaufene Minenleger »Tannenberg« zur Stelle war. Auch diese Besatzung wurde interniert.

In der Nordsee lagen die Verhältnisse ähnlich. Der dortige Leiter der Seenotzentrale, Major Engelhorn, hatte seine Dienststelle mit Kriegsbeginn befehlsmäßig nach Wilhelmshaven-Sengwarden verlegt und war damit einsatzmäßig zum Stab des Befehlshabers der Sicherung Nord (BSN) getreten. Diese Lösung entsprach durchaus dem zukünftigen vermehrten Einsatz des Seenotdienstes und den Befehlsverhältnissen in der Nordsee.

Die allgemeine Lage in diesem Seeraum, wie Seegang, Veränderung in den minenfreien Wegen, eigene und gegnerische Minenfelder und weitere für den Einsatz der Seeflugzeuge und Boote wichtige Unterlagen konnten ständig eingeholt und auf der Einsatzkarte berichtigt werden. Im Lagerraum des BSN bestand darüber hinaus die Möglichkeit alles nachzuprüfen. Die ausgezeichneten Nachrichtenverbindungen des BSN stand damit auch dem Seenotdienst zur Verfügung.

Diese beiden Seenotzentralen erhielten nunmehr eigene Kriegsstärkenachweisungen, die jedoch knapp bemessen waren. So waren beispielsweise drei Funker für eine Seenotbezirksstelle unzureichend, da man mit ihnen nur eine Welle besetzen konnte.

Der Umbau der He 59 zu Seenotflugzeugen bei der Firma Bachmann mit zunächst 14 und später noch einmal sechs Maschinen, ging nur langsam vonstatten. Im Juli 1940 standen erst 11 He 59 zum Seenoteinsatz zur Verfügung. Diese Maschinen wurden mit Personal der Luftdienstverbände besetzt, die nicht zur Luftwaffe gehörten. Das fliegende Personal dieser Luftdienstverbände wurde in die Luftwaffe übernommen. Es erhielt eine kurze Grundausbildung und wurde dann in Bad Zwischenahn unter Leitung von Oberstleutnant Eiffe zu Flugzeugführern für den Seenotdienst umgeschult.

Mehrere Seenotflugzeuge bildeten ein Seenotflugkommando. In Norderney, List auf Sylt, Kiel-Holtenau, Bug auf Rügen, und in Pillau wurden solche Seenotflugkommandos nach und nach eingerichtet und stationiert.

Die ersten Kriegsmonate konnten überwiegend zur Verbesserung

und Vervollständigung der vorhandenen Rettungsgeräte genutzt werden, denn Seenotfälle traten nur selten ein.
Eine vom C-Amt im Reichsluftfahrtministerium veranstaltete Ausstellung, die von der L.In. 8 initiiert worden war, gab den interessierten Persönlichkeiten des RLM Gelegenheit, die Rettungsgeräte und ihre Handhabung zu besichtigen.
In dieser Zeit erhielten die Besatzungen der Flugsicherungsschiffe und der Flugbetriebsboote durch den General der Luftwaffe beim Ob. d. M. während des Winters 1939/40 in verschiedenen Kursen, die mehrere Tage dauerten, eine weitere Ausbildung im Seenotrettungsdienst.
Doch dann trat ein Ereignis ein, das den Einsatz aller greifbaren Seenotrettungsmittel notwendig machte.

ERSTER GROSSEINSATZ BEI DER LUFTSCHLACHT ÜBER DER DEUTSCHEN BUCHT.

Am 18. Dezember griff ein britischer Bomberverband mit 44 Maschinen in Richtung Wilhelmshaven an. Britische Aufklärer hatten über der Schillig-Reede Aufnahmen von deutschen Großkampfschiffen gemacht. Diese waren nunmehr das Ziel der am hellen Tage angreifenden 44 Maschinen des Bomber Command der Royal Air Force. (Der Gegner gab »aus optischen Gründen« später nur den Einflug von 24 Bombern zu).
Nachdem die beiden ersten deutschen Freya-Funkmeßgeräte den Gegner lange vor dem Ziel gemeldet hatten, formierte sich die deutsche Jagdabwehr. Das Jagdgeschwader 1 aus Jever, unter Oberstleutnant Schumacher, griff den einfliegenden Bomberverband an und schoß den Großteil der Feindflugzeuge ab. Andere Verbände kamen hinzu. Auch einige deutsche Flugzeuge wurden abgeschossen.
Die Seenotzentrale Nord veranlaßte, daß der BSN eine größere Anzahl an Fahrzeugen zur Bergung der in Seenot geratenen deutschen und englischen Flieger einsetzte. Von Hörnum aus starteten alle verfügbaren Seeflugzeuge zur ersten großen Rettungsaktion. Es gelang, mehrere Besatzungen englischer Bomber aus Seenot zu retten. Der über See abgeschossene und vermißte deutsche Jä-

gerpilot, ein Leutnant aus Graz, wurde jedoch nicht gefunden.
Dieser Einsatz war für das JG 1 Anlaß, eine Anregung an alle Jagdverbände in Küstennähe heranzutragen, daß sie Hilfssuchflugzeuge zur Verfügung stellen sollten, wenn ein neuer Seenotfall eintreten würde. Diese Hilfsflugzeuge sollten mit Personal der Jagdverbände besetzt werden.
Dieser Vorschlag wurde genehmigt. Im Verfolg dieser Angelegenheit wurden Maschinen des Baumusters Fw 58 bei der Firma Focke-Wulf zum Abwurf von Rettungsschlauchbooten hergerichtet. Darüber hinaus wurden Zug um Zug sämtliche in Küstennähe stationierten Jagdverbände mit Fw 58-Flugzeugen zum Seenothilfsdienst ausgerüstet. Sie erwiesen sich in der Folgezeit bei ständiger Einsatzbereitschaft und richtiger Verwendung als wertvoll. Allerdings kam es auch vor, daß sie zweckentfremdet wurden, und im Ernstfall nicht zur Verfügung standen.
Das Kampfgeschwader 26, das bereits im Herbst und Winter 1939-40 mehrere Einsätze weit über die Nordsee bis hinauf zum 61. Breitengrad durchführte und britische Schiffsverbände bei den Orkney- und Shetlandinseln bekämpfte, hatte in dieser Zeit einige Seenotfälle zu beklagen. Durch Flakabwehr der Schiffe und Ansatz feindlicher Jäger wurden einige Maschinen abgeschossen.
In diesen extremen Situationen reichten die Mittel des damaligen Seenotdienstes noch nicht aus, um die in Seenot geratenen Flieger zu retten. Die einigemale zur Seenotrettung von Hörnum aus eingesetzten Seeflugzeuge Do 18 waren zur Durchführung solcher Rettungsaktionen nicht geeignet.
Dieser Umstand veranlaßte den Staatssekretär im RLM, Milch, den Referenten des Seenotdienstes um die Einreichung von Vorschlägen zur Vervollkommnung des Seenotdienstes zu ersuchen.
Der Referent, Oberst Goltz, reichte daraufhin eine Denkschrift ein, die 40 Punkte enthielt. Insbesondere wurde in dieser Denkschrift die schnelle Bereitstellung von Seenotflugzeugen und der forcierte Bau von Seenotfahrzeugen angesprochen. Weitere Vorschläge bezogen sich auf die Rettungsgeräte.
Staatssekretär Milch besprach diese Vorschläge mit den zuständigen Stellen des Technischen Amtes. Eine Anzahl Verbesserungen konnten daraufhin rasch eingeführt werden. Die Fertigstellung von Seenotfahrzeugen verzögerte sich jedoch durch zwei Um-

stände. Zum einen stand nur eine Bauwerft für deren Bau zur Verfügung und zum anderen dauerte der Bau von geeigneten Bootsmotoren etwa ein Jahr.
Nunmehr rächte sich die Abweisung eines bereits im Jahre 1936 vom Luftkreiskommando VI (See) der 2. Abteilung des Generalstabes unterbreiteten Antrages. Dieser lautete auf Bereitstellung einer Anzahl von Fl.B.- und C.-Booten und die Einlagerung derselben beim Luftzeugamt (See) in Travemünde. Dieser vorausschauende Antrag war von dem zuständigen Referenten, dem späteren General Olbrich, abgelehnt worden. So standen bei Kriegsausbruch keine Reserve-Seefahrzeuge zur Verfügung. Dieser Umstand wiederum führte bei der Ausweitung des Seekrieges und bei der Erweiterung der Seefronten zu Improvisationen auf Kosten der Schlagkraft des Seenotdienstes und letztlich zu Lasten der in Seenot befindlichen Besatzungen.
Aufgrund der ebenfalls fehlenden Mobilmachungspläne war der Seenotdienst bei der Ausweitung der Seefronten nicht in der Lage, Personal und Material in ausreichendem Maße zur Verfügung zu stellen. Eine grundlegende Änderung bahnte sich jedoch an.

SEENOTDIENST IM HOHEN NORDEN.

Zu seinem ersten Großeinsatz und zu seiner großen Bewährungsprobe hätte der Seenotdienst während des Unternehmens »Weserübung« kommen müssen. Es ging hierbei um die Besetzung von Dänemark und Norwegen und damit um Operationen über weite Seeräume hinweg.
Nicht nur der Seetransport der 1. Gebirgs-Division des Generalmajors Dietl, sondern auch der Einsatz der Luftwaffe über weite Seeräume hätte aus der Sicht der Sicherung und Bergung der zu erwartenden Schiffbrüchigen und in Seenot befindlichen Flugzeugbesatzungen auf das sorgfältigste geplant werden müssen.
Als jedoch zu Beginn des Frühjahrs 1940 die Vorbereitungen für den Raid nach Norwegen getroffen wurden, war der General der Luftwaffe beim Ob. d. M. der Überzeugung, er dürfe aufgrund des Führerbefehls Nr. 1 (über die Geheimhaltung dieses Unternehmens) seinen Referenten für den Seenotdienst nicht einweihen.

Eine Do 24 wird in Aalborg zum Rettungseinsatz eingesetzt

Links: Udet-Rettungsbojen an Bord von »Bernhard von Tschirschky« klar zum Ausbringen

Diese Boje »Generalluftzeugmeister« wurde von den Engländern »erbeutet«, angemalt und für eigene Zwecke ausgesetzt. Anschließend vom Seenotdienst wieder geborgen. (Sommer 1942)

Eine Breguet-Bizerte wird in den Seefliegerhorst Poulmic bei Brest eingeschleppt.

Ablaufbahn am Cap de la Hague. Im Hintergrund das Bootshaus für das franz. Motorrettungsboot

Rechts: Eine »G-L«-Boje am Strand von Lessey in der Normandie angeschwemmt

Oblt. Dr. Theodor Wagner, einer der einsatzfreudigsten und tapfersten Seenotflieger. Er war im Atlantik, Kanalgebiet und in der Nordsee eingesetzt. Er erhielt später noch das Deutsche Kreuz in Gold

Verleihung von Auszeichnungen in Cherbourg

Das französische Atlantik-Flugboot »Breguet Bizerte«

Das Seenot-Schnellboot »Nofretete« ist über 40 kn schnell

Als das Unternehmen »Weserübung« am Morgen des 9. 4. 1940 startete, waren die verantwortlichen Seenotdienst-Leiter auf einen solchen Einsatz nicht vorbereitet. Ja, sie hatten nicht einmal eine Ahnung von diesem Seeunternehmen. Noch befremdlicher war die Tatsache, daß selbst die Kommodore der über See fliegenden Geschwader der Luftwaffe nichts von der Existenz eines deutschen Seenotdienstes wußten.

Dies hatte zur Folge, daß sich der Führer des Norwegen-Nachschubs, Oberst Frh. von Gablenz, nicht zu helfen wußte, als eine mit Benzinfässern vollgeladene Ju 52 nördlich von Jütland zur Notwasserung gezwungen wurde und nach geraumer Zeit, während derer eine Rettung der gesamten Ladung noch möglich war – von der Besatzung ganz zu schweigen – unterging. Erst nach einer telefonischen Rückfrage beim Kommandierenden General des X. FlK., General der Flieger Geisler, erfuhr der Seetransportführer überhaupt von der Existenz des Seenotdienstes, und davon, daß Seenotflugzeuge in List auf Sylt stationiert waren.

Nun erst wurde die Seenotstation alarmiert. Sofort starteten zwei He 59, welche die Unfallstelle im ersten Anflug fanden und leider nur noch zwei Besatzungsmitglieder retten konnten.

Nachdem die Landungen in Norwegen erfolgt waren, schiffte sich der BSO auf dem früheren Forschungsschiff »Meteor« ein und verlegte damit von Swinemünde nach Aarhus. Da für die unterstellte Seenotzentrale Ost auf der »Meteor« kein Platz vorhanden war, mußte diese in die Stadt Aarhus umziehen und war dadurch für geraume Zeit von allen ihren Hilfsmitteln des Stabes des BSO abgeschnitten.

Major Dreyer, aktiver Pilot mit großer fliegerischer Erfahrung, bat von sich aus wegen Mangel an Betätigungsmöglichkeiten um seine Versetzung zum Fliegenden Personal der Luftwaffe. Glücklicherweise erkannte man seine Fähigkeiten auf dem Gebiet des Seenotrettungswesen und schlug ihm dieses Gesuch ab. Er ist später in anderer Verwendung im Seenotdienst einer der profiliertesten Seenotoffiziere geworden.

Zu Anfang wurde die neue Seefront in Norwegen aus dem Nordseeraum betreut. Aber unmittelbar nach Bekanntwerden der Landungen in Norwegen veranlaßte der Referent für den Seenotdienst die Verlegung einiger Seenotflugzeuge des Typs He 59 von List auf Sylt nach Aalborg, um näher am Ort des Geschehens zu sein. Dieser dänische Seefliegerhorst am Lim-Fjord in Nordjütland war für die Aufgaben des Seenotdienstes gut geeignet. Er wurde künftighin der Mittelpunkt des Seenoteinsatzes für das Seegebiet um Norwegen. Die hier stationierten Seenotflugzeuge unterstanden dem Kommandanten des Seefliegerhorstes. Der Hafen selbst bot gute Start- und Landemöglichkeiten; er war nachtlandeklar, besaß Anrollrampen und einen Kran zum Anlandsetzen von Seeflugzeugen. Schließlich hatte er ja dänischen Seeflugzeugen als Horst gedient. Die von hier aus geflogenen Einsätze dienten der Sicherung des See- und Luftnachschubs in den Raum Norwegen, sowie der Betreuung der auf den beiden Landflugplätzen von Aalborg stationierten deutschen Kampf- und Jagdfliegerverbände.

Da sich das Einsatzgebiet in dieser entscheidenden Phase des Krieges 1940 wesentlich vergrößerte, wurden neue Absprungbasen auch für die Seenotmaschinen notwendig. Und zwar erschien es am günstigsten, die Seenotgruppen auf die Absprungbasen der operativen Verbände der Luftwaffe in Norwegen – hier führte die Luftflotte 5, Generaloberst Stumpff, – zu verteilen.

Von List aus verlegten die Seenotmaschinen nach Stavanger, Bergen und Drontheim, und später auch nach Tromsö und Kirkenes.

Entlang der norwegischen Nord- und Polarküste waren die Start- und Landemöglichkeiten der Seeflugzeuge sehr schwierig. Vor allem Bergen und Kirkenes waren infolge der unzulänglichen Unterkünfte für die völlig auf sich gestellten, oft wochenlang auf Ablösung wartenden Seenotflieger eine schwere Belastung. Schon unter diesem Gesichtspunkt verdienen die Leistungen der Seenoteinheiten im hohen Norden volle Anerkennung. Der Ablösungsturnus von vier Wochen, in dem alle Flugzeuge auf den genannten Befehlshorsten von List aus abgelöst werden sollten, konnte nicht immer eingehalten werden.

Der Ausbau der Funkstationen in den Seefliegerhorsten des hohen Nordens wurde mit besonderer Sorgfalt betrieben, hing doch hiervon oftmals das Leben der notgelandeten und in Seenot befindlichen Soldaten ab. Atmosphärische Störungen, die im Nordraum in starken Bündelungen auftraten, galt es ebenso zu beachten, wie die Struktur der Küsten und das Nordlicht, welche sämtlich den

Funkverkehr beeinflußten. Schließlich entschied man sich dafür, an bestimmten günstigeren Punkten, die sorgfältig ausgesucht wurden, weitere Funkstationen zu errichten. Dies geschah in Oslo, Lister, Stavanger-Sola, Bardufoß, Barnak, Kirkenes, Fori und Kemi.

In Dänemark und in Norwegen arbeitete der Seenotdienst auch mit den dortigen Rettungsgesellschaften zusammen, deren Tätigkeit sich ähnlich der »Deutschen Gesellschaft zur Rettung Schiffbrüchiger« segensreich für die Groß- und Kleinschiffahrt in den schwierigen Gewässern der von Fjorden und Inseln vorgelagerten Küsten auswirkte.

Da Dänemark der Sonderstatus eines neutralen Landes (mit einem deutschen Reichsbeauftragten) zuerkannt worden war, erfolgte der Einsatz der dänischen Seenotmittel über den dänischen Admiral in Horten und zwar auf einer Nachrichten-Ringleitung, die ganz Dänemark umschloß. Dadurch traten oftmals bei Seenotfällen Verzögerungen ein.

In Norwegen aber waren die 28 Rettungsboote der Rettungsgesellschaften, die von Oslo bis hinauf in den hohen Norden stationiert waren, mit einer Funkanlage ausgestattet und standen mit ihren Landstationen in Funksprechverbindung. Sie wurden – unter norwegischer Flagge fahrend – von norwegischen Sprechern in bestimmten Zeitabschnitten gerufen und erhielten auf diesem Wege auch ihre Einsatzbefehle. Diese 28 norwegischen Rettungsboote waren in den ersten zwei Jahren, als noch keine deutschen Flugbetriebsboote zur Verfügung standen, eine wertvolle und zuverlässige Stütze für den deutschen Seenotdienst.

Mit Anwachsen der Widerstandsbewegung wurden auch die Besatzungen dieser Boote unzuverlässiger. Dies ging so weit, daß man deutscherseits eine ständige Kontrolle ausüben mußte. Die Besatzungen hatten auf anderen Wellen, als den zu benutzenden, mit Einheiten der Widerstandsbewegungen Funkverkehr aufgenommen. Einige Boote verließen heimlich ihren Liegeplatz und unternahmen Fahrten für englische Spione.

Ähnliche Erfahrungen gab es mit den vorgenannten dänischen Rettungsbooten in den beiden letzten Kriegsjahren.

Im Juli 1940 wurde in Bergen eine Seenotzentrale errichtet. Major Wahl, ein Seeflieger des Ersten Weltkrieges, übernahm diese

Zentrale. Er war nun für alle Einsätze im Raume Norwegen verantwortlich. Welcher Art diese Einsätze waren, das sei zu einem späteren Zeitpunkt berichtet. Nun zurück nach Deutschland.

DIE AUFSTELLUNG DER INSPEKTION DES SEENOTDIENSTES.

Oberst Goltz, der Referent des Seenotdienstes, der inzwischen vom General der Luftwaffe beim Ob. d. M. zum Gruppenleiter für den Seenotdienst ernannt worden war, wurde eingangs Juli 1940 ins Hauptquartier der Luftwaffe nach Wildpark befohlen. Dort sollte er, nach einer vorhergehenden Besprechung mit dem Chef der 2. Abteilung, Oberst i. G. Erdmann, dem Chef des Generalstabes, General Jeschonnek, über den Stand des Seenotdienstes Vortrag halten. Dieser Vortrag fand statt, und General Jeschonnek zeigte sich gegenüber den Vorschlägen von Oberst Goltz sehr aufgeschlossen. Er versprach, die Beanstandungen sofort auszumerzen. Dies sei im Interesse der Frontverbände dringend erforderlich.
Aus eigener Initiative ordnete der Generalstabchef der Luftwaffe die Aufstellung einer Inspektion des Seenotdienstes unter dem Generalquartiermeister an. Er beauftragte Oberst i. G. Erdmann, alles dazu Erforderliche zu veranlassen.
Wenige Tage darauf erging die Verfügung zur Aufstellung der L.In. 16, der Inspektion des Seenotdienstes. Mit der Wahrung der Geschäfte dieser Inspektion wurde Oberst Goltz beauftragt.
Die Kommandierung geeigneter Persönlichkeiten mit zugleich fliegerischer *und* seemännischer Vor- und Ausbildung war besonders schwierig, weil es Soldaten mit beiderseitigem Wissen und Können kaum gab. Dadurch trat eine beträchtliche Verzögerung in der Aufstellung der L.In. 16 ein.
Schließlich aber waren die im Dienstverteilungsplan vorgesehenen Referenten doch gefunden und die Referate wurden folgendermaßen besetzt:

Referat A:	Organisation, Vorschläge für Kommandierung der Offiziere in leitenden Stellungen des Seenotdienstes, Eisnotdienst, Wüstennotdienst:
Referent:	Major Freiherr von Buddenbrock

Referat B: Verteilung der Seenotflugzeuge, Bereitschaftsmeldungen, Erfolgs- und Verlustmeldungen, Statistik, Unteroffiziers- und Mannschaftsbesetzung des fliegenden Personals:

Referent: Major Lesch

Referat C: Schiffe und Boote einschließlich der Rettungsboote der Gesellschaft zur Rettung Schiffbrüchiger.

Referent: Kapitän der Handelsmarine Schumacher.

Referat D: Seerettungsgeräte:

Referent: Fliegerhauptingenieur Zeller

Referat NVW: Nachrichtenverbindungswesen der Seenotdienste:

Referent: Hauptmann Stedtler

Damit hatte der Seenotdienst endlich sein äußeres Gefüge erhalten. Nun kam es darauf an, die vielen Planungen in gelenkte Kanäle zu leiten und alle Seenotdienststellen bestmöglich für ihren Einsatz zu rüsten. Hinzu kam aber, daß sich die deutsche Wehrmacht im Kampf befand und daß alles dies in einer Phase des Einsatzes zu geschehen hatte.

Kehren wir zurück in den Raum Norwegen und Finnland, aus dem im ersten Abschnitt dieses Buches bereits berichtet wurde.

SEENOTWACHE IM HOHEN NORDEN.

Am 1. August 1941 wurde die 5. Seenotstaffel von List nach Stavanger-Sola verlegt und alle in Norwegen stationierten Seenotflugzeuge in dieser Staffel zusammengefaßt.

Stavanger, das nicht von hohen Bergen umgeben war, hatte einen großen Landflughafen. In geringer Entfernung davon lag ein See, der für den Seeflugbetrieb geeignet erschien. Den See und seine Umgebung hatte man in der Zwischenzeit zum Seefliegerhorst mit allen dazu notwendigen Hallen, Geräten und den Anrollrampen ausgebaut. So wurde ein neuer Seefliegerhorst für die Seenotstaffel 5 gebildet.

Dieser See fror jedoch bei starkem Frost im Winter zu. Aus diesem Grunde mußten vor Beginn des Winters Maßnahmen zur Verlegung der Seeflugzeuge in den Seehafen Stavanger getroffen werden.

Diese Verlegung, die nicht in jedem Winter notwendig wurde, war mit schwierigen Transportproblemen verbunden. Daneben wurde auch der Einsatz der Seenotflugzeuge beeinträchtigt, weil der Gefechtsstand wegen der in Stavanger-Sola vorhandenen Nachrichtenmittel dort verbleiben mußte. Für die Besatzungen der Außenstellen, besonders im nördlichen Norwegen, brachte die Verlegung der 5. Seenotstaffel nach Stavanger-Sola jedoch eine fühlbare Entlastung. Hier konnten die Ablösungen regelmäßig vorgenommen werden. Bei bevorstehenden Großeinsätzen war es möglich, die Stationen mit einer ausreichenden Zahl an Flugzeugen zu belegen. Außerdem war es damit der Staffelführung auch möglich, mit den zu betreuenden Landverbänden und den Einheiten der Sicherungsverbände der Kriegsmarine engeren Kontakt aufzunehmen.
Auch die Verhältnisse in den übrigen norwegischen Liegeplätzen waren alles andere als ideal. Hier eine kurze Übersicht darüber:
In Bergen war eine schwimmende Anlegebrücke vorhanden, an welcher die Flugzeuge betankt und in begrenztem Umfange auch gewartet werden konnten.
Bereits bei schwachem Wind war jedoch ein Verholen der Maschinen an Bojen notwendig. Es bildeten sich durch die steilen Berge, die den Hafen dicht umschlossen, leicht Wirbel und Sturzböen, die auch landenden Flugzeugen gefährlich wurden. Der Hafen war nachtlandeunklar. Dennoch gelang es erfahrenen Besatzungen auch zu Nachtflügen zu starten und bei Nacht zu landen. In Bergen war in der Regel nur ein Seenotflugzeug stationiert. Dies bedingte eine volle Vierwochenbereitschaft für die Besatzung.
Der Seeflughafen von Drontheim war nachtlandeklar. Hier bestand das Hindernis in der Tatsache, daß Seestaffeln mit BV 138 und He 115 in Bezug auf die beiden Anlegerampen, auf Liegeplätze und Boote Vorrechte beanspruchten. Dadurch kam es bei Seenotfällen des öfteren zu Startverzögerungen.
Der Seeflughafen von Tromsö war nachtlandeklar und verfügte über schwimmende Anlegerampen und eine kleine Werft mit einer Ablaufbahn. Darüber hinaus war das Verhältnis der Seenotflieger mit der dort liegenden Seeaufklärungsstaffel bedeutend besser, als in Drontheim. Hier waren einwandfreie Seenotstarts gewährleistet.
Kirkenes in Nord-Norwegen war der nördlichste Einsatzhafen für

Seenotflugzeuge. Auch hier war eine schwimmende Anlegerampe vorhanden. Die hier stationierten zwei Seenotmaschinen lagen während des Sommers an Bojen im geschützten Binnenhafen. Da dieser jedoch im Winter Eisbildung zeigte, mußten die Maschinen in einem solchen Falle in den Außenhafen verlegt werden. Dort waren sie den Unbilden der Witterung voll ausgesetzt und wurden durch treibende Eisschollen gefährdet. So wurde es hin und wieder notwendig, die beiden Seenotflugzeuge nach Tromsö zu verlegen.

Während zur Zeit der Mittsommernacht die Schwierigkeiten gering waren, mußten die Besatzungen, die in unvollkommenen Unterkünften hausten und oft wochenlang auf Ablösung warteten, während der Zeit der Polarnacht auf allen Gebieten improvisieren. Die dort gezeigten Leistungen im Seenotdienst wurden unter ganz besonderen Schwierigkeiten erbracht und sind entsprechend hoch zu würdigen.

SEENOTDIENST BEI DER LUFTFLOTTE 5

Wie hatten sich die Ereignisse seit dem Juli 1940 entwickelt? Da der norwegische Raum mit eigenen Seenotfahrzeugen zunächst nur unzureichend ausgerüstet war, galt es auch auf diesem Gebiete zu improvisieren. Außer den beiden in Bergen und Drontheim stationierten Flugsicherungsschiffen gab es keine weiteren Flugsicherungsfahrzeuge. Von Seiten der Marine wurden dem Seenotdienst die beiden Walfangschiffe »Wal 10« und »Wal 11« zur Verfügung gestellt. Zusammen mit den bereits genannten 28 norwegischen Rettungsbooten konnte der Mangel an Booten zeitweise behoben werden. Als ein Bergungsprahm in die norwegischen Gewässer überführt wurde, der Seeflugzeuge zur Reparatur an Bord nehmen konnte, war dies eine besondere Erleichterung. Erst später wurden die Einsatzhäfen mit Fl.B.-Booten – es waren solche der 400er-Klasse – besetzt. Sie erwiesen sich als nicht gut geeignet für die schwierigen norwegischen Seeverhältnisse und wurden nach und nach durch Boote der 500er- und schließlich durch Schiffe der 5000er-Klasse* ersetzt.

* Diese Klassen bedeuten nicht die Tonnagegrößen, sondern die Bauserien der Boote.

Die Organisation des Seenotdienstes für Norwegen wurde zunächst durch eine Seenotzentrale in Stavanger betrieben. Diese war dem Admiral der norwegischen Westküste unterstellt und war für die allgemeinen Richtlinien des Einsatzes, der Verteilung der Einsatzmittel und für die Schwerpunktbildung verantwortlich.

Die Einsätze selbst wurden von den Seenotbezirksstellen befohlen, deren Leiter in der Regel die jeweiligen Horstkommandanten oder aber – wie im Hohen Norden üblich – die Einheitsführer der Seefliegerverbände waren.

Zu Beginn des Jahres 1941 wurde die Stellung eines Seenotdienstführers bei der in Oslo liegenden Luftflotte 5 geschaffen. Von diesem Zeitpunkt an unterstand dieser Dienststelle die gesamte Organisation des Seenotdienstes in Norwegen. Sie war gegenüber der Luftflotte 5 für ihre Maßnahmen voll verantwortlich. Ihr Chef war der damalige Oberquartiermeister bei der Luftflotte 5, Oberstleutnant von Temsky.

Inzwischen war bei der Luftflotte 5 ein neuer Einsatzschwerpunkt in den Seegebieten nördlich des Nordkap entstanden. Und zwar hatte die Luftflotte 5 die Bekämpfung der alliierten Geleitzugswege im Hohen Norden von England über Island nach Rußland übernommen. Da bei den Angriffen auf Geleitzüge und deren Bewacher immer wieder Seenotfälle zu verzeichnen waren, erhielt Major Wahl, Leiter der Seenotzentrale Stavanger, im Oktober 1941 Befehl, nach Kirkenes zu gehen und dort eine zweite Seenotzentrale einzurichten. Während der Zeit, da Kirkenes nicht eisfrei war, wurde diese zweite Seenotzentrale nach Tromsö verlegt.

Nachfolger von Major Wahl in Stavanger wurde der Staffelkapitän der 5. Seenotstaffel, Hptm. Westphal.

Auch die Luftflotte 5 hatte der Konzentration ihrer Streitkräfte nach Norden Rechnung getragen, indem sie in Kemi, Finnland, einen vorgeschobenen Gefechtsstand errichten ließ, auf dem Generaloberst Stumpff sein Hauptquartier aufschlug.

In Billefjord, nahe dem Flugplatz Banak, wurde nunmehr eine Seenotbezirksstelle eingerichtet. Zwei Do 24 wurden dorthin verlegt. Sie konnten nur an Bojen gelegt werden.

Abwechselnd waren auch die Flugsicherungsschiffe »Karl Meyer« und »Max Stinsky« an einem Pier stationiert. Mit ihren Krananlagen und ihrer modernen Funkeinrichtung waren diese Flugsicherungsschiffe in der Lage, dem Seenotdienst entscheidende Hilfen zu gewähren.

SEENOTEINSÄTZE IM HOHEN NORDEN.

Die Unterbringung der Flugzeugbesatzungen und des gesamten Personals dieser Bezirksstelle Billefjord war zunächst primitiv, bis Billefjord zu einem Seefliegerhorst ausgebaut wurde. Dieser Ausbau war notwendig geworden, weil von hier aus die Einsätze der He 115 stattfanden. Lt. Kohl führte das Seenotkommando in diesem Horst, der zu den besten Seefliegerhorsten in Norwegen zählte. Einige Einsatzmittel des Seenotdienstes dieser Bezirksstelle verteilten sich auf Hammerfest, wo »Wal 10« und ein bis zwei Fl.B.-Boote an einem Pier und zwei Seenotflugzeuge in dem kleinen Seeflughafen lagen, auf Hanningswaag, wo ein Fl.B.-Boot bereitlag, und auf Akkerfjord, wo ebenfalls ein Fl.B.-Boot auf Einsatzmöglichkeiten wartete. Damit war Akkersfjord der nördlichste Einsatzhafen des Seenotdienstes.

»Wal 10« war auch an dem folgenden Seenotfall beteiligt. Es war ein Seenoteinsatz bis tief in den vom Gegner beherrschten Seeraum hinein, und es ging um eine Do 18, die SOS gefunkt hatte.

Nach einem Aufklärungsflug zwischen Südnorwegen und Nordengland mußte diese Maschine mit 4 Mann Besatzung auf halber Strecke notwassern. Danach gab sie noch Peilzeichen, doch infolge der fehlenden Querpeilung konnte der genaue Standort nicht ermittelt werden, sondern nur eine Richtungspeilung erfolgen.

Bei Seegang 5 bis 6 wurde vom Seenotdienst das Flugsicherungsboot »Wal 10« unter Kapitän Gerling eingesetzt. Dieses Fahrzeug von 500 t konnte bei dem Seegang auslaufen. Es steuerte ungeachtet der Minengefahr sofort auf dem angegebenen Kurs und traf um 07 Uhr des anderen Tages auf der befohlenen Position ein, die errechnet worden war.

»Wal 10« erhielt über Funk den Befehl: »Südwärts suchen!«

Das Boot setzte seine Fahrt in südlicher Richtung fort und fand bereits nach einer Stunde das sinkende Flugboot. Auf dem Flugboot stand die Besatzung bis zur Brust im Wasser.

Nach durchgeführter schneller Bergung wurde das Flugboot durch Rammstoß versenkt.

Während dieser Zeit kreiste ein englisches Landflugzeug in 1000 m Höhe über dem Boot. Es unternahm dann mit geöffneten Bombenschächten einen Anflug, ohne jedoch Bomben zu werfen. Nach einem weiteren Anflug im Tiefflug, bei dem nicht geschossen wurde, entfernte sich diese Maschine und gab folgenden FT-Spruch durch, der abgehört wurde:
»Habe im Quadrat X deutsches Flugzeug mit Bomben angegriffen und versenkt.«
Es war klar, daß die englische Besatzung dieser Maschine die Rettung beobachtet hatte und das Flugsicherungsboot schonen wollte. Diese noble Geste soll an dieser Stelle ausdrücklich erwähnt werden. »Wal 10« und seine Besatzung erreichte mit den Geretteten nach 24 Stunden den Heimathafen.
Vor Stavanger ereignete sich in dieser Zeit ein Seenotfall, der zu einem Wiedersehen zwischen Vater und Sohn führte. Ein für die deutsche Führung wichtiger Transport, bestehend aus drei Dampfern, der sich im Anmarsch auf Stavanger befand, wurde in der Nacht um 02 Uhr plötzlich von heranstürmenden britischen Torpedobooten mit Artillerie und Torpedos beschossen. Alle Schiffe erhielten Treffer und sanken.
Die alarmierten norwegischen Rettungsboote liefen sofort aus. Die drei ebenfalls zur Hilfeleistung eingesetzten He 59 aus Bergen und Stavanger konnten jedoch erst im Morgengrauen starten. Sie erreichten die Untergangsstelle der Schiffe und begannen nach der Wasserung die Bergung der Schiffbrüchigen.
Zahlreiche Seeleute wurden auf diese Art und Weise, oft nur notdürftig bekleidet, gerettet und nach Stavanger gebracht. Unter den Geretteten, die in Stavanger ausgeladen wurden, befand sich auch ein Seemann, in dem einer der helfenden Soldaten seinen eigenen Vater erkannte, der nur mit Hose und Hemd bekleidet dem Inferno des Schiffsunterganges entkommen war.
Ein weiterer Seenotfall aus dem Bereich der Tundra soll die Zahl der Beispiele hier abschließen.
Beim Abschuß einer Messerschmitt Bf 110 zwischen Murmansk und Petsamo gelang es dem Bordmechaniker und dem an Bord der Maschine befindlichen Kriegsberichter, sich durch Fallschirmabsprung zu retten. Sie landeten jedoch in ziemlichem Abstand voneinander, und der Kriegsberichter hatte zu allem Überfluß

auch noch seine Brille verloren und stand, da stark kurzsichtig, hilflos in der Tundra.

Als ein Suchflugzeug seiner Staffel ihn schließlich gefunden hatte, gelang es ihm, dem Flugzeugführer klarzumachen, daß er eine Brille brauchte. Die Maschine kehrte zu ihrem Horst zurück. Man holte aus dem Schrank des Kriegsberichters eine Reservebrille und brachte sie ihm zurück. Dazu eine genaue Anweisung, daß der Seenotdienst ihn von einem in der Nähe befindlichen See abholen werde.

Der Kriegsberichter ging nun auf den See zu, erreichte ihn auch und fand hier den Bordfunker, der den See vor ihm erreicht hatte. Wenig später landete hier eine Arado 199 und beide Männer gingen an Bord.

Bevor jedoch die Arado wieder starten konnte, erschien ein russischer Jäger. Im Tiefflug flitzte er über den See hinweg und schoß aus allen Waffen. Die Arado wurde restlos zerschossen. Zum Glück gab es keine schweren Verwundungen, so daß die Besatzung mit den beiden »Geretteten« sich zu Fuß auf den Weg zu den deutschen Linien machte und diese auch erreichte. Drei Tage später waren sie wohlbehalten nach Kirkenes geschafft.

*

Hier, im nördlichsten Einsatzgebiet des Seenotdienstes, ereignete sich am 7. 7. 1942 ein tragischer Zwischenfall. Nachdem eine Reihe gutgelungener Einsätze immer wieder stolze Erfolge gebracht hatte, kam es an diesem Tage zu einem Ereignis, über das der Augenzeuge, Kapitänleutnant a. D. K. E. Schoen, seinerzeit Führer des Seenotkommandos Billefjord, folgendes berichtete:

»Am 7. 7. 1942 lief das Flugsicherungsschiff ›Max Stinsky‹ (auf dem sich auch Oblt. z. S. Schoen befand) unter Führung seines Kapitäns Pampe zum Seenotfall einer Do 18 aus und geriet infolge Nebels und Stromversetzung im Porsangerfjord auf einen Felsen. Nach mehreren vergeblichen Versuchen konnte es beim nächsten Hochwasser durch ›Wal 11‹ und zwei Marinefahrzeuge wieder flottgemacht werden.

Es kehrte mit eigener Kraft auf seinen Liegeplatz zurück, obwohl der Bugraum vollgelaufen war. Da das Flugsicherungsschiff mit

den vorhandenen Mitteln nicht wieder gedichtet werden konnte, sollte es nach Deutschland übergeführt werden.
Diese Havarie seines Schiffes nahm sich Kapitän Pampe so zu Herzen, daß er sich, kurz bevor er sein Schiff in die Heimat bringen sollte, in seiner Kajüte erschoß.
In Tromsö wurde er mit militärischen Ehren beigesetzt. Das Schicksal dieses Mannes sei hier ausführlich erwähnt, weil Kapitän Pampe zu den bekanntesten, zuverlässigsten und einsatzfreudigsten Kapitänen des Seenotdienstes gehörte und sein typischer Winkspruch beim Einlaufen in einen Seenotstützpunkt folgendermaßen lautete:
»Stets bereit, Pampe!«
Vielen Angehörigen des Seenotdienstes und vielen Geretteten aus dem Nordraum wird dieser Kapitän in steter Erinnerung bleiben.
Inzwischen hatte der Austausch der He 59 gegen Do 24 begonnen. Für die Durchführung des Seenoteinsatzes im Hohen Norden bedeutete die Ausrüstung mit diesen neuen Flugbooten einen großen Fortschritt und eine gewaltige Hilfe. Die größere Geschwindigkeit der Do 24 brachte fühlbare Verkürzungen der Anflugzeiten. Als Flugboot war diese Maschine erheblich seetüchtiger als seine Vorgängerin; es verfügte auch über genügend Kraftreserven, um auch überladen bei stärkerem Seegang starten zu können. Dies sollte sich für viele Rettungsfälle als lebensrettend erweisen. Hier zwei Beispiele dafür:
Bei einem Seenotfall im Skagerrak wurde eine Me 110 gesucht, die überfällig war. Bereits nach kurzer Suchaktion wurde ein Ölfleck entdeckt, der darauf schließen ließ, daß hier ein Flugzeug auf dem Wasser niedergegangen war. Beim Überfliegen dieser Stelle wurden Flugzeugtrümmer und nach längerem Suchen ein Mann, in seiner Schwimmweste treibend, gesichtet.
Bei Seegang 3 mit leichter Schaumkronenbildung verlief die Landung der Do 24 und die Bergung des Treibenden reibungslos. Es handelte sich um den Flugzeugführer, der angab, daß nicht weit von ihm entfernt ein zweites Besatzungsmitglied in der Schwimmweste treiben müsse, mit dem er sogar in Rufverbindung gestanden habe. Beim Herannahen des Flugzeuges sei diese Verbindung jedoch unterbrochen worden und er habe seinen Kameraden aus den Augen verloren.

Die Unfallstelle wurde nunmehr noch einmal gründlich abgesucht und nach allen Richtungen hin überrollt. Da hierbei die Schaumkronen und die mit Stärke 3 gehende See zu sehr die Sicht behinderten, wurde schließlich gestartet und fliegend die Suche fortgesetzt. Sie blieb ohne Erfolg.

Der Rückflug wurde angetreten, und der Gerettete, der ärztlich versorgt werden mußte, abgeliefert. Dann startete die Besatzung noch einmal in das gleiche Planquadrat. Die Suche wurde erneut aufgenommen und, um sicher zu gehen, eine neue Landung durchgeführt und die Seenotposition noch einmal überrollt.

Diesmal wurde der in seiner Schwimmweste hängende Mann der Flugzeugbesatzung gefunden. Er trieb, den Kopf nach vorn unter Wasser. Nach der Bergung und während des Rückfluges wurden intensive Wiederbelebungsversuche unternommen, die leider erfolglos blieben.

Der Kommandeur der Zerstörergruppe der diese Me 110 angehörte, leitete nun ein Kriegsgerichtsverfahren gegen die Besatzung des Seenotflugzeuges ein. Er forderte deren Bestrafung wegen fahrlässiger Tötung. Dieses Verfahren wurde jedoch nicht durchgeführt, da die Beweisaufnahme ergab, daß der Tod bereits eingetreten sein mußte, als das Seenotflugzeug diese Stelle erstmals überflog.

Nach dem Bericht des Staffelkapitäns dieser Seenot-Besatzung, Hptm. Neuber, handelte es sich um eine erfahrene und besonders pflichtbewußte Mannschaft. Leider hatten die Flieger dieses Seenotfalles nicht die erforderlichen Signalmittel bei sich, wie beispielsweise einen Farbbeutel, der den Standort des Treibenden genau fixiert hätte. Wäre ein solcher Farbbeutel ins Wasser geworfen worden, hätte man beide Männer gesichtet und an Bord nehmen können.

Bei einem anderen Seenotfall fand eine Do 24 im Skagerrak die in Seenot befindliche Besatzung eines deutschen Flugzeuges. Die D 24 setzte zur Wasserung an und verlor in der groben See das letzte Drittel des Rumpfes mit dem Leitwerk. Da die Besatzung, wie dies Vorschrift war, nach vorn gegangen war und den rückwärtigen Teil abgeschottet hatte, blieb die Do 24 schwimmfähig. Die Flugzeugbesatzung wurde geborgen und »zu Fuß«, mit den Motoren steuernd, bei grober See dem über FT herbeigerufenen

Fl.B.-Boot entgegengerollt. Von diesem wurde die Do 24 auf den Haken genommen und nach Kjevik eingeschleppt. Dieses Beispiel zeigt das »Stehvermögen« der Do 24.

DIE ZWEI SEENOTGEBIETE IN NORWEGEN: SEENOTBEREICHSKOMMANDOS VIII UND IX.

Norwegen war nunmehr in zwei Seenotgebiete aufgeteilt. Und zwar im südlichen Küstengebiet mit der Seenotzentrale Stavanger und den Seenotbezirken Stavanger, Bergen und Drontheim und im nördlichen Küstengebiet, einschließlich der Polarküste, mit der Seenotzentrale Kirkenes-Tromsö, und den Seenotbezirken Tromsö, Kirkenes, Billefjord und (später) Pori. Zeitweise gehörte auch die Bezirksstelle Aalborg zur Zentrale Stavanger. Im Sommer 1943 kam sie jedoch endgültig zum Seenotbereich Nordsee. Dafür wurde Kristiansand in Südnorwegen neuer Liegeplatz eines Seenotflugzeuges.
Mit dem 1. 6. 1942 wurden alle deutschen Seenotzentralen in Seenotbereichskommandos und die angeschlossenen Bezirksstellen in Seenotkommandos umbenannt. Der Leiter der Seenotzentrale erhielt die Dienststellenbezeichnung Seenotbereichskommandeur. Ihm unterstanden nunmehr die Besatzungen der Flugzeuge einsatzmäßig, truppendienstlich und disziplinar. Damit war er mit den Befugnissen eines Gruppenkommandeurs ausgestattet. Die in seinem Befehlsbereich verteilten Boote wurden unter einem Flottillenchef zusammengefaßt und die Flugzeuge – soweit dies nicht schon wie in Norwegen der Fall war – zu einer Staffel, mit einem Staffelkapitän.
Diese Umorganisation war von der L.In. 16 trotz des Widerstandes anderer Gruppen durchgesetzt worden. Sie trat äußerlich nicht besonders in Erscheinung, wirkte sich jedoch vorteilhaft aus und trug viel zu einer strafferen Führung des gesamten Seenotdienstes bei.
Der Austausch der He 59 gegen Do 24 war in vollem Gange, und als im Juli 1942 der Chef der Luftflotte 5 sich auf einem Besichtigungsflug zu den Seenoteinsatzstellen in ganz Norwegen befand, forderte er vom Inspekteur des Seenotdienstes, Generalmajor

Goltz, eine weitere Seenotstaffel für seinen Bereich. Sie wurde zugesagt, im August 1942 aufgestellt und in Tromsö stationiert. Sie erhielt die Bezeichnung Seenotstaffel 10. Staffelkapitän wurde der bisherige F 1 und T.O. der 5. Staffel, Oblt. Körner.

Damit bot sich die endgültige Aufteilung des norwegisch-finnischen Seeraumes folgendermaßen dar: Es gab das VIII. und IX. Seenotbereichskommando mit zwei Seenotstaffeln, zwei Seenotflottillen und sieben Seenotkommandos.

Der Seenotdienstführer Norwegen hatte auch die Verantwortung für den finnischen Raum, in welchem neben dem Seenotdienst auch ein Schnee-, Eis- und Sumpfnotdienst erforderlich wurde. Gleichzeitig mußte im finnischen Raum für den Abtransport der Verwundeten aus den seereichen Frontgebieten gesorgt werden.

Für den Schneenotdienst nahmen die Flugzeugbesatzungen, nachdem der Einsatz von Schneereifen sich nicht bewährt hatte, einen Klappski mit, den auch die Jäger in ihren Flugzeugen unterbringen konnten. Die Rettung der in Schneenot geratenen Besatzungen erfolgte durch Fieseler Störche, die auf Kufen starten und landen konnten. Auch die Besatzungen, die in Eisnot gerieten, wurden durch Fieseler Störche gerettet.

Im Sommer wurde schließlich auch ein Sumpfnotdienst notwendig. Die im Moor und Seengebiet notgelandeten Besatzungen konnten nicht mehr im Fußmarsch zur Truppe zurückkehren, oder eine andere Truppe erreichen. In diesen Gebieten wurden Arado 196 und 199 eingesetzt, die ebenfalls Schwimmerflugzeuge waren. Auf einem kleinen See bei Rovaniemi wurden sie stationiert. Von hier aus hatten sie nur kurze Anflugzeiten. Diese Flugzeuge übernahmen auch den Transport der Verwundeten und führten sie jenem Lazarett zu, das in Kemi am Jervifluß lag, auf welchem die Maschinen landen konnten.

Darüber hinaus bemühte sich der Seenotdienst im hohen Norden auch um die Versorgung eingefrorener Schiffe und warf für in Bergnot geratene Besatzungen Rettungsmittel ab.

Im Sommer 1943 wurde durch den Seenotdienstführer der Luftflotte 5 in Pori (Björneborg) das Seenotkommando Finnland aufgestellt. Es diente zur Sicherung des Südteiles des Bottnischen Meerbusens.

Den einzelnen Verbänden in Norwegen waren ebenfalls Fw 58

zugeteilt, die zum Abwurf von Rettungs- und Signalmitteln für See-, Schnee-, Eis- und Sumpfnot eingerichtet waren. Sie sollten in solchen Notfällen auch als Fühlunghalter dienen. Allerdings waren die Erfahrungen mit diesen Seenothilfsflugzeugen nicht gut. Im Herbst erfolgte der Befehl zum Tausch des Standortes der beiden norwegischen Seenotstaffeln. Diese Maßnahme wurde durch einen Bericht des Staffelkapitäns der 10. Seenotstaffel, Oblt. Körner, veranlaßt. Dieser hielt es nicht für ratsam, daß die Staffel einen zweiten Winter lang im nordnorwegischen Raum belassen werden sollte. Er führte in seinem detaillierten Bericht aus, daß sich bereits im ersten Winter in diesem Raum die deprimierende Wirkung der Polarnacht bei dem gesamten Personal bemerkbar gemacht habe. Dies berichtete auch Hptm. Neuber. Zum anderen sei aber auch nur noch ein Teil der Flugzeuge der 10. Staffel einsatzbereit. Deshalb sei zu befürchten, daß es mit Einsetzen des nächsten Winters zu größeren Ausfällen kommen könne.
Diese Ausführungen wurden berücksichtigt, und die beiden Staffeln nahmen einen Standorttausch vor. Dieser Wechsel wurde ab 20. 9. 1943 durchgeführt und gleichzeitig der Kapitän der 10. Staffel zu einer anderen Einheit versetzt. An seine Stelle trat der F. 1 und TO der 5. Staffel, Oblt. Neuber. Staffelkapitän der nunmehr nördlichsten 5. Staffel blieb Hptm. Westphal.
Damit wurde auch der Tatsache Rechnung getragen, daß die Werft in Tromsö für die anfallenden Überholungsarbeiten der 10. Staffel zu klein war.
Bis zu diesem Zeitpunkt war eine ständige Weiterentwicklung in bezug auf die Organisation, die Verbesserung der Einsatzmittel und damit auch eine Steigerung der Rettungserfolge zu verzeichnen gewesen.

EINSATZMITTEL UND EINSÄTZE IN NORWEGEN 1943.

Die Einsatzmittel, die im Herbst 1943 im Nordraum zur Verfügung standen, waren: Zwei Flugsicherungsschiffe und zwei Hilfsschiffe (»Wal 10« und »Wal 11«), 12 Fl.B.-Boote, 12 Do 24, 2 Fieseler Störche, mehrere Arado 196 und 199, 25 Motor-Rettungsboote der norwegischen Rettungsgesellschaft.

Das letzte und schnellste Flugbetriebsboot der 5000er-Klasse, aus Ganzmetall und ohne Mast

Die Schnellfeuerkanone an Bord des »Flusi« »Bernhard von Tschirschky«. Mit dieser Kanone wurden mehrere Flugzeuge abgeschossen

Eine Do 18 wird vor Cherbourg an Bord eines Flugsicherungsschiffes genommen

Das Hilfs-Seenotflugzeug Do 18

Rettungsboot der Gesellschaft zur Rettung Schiffbrüchiger in Dornumersiel. Diese Boote fuhren viele Einsätze in Küstennähe

Kapitän Pampe vom Flugsicherungsschiff »Max Stinsky«

Kapitän Baumann vom Flugsicherungsschiff »Bernhard von Tschirschky (rechts)

Diese He 59 wird zum Start gerollt. Im Hintergrund der große Kran des Seefliegerhorstes Cherbourg, der das Seenotflugzeug einsetzt. Diese Aufnahme dokumentiert die erstaunliche Größe der He 59

Die Fl.B.-Boote waren gut bewaffnet und haben manchen angreifenden Gegner abgeschossen

Mit der automatischen Schnellfeuerkanone konnten sich die Flugsicherungsschiffe gut gegen Flieger zur Wehr setzen

Fl.B.-Boote vom Sondereinsatz Ostsee liegen im Hafen von Swinemünde

Von Beginn der Besetzung Norwegens bis zum 31. 12. 1943 wurden von diesen Einheiten und ihren Besatzungen etwa 2000 Deutsche und Norweger und 200 Angehörige der Feindstaaten aus Seenot gerettet. Dies sind allerdings Schätzzahlen, da keine authentischen Unterlagen darüber zur Verfügung stehen.
Ein Auszug aus dem KTB der Luftflotte 5 notiert für die Zeit vom 21. 2. bis zum 10. 11. 1943 120 Seenotfälle mit 106 Flugzeug- und 68 Schiffseinsätzen. 62 dieser 120 Einsätze waren von Erfolg gekrönt. Aber auch hier ist die Zahl der Geretteten nicht angegeben.
Aus der Vielzahl der Seenotfälle, die im einzelnen nicht dargestellt werden können, seien an dieser Stelle einige herausgehoben, die besondere Erwähnung verdienen.
Während der Geleitzugschlachten im Eismeer kam der Seenotdienst mehrfach zum Einsatz. Der erste Eismeer-Konvoi, der mit 38 Schiffen nach Rußland ging, wurde von einem Verband He 115 mit Eintritt der Abenddämmerung angegriffen. Als dieser Verband zum Einsatzhorst zurückkehrte, leistete »Wal 11« durch eine verabredete Befeuerung so geschickte Landehilfe, daß sämtliche Maschinen glatt landen konnten.
Am anderen Tage wurde dieser Geleitzug unter den gleichen Bedingungen abermals angegriffen. Als die Marine in dieser Nacht wegen eines russischen Bombenangriffes die Außenbefeuerung von Hammerfest löschte, verfehlte der vom Feindflug heimkehrende Verband den Hafen und wurde wegen Benzinmangels zu einer Notwasserung bei Nordkyn gezwungen. Dabei gingen zwei Maschinen verloren.
Der Seenotdienst wurde alarmiert. Drei Do 24 stiegen auf und suchten den in Frage kommenden Seeraum ab. Sie fanden schließlich ein treibendes Schlauchboot mit drei Fliegern, unter ihnen befand sich der Staffelkapitän. Bei schwierigen Witterungsverhältnissen wasserte eine Maschine in der Nähe des Schlauchbootes. Bei der Wasserung brach das Leitwerk und der achtere Teil des Rumpfes ab und versank.
Glücklicherweise waren die im achteren Teil des Flugbootes befindlichen Besatzungsmitglieder bei der Wasserung wie vorgeschrieben nach vorn gegangen und hatten die achteren Schotten dicht gemacht. Dadurch blieb das Flugzeug schwimmfähig und

konnte auch manövrieren und die Besatzung des Schlauchbootes an Bord nehmen. Bei den Bergungsarbeiten ging ein Feldwebel der Maschine über Bord. Er konnte erst beim dritten Anflug aus dem eiskalten Wasser geborgen werden.
Über See rollend erreichte die Do 24 mit den Motoren steuernd den Kjöllfjord. Hier wurde sie am nächsten Tage von einem Flugsicherungsschiff abgeholt.
Ein großer Teil der 38 Schiffe dieses Geleitzuges wurde versenkt. An der Versenkung hatte die Küstenfliegergruppe 906 mit ihren He 115 großen Anteil.
Genau einen Monat später wurde der zweite Geleitzug angegriffen und teilweise zerschlagen. Es war der berühmt-berüchtigte PQ 17. Unter den Schiffen dieses Konvois befand sich auch der Dampfer »Carlton«. Dieser Frachter wurde von »U 88« torpediert und 300 Seemeilen nördlich des Nordkaps versenkt.
Es gelang einer in Kirkenes gestarteten Do 24, nicht weniger als 24 Besatzungsmitglieder der »Carlton« zu retten, eine Leistung, die großes Aufsehen erregte.

DIE LETZTEN EINSÄTZE IM NORWEGISCHEN RAUM.

Ende 1943 und zu Beginn des Jahres 1944 nahmen die feindlichen Luftangriffe auf norwegische Nachschubbasen und deutsche Geleitzüge an Zahl und Konzentration mehr und mehr zu. Dadurch wurde eine vermehrte seemännische Sicherung der Geleitzüge notwendig. Besondere Geleitzüge erforderten neben der üblichen Sicherung durch den BSN auch von der Luftwaffe Aufklärungsverbände, welche die U-Bootsicherung übernahmen. Daneben wurden Jagdverbände benötigt, die diese Schiffe gegen Luftangriffe der Feindjäger, Bomber und Torpedoflugzeuge sicherten. Dies alles erforderte naturgemäß eine Vergrößerung der Seenotsicherung für die Rettung derjenigen Flugzeugbesatzungen, die bei diesen Kämpfen abgeschossen wurden und in Seenot gerieten.
Daneben aber wurde das Personal des Seenotdienstes nach Abzug starker Infanterie-Verbände aus Norwegen vermehrt zur Anlage von Feldbefestigungen herangezogen. Auch die Küstenverteidigung griff auf Seenotpersonal zurück.

Darüber hinaus aber forderte die immer prekärer werdende Kriegslage einen langsamen aber stetigen Abbau des Personals.
Alle diese Maßnahmen wirkten sich umso verheerender für den Seenotdienst aus, als zum einen die Seenoteinheiten Personal zur Küstenbewachung abstellen mußten und zum anderen durch die sich ständig steigernden feindlichen Angriffe mehr anstatt weniger Personal benötigt wurde.
Ein Seenotflugzeug hatte beispielsweise einen wichtigen Geleitzug ständig zu begleiten während zwei weitere Maschinen auf den in Betracht kommenden Einsatzpunkten in Bereitschaft liegen mußten, um im Notfall sofort starten zu können. Zur Sicherung des Ganzen folgten dann noch eines oder mehrere der inzwischen gut bewaffneten Fl.B.-Boote, die infolge ihrer geringen Größe vom Gegner bei Angriffen meistenteils übersehen wurden. So konnten sie im Notfall durch einen raschen Vorstoß zur Unfallstelle ihre Rettungsaktionen durchführen.
Oftmals kam es aber auch vor, daß diese kleinen Boote durch Feindflugzeuge erkannt und angegriffen wurden. So ging während einer Geleitzugschlacht im Seeraum von Stavanger ein Fl.B.-Boot durch Raketenbeschuß eines Jagdbombers verloren, nachdem es sich hartnäckig verteidigt und mehrere Feindflugzeuge abgeschossen hatte.
Um auch weiterhin für alle anfallenden Seenotaufgaben einsatzbereit zu sein, wenn ein gewisser Küstenabschnitt gefährdet war, mußten die Staffeln für geeignete Ausweichplätze jener Seeflugzeuge sorgen, deren Liegeplätze in den Brennpunkten der Seefront lagen. So erkundete die 10. Seenotstaffel in Stavanger eine Bucht im Lysefjord als Hauptausweichplatz, der entsprechend vorbereitet wurde.
Natürlich hatte es sich bei dieser Lage längst herausgestellt, daß der Seenotdienst für die erhöhten Anforderungen an dieser gewaltig langen Küstenstrecke viel zu wenige Stationen besaß. Insbesondere waren die Gebiete zwischen Bergen und Drontheim zu schwach gesichert. Aus diesem Grund entschloß man sich dazu, im Hafen von Aalesund eine Arado 196 und auf einer in der Nähe gelegenen kleinen Insel ein Fl.B.-Boot zu stationieren.
Bereits im März 1944 war das Seenotbereichskommando VIII, das nunmehr von Oberstleutnant Wildhagen geführt wurde, wegen

der immer enger werdenden Zusammenarbeit mit der Kriegsmarine wieder von Stavanger nach Bergen verlegt worden. In Oslo schied Oberst von Temsky als Seenotdienstführer aus und wurde durch Oberst von Schiller ersetzt.
Nach einer Verfügung des OKL vom 19. 8. wurde schließlich auch in Norwegen im Oktober 1944 die Umorganisation des Seenotdienstes durchgeführt. Es sollte bei dieser Umorganisation Personal gespart werden.
Die Dienststelle des Seenotdienstführers, die Seenotbereichskommandos und die Seenotkommandos wurden aufgelöst. An ihre Stelle trat in Südnorwegen die Seenotgruppe 50 und die Seenot-Flottille 50, in Nordnorwegen die Seenotgruppe 51 und die Seenot-Flottille 51.
Die Seenotgruppe 50 erhielt Hptm. Conrad als Gruppenkommandeur und war in Oslo stationiert. Adjutant der Gruppe war Oblt. Hoffmann. Die Seenotstaffel führte Hptm. Neuber und ab 1. 3. 45 Oblt. Sepke. Flottillenchef war Major Bojert.
Die Seenotgruppe 51 war in Oslo stationiert. Gruppenkommandeur war Hptm. Kersten. Die Staffel wurde von Hptm. Kühne und ab 1. 3. 45 von Oblt. Linke geführt. Flottillenchef war Major Grubbe.
Die Auflösung der Luftnachrichten-Kompanie des Seenotdienstes, die im gleichen Zuge durchgeführt wurde, schaffte weitere Probleme, die oftmals durch Provisorien nur notdürftig beseitigt werden konnten.
Die erheblichen Personalverluste in den Staffeln und Flottillen erhöhten noch den Unsicherheitsfaktor.
Alles freiwerdende Personal wurde der Reichsverteidigung zugeführt, und auch die anderen Verbände der Seeluftwaffe wurden ähnlich zur Ader gelassen.
In der Verteilung der Flugzeuge und Boote änderte sich durch diese Umorganisation im Wesentlichen nichts. Die Einsatzanforderungen erfolgten durch die zuständigen Fliegerführer. Die truppendienstliche Unterstellung war sehr verschieden geregelt.
Nach Abzug der Seeaufklärerverbände aus Stavanger blieben die wenigen Maschinen des Seenotdienstes hier allein zurück. Zur Verstärkung wurden ihnen drei BV 138 mit ihren Besatzungen von der Seeaufklärergruppe Drontheim zugeteilt. Ihre Aufgabe war es,

Funkmeßaufklärung zu fliegen, um die deutschen Geleitzüge vor Überraschungsangriffen zu schützen.
Dennoch wirkten sich die Feindangriffe mit Flugzeugverbänden und Zerstörern verlustreich auf den deutschen Geleitverkehr nach Norwegen aus.
Durch die in dieser Zeit stark wachsende Widerstandsbewegung waren dem Gegner nunmehr meistenteils die Größe, Wichtigkeit, sowie die Bedeckungskräfte der Geleitzüge bekannt, so daß die Angriffe nunmehr gezielt erfolgten.
Dies forderte immer wieder den vollen Einsatz aller Seenotmaschinen im Nordraum.
Im Bereich Nordnorwegen war bereits schon vorher der Rückzug aus Kirkenes erfolgt. Nach der Kapitulation im Norden überführte Oblt. Linke seine Staffel nach Bodö. Hier wurden die Flugzeuge abgerüstet und dem dortigen Fliegerhorst übergeben, nachdem vorher noch im Auftrag der Engländer einige Transportflüge durchgeführt worden waren.
Einer bereits vor Kriegsschluß in Bodö stationierten Do 24 gelang noch der auf eigene Faust durchgeführte Flug nach Deutschland.
Das Bodenpersonal wurde auf ein Schleuderschiff gebracht das in Tromsö lag. Dieses Schiff lief nach Rognan im Salzfjord aus. In dem dortigen Lager fand sich fast das gesamte Personal des Seenotdienstes Norwegen mit Ausnahme der Bootsbesatzungen zusammen.
Die Flottille 51 war nach der Kapitulation aus Tromsö ausgelaufen und hatte, mit südlichem Kurs laufend, zu entkommen versucht. Sie wurde auf See von englischen Wachschiffen gestoppt.
Das übrige Personal wurde nach nochmaliger Verlegung in ein Arbeitslager bei Hatfjelldal und von dort im August 1945 in die Entlassungslager nach Deutschland geschafft.
Beim Gruppenkommando 50 in Südnorwegen wurden nach der Kapitulation die Boote abgegeben. Ihre Besatzungen und das Bodenpersonal kamen in die in Norwegen üblichen »Reservationen«.
Die Flugzeuge hingegen starteten in der Nacht der Kapitulation auf höheren Befehl zu Transportaufgaben in den Ostseeraum.
Über das Schicksal der Besatzungsmitglieder dieser Flugzeuge wurde bis auf den heutigen Tag nichts bekannt.

Möge dieses Buch auch in die Hände jener Soldaten gelangen, die bis zum letzten Augenblick noch mit ihren Maschinen deutsche Menschen aus dem Osten gerettet haben. Möge es Anstoß für sie sein, dem Autor ihre Erlebnisse mitzuteilen, damit auch dieses Detail eines humanitären Einsatzes unter schwersten Bedingungen nachgetragen werden kann.

Einsatz im Kanal und im Atlantik.

DEN SEENOTDIENST HATTE MAN VERGESSEN.

Nach Ende des Westfeldzuges hatte sich die zu behauptende Küstenfrontlinie um die gesamte Kanal- und Atlantikküste in Westeuropa verlängert. Von nun an sollte der Luftkrieg gegen England von französischen und belgischen Kanalstützpunkten aus geführt werden. Die Luftschlacht über England stand unmittelbar bevor.

Alle diese Ereignisse forderten zwingend neue Seenotstationen in diesen eroberten Gebieten, denn mit der Vielzahl der neuen Einsätze der Luftwaffe über See würde sich auch die Zahl der Seenotfälle vervielfachen.

Auch nach der Besetzung von Holland, Belgien und Frankreich wirkte sich übrigens das Fehlen von Mobilmachungsplänen und zugleich die Tatsache jeder fehlenden Vorausschau in bezug auf den Seenotdienst negativ aus. Die seenotmäßige Sicherung dieser neuen Gebiete befand sich in einem verhängnisvollen, völlig unbefriedigenden Zustand.

Hier konnten zunächst nur behelfsmäßige Lösungen Abhilfe schaffen. Es war den im Seenotdienst stehenden Soldaten und Offizieren einfach unbegreiflich, daß man bei einer Planung, England aus der Luft zum Sturm reif zu bombardieren *und* eine Invasion über See gegen die britischen Inseln durchzuführen, nicht im geringsten an die Rettung von sicherlich Tausenden Schiffbrüchiger und in Seenot geratener Soldaten dachte. Ein schlagkräftiger und aktionsbereiter großer Seenotdienst wäre für zwei solche Unternehmen eine der grundlegenden Voraussetzungen gewesen. Geschehen war jedoch einfach nichts!

Es waren die im Westraum und an der Nordsee- und Atlantikküste operierenden Luftflotten 2 und 3, die an die dafür verantwortlichen Stellen appellierten, diesen Seenotdienst zu forcieren.
Es lag nunmehr an der soeben neuaufgestellten L.In. 16, die personellen und materiellen Vorbereitungen zur Einrichtung eines Seenotdienstes an der französischen Atlantikküste und an der niederländischen und belgischen Nordseeküste zu treffen.
Nach Rücksprache des Inspekteurs des Seenotdienstes mit dem Generalquartiermeister, General von Seidel, über den augenblicklichen Stand des Seenotdienstes in diesem Bereich und die am dringendsten zu treffenden Maßnahmen, verfügte der Generalquartiermeister, daß die Inspektion der Schulen noch am selben Tage 12 He 59 mit ihren Stammbesatzungen zum Luftpark (See) nach Kiel-Holtenau zu überführen hätten. Dort sollten sie unverzüglich unter Leitung des Fliegeringenieurs Heitmann zu Seenotflugzeugen umgebaut werden.
Man machte dem Fliegeringenieur die Auflage, jeden dritten Tag eine umgebaute Maschine für den Seenotdienst einsatzbereit zu machen. Diese Auflage konnte zwar nicht eingehalten werden, doch Fliegeringenieur Heitmann schaffte es binnen kürzester Zeit und stellte damit unter Beweis, daß die Umbauten bei der Firma Walter Bachmann in Ribnitz, wo seit Kriegsbeginn bis zum Juli 1940 erst 11 der 14 zum Umbau dorthin geschafften He 59 fertig geworden waren, viel zu langsam erfolgten.
Während der Herrichtung der Maschinen für den Seenotdienst meldeten sich ihre Besatzungen bei der Inspektion in Wildpark und wurden hier in ihre neuen Aufgaben eingewiesen.
Inzwischen hatte der Inspekteur des Seenotwesens, Oberst Goltz, im Flugzeug Belgien und Frankreich besucht und dabei alle in Frage kommenden Häfen inspiziert.
Zeebrügge, an das man zuerst gedacht hatte, weil es der Hauptseestützpunkt im Ersten Weltkrieg gewesen war, kam aus mehreren Gründen nicht als Liegeplatz einer Seenotstaffel in Frage. Im Bereich der Luftflotte 2 wurde der Kanalhafen Boulogne als Haupteinsatzhafen für den Seenotdienst ausersehen.
Bei einem wenig später in Paris-St. Cloud vom Inspekteur mit dem Stab der Luftflotte 3 geführten Gespräch entschloß man sich dort, daß bei der Luftflotte 3 mehrere Seenotzentralen eingerich-

tet werden müßten, weil ihre räumliche Ausdehnung sehr groß war. Es wurden Cherbourg am Kanal und Brest am Atlantik ausgewählt. Beide Dienststellen sollten einem Seenotdienstführer unterstellt werden.

Als Leiter der Seenotdienste bei diesen Luftflotten, die den Luftkrieg gegen England zu führen hatten, wurden zwei erfahrene ältere Fliegeroffiziere ernannt. Und zwar bei der Luftflotte 2 Major Engelhorn, der bis dahin Leiter der Seenotzentrale Nord in Wilhelmshaven gewesen war, und für die Luftflotte 3 Major Dreyer. Letzterer war bis zu diesem Zeitpunkt Leiter der Seenotzentrale Ost gewesen. Damit waren für beide Zentralen erfahrene Offiziere ausgewählt worden.

Für Boulogne und Cherbourg wurden je zwei He 59 bereitgestellt und in Borkum und Norderney vier Fl.B.-Boote mit zivilen Besatzungen zur Verlegung an die Kanalküste vorbereitet.

Die hier zum Einsatz gelangten Fahrzeuge und die Maschinen wurden noch weiß gestrichen und mit dem Roten Kreuz versehen, weil man noch immer der Annahme war, daß Freund und Feind dieses Zeichen achten würden. Die Boote wurden übrigens dem britischen Außenministerium vom Deutschen Auswärtigen Amt über das schweizerische politische Departement vorschriftsmäßig angemeldet und wurden außerdem von der britischen Regierung anerkannt.

Die Seefahrzeuge mußten bestimmungsgemäß außer mit einer Nummer noch mit dem Namen versehen sein. Sie erhielten Namen aus der Welt der Seetiere. Beispielsweise »Seebär«, »Seeadler« usw. Die Mannschaften wurden mit Armbinden des Roten Kreuzes versehen und erhielten Ausweise als ziviles Sanitätspersonal. Die Seenotflugzeuge benötigten keine besondere Kennzeichnung.

Für die Einrichtung des Seenotdienstes fand besonders Major Engelhorn günstige Vorbedingungen vor. Wie bereits in der Nordsee, so wurde der Seenotdienst auch hier der Marine eingegliedert und unterstand nunmehr dem Admiral Kanalküste, Admiral Fleischer, der sein HQ in Wimille bei Boulogne eingerichtet hatte.

Der Bereich dieses Marinebefehlshabers Kanalküste erstreckte sich von Dieppe bis zur deutsch-niederländischen Grenze.

Truppendienstlich und einsatzmäßig unterstand Major Engelhorn

der Luftflotte 2, die den Ausbau des Seenotdienstes voll bejahte. In Wimille befand sich Major Engelhorn mit dem Befehlshaber Kanalküste im selben Hause. Damit waren die Voraussetzungen für eine gute und rasche Zusammenarbeit gegeben.
Eine Beteiligung der Kriegsmarine an Seenotfällen im Kanal wurde denn auch durch einen Befehl des OKW vom 5. 8. 1940 angeordnet.
Das für diese Seenotbereiche erforderliche Nachrichtenpersonal wurde durch die Luftflotte 2 bereitgestellt. Man schuf desgleichen von dort direkte Fernsprechverbindungen zu den Einsatzmitteln des Seenotdienstes. Darüber hinaus stand die sehr gute Nachrichtenverbindung der Marine zur Verfügung.
Rasch wurden die beiden He 59 nach Boulogne überführt. Nach und nach folgten ihnen weitere Seenotflugzeuge dieses Typs. Nachdem dort solcherart eine Seenotstaffel entstanden war, wurde Lt. d. Res. Wölke zum Staffelkapitän ernannt. Mit seinem Staffelpersonal bezog er zwei dicht am Hafen gelegene Häuser, die mit Telefon, Alarmeinrichtung und Luftschutzkellern versehen waren. Die Flugzeuge konnten mit einem an Land stehenden handbetriebenen Kran im Binnenhafen zu Wasser gesetzt werden.
Um die Startbereitschaft der Maschinen dieser Seenotstaffel zu erhöhen, wurde später im Außenhafen ein requirierter Prahm verankert, der nach einiger Zeit durch einen Flugbergungsprahm mit Kran zum Anbordnehmen von Flugzeugen ersetzt wurde.
Im Spätsommer trafen, aus der Nordsee kommend, die ersten beiden Fl.B.-Boote an der Kanalküste ein. Nunmehr ergänzte man den Seenoteinsatz dadurch, daß am Sandstrand von Boulogne und Dünkirchen zunächst acht mit jeweils zwei Pioniersturmbooten ausgerüstete Seenotstützpunkte errichtet wurden. Diese waren mit besonders ausgebildetem Personal der Luftwaffe besetzt und in der Lage, bei ruhiger See in Küstennähe schnelle Hilfe für notgelandete Flieger zu bringen.
Die seenotmäßige Sicherung des niederländischen Raumes, die zuerst noch in den Händen von Major Engelhorn lag, wurde wenig später dem Horstkommandanten von Schellingwoude, Hptm. Pössel mit gleichzeitiger Ernennung zum Leiter des Seenotbezirkes Holland, übertragen.
Noch später wurde der Seenotdienst vor der niederländischen

Küste dem Marinebefehlshaber in Den Haag angegliedert und erhielt eine eigene Seenotzentrale. Vorerst jedoch wurden in Den Helder ein Fl.B.-Boot und in Schellingwoude zwei He 59 stationiert.

Während so der Aufbau des Seenotdienstes bei der Luftflotte 2 zügig voranging, ergaben sich im Bereich der Luftflotte 3 einige Schwierigkeiten. Oberst a. D. Dreyer hat darüber berichtet:

»Als ich Mitte Juli 1940 mit meinen beiden He 59, die mir als einziger Beitrag des Generals der Luftwaffe beim Obd. M. zur Verfügung gestellt worden waren, in Cherbourg eintraf, fand ich nichts weiter vor, als einen brauchbaren französischen Seeflughafen. Ich veranlaßte sofort dessen Instandsetzung; insbesondere der Flugzeugkran mußte repariert werden.

Die ersten Feststellungen bei den örtlichen Dienststellen ergaben, daß das auf dem Fliegerhorst Querqueville, nordwestlich Cherbourg, stationierte JG 2 sich bereits einen privaten Seenotdienst notdürftig mit Hilfe eines am Strand liegenden kleinen Motorbootes eingerichtet hatte.«

Noch am ersten Tage ließ der Kommandierende General des VIII. Fliegerkorps, General von Richthofen, Major Dreyer im Flugzeug zu seinem Gefechtsstand nach Deauville holen. Er forderte nicht weniger als eine großzügige und sofortige Seenothilfe für seine Flieger. Aus diesem Gespräch ging allerdings auch hervor, daß General von Richthofen beabsichtigte, sich einen hier zu schaffenden Seenotdienst direkt zu unterstellen.

Major Dreyer lehnte dies ab, denn dies wäre eine einseitige Teillösung jenes Problems gewesen, das die gesamte Luftflotte 3 betraf. Das VIII. Fliegerkorps bezog den Seenotdienst offenbar nur auf sich. Aus dieser Situation entstand leider gleich zu Beginn des Seenotdienstes eine Spannung, die sich später negativ auswirken sollte.

Bei der Luftflotte 3 in Paris-St. Cloud sagten jedoch der Oberbefehlshaber, Generaloberst Sperrle, und sein Chef des Generalstabes, Oberst i. G. Korten, sofort großzügige Hilfe zu. Sie verwiesen Major Dreyer auf enge Zusammenarbeit mit dem Ia der Luftflotte, Oberstleutnant i. G. Koller.

Da die Franzosen sämtliche brauchbare Seefahrzeuge entweder nach England überführt oder versenkt hatten, die Marine aber in diesem Kanalgebiet noch über keine Fahrzeuge verfügte, besaß der Seenotdienst hier zunächst nichts weiter, als jene zwei He 59, die nur bis Seegang 3 eingesetzt werden konnten.

In dieser prekären Situation erteilte der OB der Luftflotte 3 dem Seenotdienstchef die Generalvollmacht, sämtliche Häfen in Nordfrankreich und Nordwestfrankreich, sowie alle Seinewerften, nach brauchbaren Fahrzeugen zu durchsuchen und sie zu beschlagnahmen, wenn er welche finden sollte. Diese beschlagnahmten Boote sollten dann zweckentsprechend hergerichtet und als Seenotfahrzeuge eingesetzt werden. Es wurden Fischkutter und Motorjachten gefunden, Rettungsboote und sogar eine 450 Tonnen große Privat-Dampfjacht. Alle brauchbaren Fahrzeuge wurden sofort umgebaut und eingerichtet. Dennoch dauerte es Wochen, ehe die ersten Fahrzeuge eingesetzt werden konnten.

Die Marine stellte für diese Boote das seemännische Personal zur Verfügung, so daß schließlich die ersten einsatzbereiten Boote verfügbar waren.

In der Zwischenzeit waren vom General der Luftwaffe beim Ob. d. M. die als Leiter der Seenoteinsatzstellen ausgewählten Offiziere am Kanal eingetroffen. Es waren 5 Majore, 2 Hauptleute und ein Leutnant.

Nach einer eingehenden Besprechung unter Leitung des Inspekteurs des Seenotdienstes, Oberst Goltz, wurden die Küstenorte und -städte Le Havre, Cherbourg, Brest, St. Nazaire und Royan als Mittel- und Einsatzpunkte für den Seenotdienst festgelegt. Die Leiter dieser Seenotdienststellen waren jeweils für ihren Bereich allein und voll verantwortlich. Die Zusammenarbeit mit der Luftflotte 3, sowie die Hauptverantwortung lag in den Händen eines Seenotdienstführers mit den Befugnissen eines Regimentskommandeurs. Major Dreyer wurde für diesen Bereich zum Seenotdienstführer ernannt.

Während dieser Besprechung stellte Oberst Goltz das Eintreffen weiterer Seenotflugzeuge He 59 und später auch Do 24, sowie einer Reihe von Fl.B.-Booten, in Aussicht.

Die drängende Frage der Versorgung der neuen Seenotfront am Atlantik mit Seenotflugzeugen fand eine völlig neue Klärung in der Tatsache, daß auf dem Wasserflughafen von Hourtin (auf einem See nahe der Küste bei Bordeaux) zwei »Breguet-Bizerte«-

Marineflugzeuge der französischen Marine gefunden wurden. Diese dreimotorigen Flugboote erwiesen sich nach Instandsetzung ihrer Motoren durch deutsche Techniker als außerordentlich seetüchtig. Generaloberst Sperrle gelang es, im Einvernehmen mit der Waffenstillstandskommission nicht nur diese beiden Maschinen zugewiesen zu bekommen, sondern noch weitere. Und zwar alle Boote, die in Südfrankreich, in jener Zone lagen, die von der deutschen Wehrmacht aufgrund des Waffenstillstandsvertrages nicht besetzt wurde. Diese Boote wurden an die deutsche Luftwaffe verkauft und dem Seenotdienst zur Verfügung gestellt. Dadurch erhielt der deutsche Seenotdienst am Atlantik schließlich acht dieser guten Maschinen.

Die »Breguet-Bizerte« wurden zu einer Seenotstaffel zusammengefaßt. Zwei der Flugboote blieben in Hourtin, sechs verlegten in den Seefliegerhorst Poulmic bei Brest. Staffelkapitän wurde Lt. d. Res. Ziegler. In Poulmic wurden zum Glück auch noch weitere Ersatzteile für diesen Flugzeugtyp entdeckt, so daß die Flugboote dank des Einsatzes der Mechaniker ständig einsatzklar gehalten werden konnten.

Die ersten Seenoteinsätze wurden geflogen, und Ende August zeigte sich plötzlich ein Wandel in der Haltung des Gegners an, der wie ein Schock wirkte. Die deutschen Seenotflugzeuge wurden beschossen!

DAS ENDE DES RETTENS OHNE KÄMPFEN.

Als Ende August 1940 ein von Cherbourg aus gestartetes Seenotflugzeug zu einer Rettungsaktion in Richtung Kanalinseln flog, wo eine deutsche Flugzeugbesatzung, aus der Luftschlacht über England zurückfliegend, in Seenot geraten war, wurde es plötzlich beschossen. Die Maschine war – wie alle übrigen Seenotflugzeuge auch – weiß gestrichen und mit dem Roten Kreuz versehen. Die Feindmaschine kam so nahe heran, daß der Flugzeugführer unter allen Umständen diese Markierung hätte erkennen müssen.

Nordwestlich der Kanalinseln, wo diese Beschießung stattfand, war auch kein anderes Ziel für ein möglicherweise angreifendes deutsches Flugzeug gegeben.

Selbst als die Maschine durch Motortreffer zum Niedergehen auf See gezwungen wurde, setzte das englische Kampfflugzeug, tief herunterstoßend, die Beschießung der nun selbst in Seenot geratenen Maschine fort. Glücklicherweise blieb die Besatzung unverletzt. Es gelang ihr, sich aus dem sinkenden Flugzeug zu retten und in das Schlauchboot zu gehen. Nach 24 Stunden trieb das Schlauchboot mit den geretteten Fliegern an der Küste von Alderney an.

Wenn man zuerst noch angenommen hatte, daß es sich um ein Versehen handeln könnte, so wurde die Seenotführung am Atlantik sehr bald eines Besseren belehrt.

Wenige Tage später startete ein weiteres Seenotflugzeug zum Rettungsflug für einen deutschen Kampfflieger, der südlich der englischen Küste abgestürzt war. Als diese Maschine das Zielgebiet erreicht hatte, wurde auch sie plötzlich von einem gegnerischen Flugzeug angegriffen. Sie entging den Angriffen mit einigen Treffern, indem sie so tief wie möglich weiterflog. Dieses Flugzeug konnte beschädigt entkommen.

Diese Zwischenfälle, denen von nun an stets neue dieser Art folgten, zeigten auf, daß der Gegner nicht nur die in *seinen* Küstengewässern fliegenden deutschen Seenotflugzeuge bekämpfen wollte, sondern *alle*. Man hatte sich englischerseits dazu entschlossen, das Rote Kreuz an keinem Punkt des Seeraumes zu respektieren. Winston Churchill, der britische Kriegspremier, hatte Befehl geben lassen, sämtliche Seenotflugzeuge abzuschießen, weil in ihnen deutsche Flieger gerettet und nach Deutschland zurückgebracht wurden, um später erneut gegen die Britischen Inseln zu starten und abermals englische Städte zu bomben.

Aus dieser Situation heraus entschloß sich die Luftflotte 3, das einzige noch in Cherbourg liegende Seenotflugzeug und später sämtliche in den Stützpunkten eintreffenden Seenotflugzeuge zu bewaffnen, um die Besatzungen nicht völlig wehrlos diesen Beschießungen auszusetzen und ihnen eine wenn auch geringe Entkommenschance zu bieten. Die Maschinen wurden mit einem Tarnanstrich versehen und mit MG bewaffnet. Diese Notwendigkeit der Bewaffnung von Maschinen des Roten Kreuzes wurden dem RLM und dem GendLw. beim Ob. d. M. gemeldet.

Dort war man zuerst dagegen, mußte sich schließlich aber den

Tatsachen fügen, die vom Gegner geschaffen worden waren.
Nun waren zwar die Seeflugzeuge mit einem MG bewaffnet. Doch anzunehmen, daß es sich um mehr als eine Notwehrwaffe hätte handeln können, wäre töricht. Die sehr langsamen und schwerfälligen Seenotmaschinen waren *keinem* Flugzeug der RAF im Luftkampf gewachsen. Lediglich das ohnmächtige Gefühl, nun völlig wehrlos einem Feindangriff ausgesetzt zu sein und den Feind so nahe an sich heranlassen zu müssen, bis es diesem gelang, der deutschen Seenotmaschine den Fangschuß zu versetzen, wurde den Besatzungen genommen.
In der Zwischenzeit waren auch die beschlagnahmten Boote hergerichtet. Alle waren sie mit Funkausrüstungen versehen worden und hatten Bewaffnung und Tarnanstrich erhalten. Sie sammelten in Le Havre. Hier erfolgte auch ihre Einteilung in drei Seenot-Halbflottillen mit den Liegeplätzen Le Havre, Cherbourg und L'Aberwrach, einem kleinen, nördlich Brest gelegenen Kanalhafen.
Als erster kleiner Schiffsverband, der damals den Ostausgang des Kanals befuhr, war die Halbflottille L'Aberwrach, unter dem Hochsee-Sportsegler Lt. Rogge, in einer mehrere Tage und Nächte währenden Fahrt nach L'Aberwrach geleitet worden.
Bei dieser vorhin geschilderten Suche nach Booten war die damit betraute Kommission auch zur Bootswerft von Meulan an der Seine gekommen. Hier fand sie zwei in Bau befindliche französische Schnellboote. Nach Verhandlungen mit der Werftleitung wurden diese Boote auf Rechnung der Luftflotte 3 fertiggestellt und vereinbart, daß noch vier weitere Boote dieser Art auf Kiel gelegt und fertiggestellt werden sollten.
Die seemännisch erfahrenen Mitglieder der Kommission hatten erkannt, daß sich diese Boote außerordentlich gut für den Seenotdienst eignen würden.
Diese französischen Schnellboote waren mit jeweils vier Rolls Royce-Motoren von je 700 PS Leistung ausgestattet und erzielten damit eine Geschwindigkeit von 40 kn, etwa 76 km/h. Zum Manövrieren im Hafen verfügte das Boot noch über einen 5. Motor mit dem das Boot 6 kn Fahrt erzielte. Dieser Motor konnte auch auf See bei Ausfall der Hauptmotoren eingeschaltet werden.
Die Luftflotte 3 stellte ihren Ingenieur Kolb vom Stabe zur Ver-

vollständigung der Seenoteinrichtung dieser Schnellboote ab. Nach den ersten Einsatzerfahrungen der beiden rasch fertiggestellten Boote wurden bei den vier folgenden Booten diese Erfahrungen gleich verwertet. Man gab ihnen eine sehr starke Bewaffnung, so daß sie sich gegenüber feindlichen Motor-Schnellbooten und Motor-Kanonenbooten voll behaupten konnten. Der einzige Nachteil dieser Boote lag darin, daß sie nur bis Seegang 3 ohne Gefahr eingesetzt werden konnten. Dennoch fuhren sie in der Folgezeit einige hervorragende Einsätze und retteten deutsche Flieger aus Seenot.
Doch zurück zum Seenotdienst selbst und zu seiner Führung.

DER SEENOTDIENSTFÜHRER 3

Das Seenotgebiet, das der neuernannte Seenotdienstführer 3 im Kanal und Atlantik zu überwachen und zu betreuen hatte, reichte von der Insel Texel im Norden bis hinunter zur spanischen Grenze und war rund 2000 km lang. Die Küsten- und Seeverhältnisse waren sehr vielschichtig und verschieden. Es gab Sandstrände von 100 km Länge ebenso wie eine wilde Felsenküste, die sich mit Unterwasserfelsen bis weit in die Nordsee und in den Atlantik hinein erstreckte. In den Häfen herrschten Tidenhübe von einem bis 13 m (St. Malo) und vor den Hafenausfahrten herrschten Gezeitenströme, die bis zu 8 kn/h zurücklegten, also sehr stark waren. Alles dies galt es zu beachten und forderte vom seemännischen Personal der Seenotrettungs-Einheiten vollen seemännischen Einsatz und immer wieder Höchstleistungen.
Dennoch unternahmen behelfsmäßige Seenot-Rettungsboote tagelange Erkundungsfahrten und liefen zum Einsatz aus. Seenotflugzeuge wasserten Hunderte Kilometer weit draußen im Atlantik, um Flieger und auch U-Bootsbesatzungen aus Seenot zu retten.
Alle diese Einsätze erforderten ein seemännisches und fliegerisches Personal, welches das Beste sein mußte, wenn man Erfolg haben wollte.
Seit dem Spätsommer 1940 hat sich die L.In. 16 vorausschauend dieser Frage nach fliegendem Personal angenommen. Der Seenotflugzeugführer mußte immer wieder in Seegebieten niedergehen,

Fl.B.-Boote im Einsatz in der Ostsee 1944–45

Mit AK dem Seenotfall entgegen. Frühjahr 1945 in der Ostsee

Das Flugsicherungsschiff »Boelcke« lief am 16. 4. 45 vor Rügen nach vielen Rettungsaktionen auf eine Mine und sank

Flugsicherungsschiff »Hans-Albrecht Wedel« wurde am 8. 4. 1945 in der Danziger Bucht bei Rettungsaktionen durch Feindflieger bebombt und sank

Vorher hatte »Hans-Albrecht Wedel« noch Memel mit Proviant versorgt

... und Flüchtlinge in Pillau an Bord genommen und in den freien Westen geschafft

Die Seenot-Flottille 60 läuft in der Danziger Bucht einem in Brand geschossenen Lazarettschiff entgegen, um Menschen zu retten

Eine Breguet Bizerte auf dem Einsatzhafen Brest-Poulmic, rechts der Kran zum Einsetzen

Das Seenot-Schnellboot »Mars« verläßt den Hafen von Cherbourg zum Seenoteinsatz. Es läuft erst halbe Kraft

Eine Do 24 erreicht nach Rettung einer deutschen Flugzeugbesatzung aus dem Nordmeer mit abgebrochenem Heck rollend den Kjöllefjord

Diese Do 24 landet mit Teilen der Besatzung des Frachters »Carlton«, die 300 sm nördlich des Nordkaps gerettet wurde

Einige Sailors der Carlton-Besatzung, die mit dem Leben davonkamen, weil deutsche Seenotbesatzungen ihr Leben einsetzten um sie aus der Hölle des Nordmeeres zu retten

in denen See- und Windverhältnisse die Wasserung fast unmöglich machten. Dies verlangte erstklassige fliegerische Qualitäten. Die Beobachter der Seenotmaschinen mußten in der Navigation Meister sein, wenn sie die angegebenen Ziele stets raschestmöglich erreichen wollten. Diese wichtige Frage der Besatzungen wurde vom GendLW. beim Ob. d. M. nicht immer voll verstanden und so sah sich der Seenotdienst vor die Aufgabe gestellt, ihm zugewiesene Besatzungen noch gesondert auszubilden.
Unter Führung von Major Klintzsch wurde ein Seenotgruppenkommando mit Sitz in Norderney gebildet. Hier wurde das Fliegende Personal des Seenotdienstes noch einmal auf seine besonderen Aufgaben hin geschult. Später verlegte dieses Kommando nach Schellingwoude und schließlich nach Kiel-Holtenau, um zum Schluß in Bug auf der Insel Rügen seinen letzten Standort zu finden.
Die Einrichtung einer Seefahrtschule der Luftwaffe gehörte ebenfalls zu den ersten Einrichtungen des Seenotdienstes. Sie hatte ihren letzten Standort in Lobbe auf Rügen und ihr letzter Leiter war Oberstleutnant von Beulwitz. Hier wurden die ständig steigenden Anforderungen des Seenotdienstes an seemännischem Personal befriedigt.
Anfang September 1940 verlegte der Seenotdienstführer 3, Major Dreyer, mit seinem Stab von Paris nach Cherbourg. Hier war der bislang erkannte Schwerpunkt des Seenoteinsatzes für die Luftflotte 3. Nachdem der Stützpunkt St. Nazaire wieder aufgegeben worden war, bestand die Gesamtorganisation des Seenotdienstes an der Atlantikküste bei der Luftflotte 3 aus folgenden Stellen:

Luftflotte 3

Stab des Seenotdienstführers Luftflotte 3

Seenotdienstführer:	Major Dreyer
Adjutant:	Oblt. Hanebutt
Einsatzbearbeiter:	Lt. Kretschmar
Gruppe Boote:	Hptm. d. R. Sönnichsen
Nachrichtenoffz.:	Oblt. Hagemann
Verwaltung:	Inspektor Warthemann

Seenotbezirksstelle Royan (Brest unterstellt)

Leiter:	Major Siepermann
Flugzeug:	2 »Breguet Bizerte« in Hourtin (der Staffel in Brest unterstehend)
Boote:	wurden durch den Marinestützpunkt Royan zur Verfügung gestellt.
	1 Seenot-Bodenfunkstelle

Seenotzentrale Brest

Leiter:	Major Heß
Flugzeuge:	4 »Breguet-Bizerte«
Staffelkapitän:	Lt. Ziegler
Boote:	6 Motorboote der Seenot-Flottille L'Aberwrach
Flottillenführer:	Lt. Rogge
	Flugsicherungsschiff »Bernhard v. Tschirschky« im Hafen von Brest
	1 Seenot-Bodenfunkstelle

Seenotzentrale Cherbourg

Leiter:	Major Grawe
Flugzeuge:	4 He 59 und eine Staffel Do 18
Staffelkapitän:	Oblt. Schriek (vom GendLw. vorübergehend zur Verfügung gestellt).
Boote:	6 bis 8 Motorboote, 2 Schnellboote und Dampfjacht »Ariane«
Flottillenführer:	Oblt. Sürig
	1 Seenot-Bodenfunkstelle

Seenotbezirksstelle Le Havre (Cherbourg unterstellt)

Leiter:	Major Bödecker
Flugzeuge:	2 He 59
Boote:	1 Fl.B.-Boot und 2 Motorboote
	1 Seenot-Bodenfunkstelle

Luftflotte 2

Seenotdienstführer:	Major Engelhorn
Stab:	(nicht bekannt)

Seenotzentrale Boulogne

Leiter:	Major Engelhorn
Flugzeuge:	4 He 59
Staffelkapitän:	Lt. Wölke
Boote:	2 Fl.B.-Boote und 16 Pionier-Sturmboote
Flottillenführer:	Oblt. Schirmack

Seenotbezirksstelle Holland (Boulogne unterstellt)

Leiter:	Hptm. Dr. Pössel (Schellingwoude)
Flugzeuge:	2 He 59
Boote:	1 Fl.B.-Boot, 1 Fl.A.-Boot

Während der Gesamtzeit des Seenotdienstes ergab sich folgende Stellenbesetzung im Seenotdienst der Luftflotte 3:

Seenotdienstführer: Dreyer, Klintzsch, von Buddenbrock

Die Seenotbereichskommandeure:

Brest:	Heß, Klamke
Cherbourg:	Grawe, Heß, von Fedrigoni, Eiffe
Kanalküste:	Engelhorn, von Bredow, Siepermann, Dr. Pössel, Budich.
Holland:	Dr. Pössel, Lesch, Fengler, Hinze, Voigtländer, Dr. Pössel

Berre (Südfrankreich): von Fedrigoni, Luchmann

Seenotkommandoführer:

Port Vendres (Südfrankreich):	Habermann
Royan:	Siepermann, von Fedrigoni, Habermann
Le Havre:	Bödecker, Fillinger
Dieppe:	Heyden
Boulogne:	Schirmack
Calais:	Freimark
Ostende:	Klemm

Die Staffelkapitäne:

1. Seenotstaffel (Brest-Hourtin):
   Ziegler, Kröning, Voß, Sepke.
2. Seenotstaffel (Cherbourg-Caudebec-Schellingwoude):
   Hilbig, Franz, Klemm, Mehlhorn.
3. Seenotstaffel (Boulogne-Ostende-Schellingwoude-Berre):
   Wölke, Luchmann.

Die Flottillenchefs:

1. Seenotflottille (Brest-L'Aberwrach):
   Rogge.
2. Seenotflottille (Cherbourg-Le Havre-Dieppe):
   Sürig.
3. Seenotflottille (Boulogne-Calais-Ostende-Holland):
   Schirmack.
13. Seenotflottille (Berre-Südfrankreich):
   von Sandten.

SEENOTDIENST AN DER ATLANTIKKÜSTE.

An der Atlantikküste war der Seenotdienst in Royan an der Girondemündung, und in Brest stationiert. Die von Royan einzusetzenden Seeflugzeuge lagen in Hourtin. Der hier befindliche und langsam versumpfende Binnensee war durch eine Dünenkette vom Atlantik getrennt. Sein Nachteil war, daß er oftmals von einer dichten Nebelwand überdeckt war. Dies wiederum machte den Einsatz der nicht blindflugfähigen »Breguet-Bizerte« unmöglich.
Der Seefliegerhorst von Poulmic mit guten Hallen und Werkstätten lag in einer südlichen Bucht des weitverzweigten großen Hafens von Brest. Hier gab es auch einen Flugzeugkran. Die Seenotzentrale war in der Marineschule Brest, am Hafenausgang, eingerichtet worden. Sie mußte Anfang 1941 geräumt werden und wurde in den Handelshafen verlegt. Das Gebäude verfügte über eine Reihe tiefer Keller, die sämtlich in den Fels gesprengt waren und gute Luftschutzbunker abgaben. Diese waren auch notwendig, denn die britische Luftwaffe versuchte im Jahre 1941 bis

zum Ausbruch der deutschen Schlachtschiffe »Gneisenau« und »Scharnhorst« aus Brest im Februar 1942 immer wieder, diese Schiffe durch Bombenangriffe zu vernichten.

Die Verbindung des Hafens von Brest zum Atlantik, das Goulet de Brest, war etwa 6 km lang und an einigen Stellen nur 2000 m breit. Hier herrschte ein so starker Gezeitenstrom, daß langsamere Fahrzeuge nur *mit* dem Strom einlaufen konnten. Lediglich die Flugsicherungsschiffe und das später zugeteilte Fl.B.-Boot konnten mit ihren Fahrtgeschwindigkeiten von 24 kn auch gegen den Strom einlaufen.

Die Seenot-Flottille lag jedoch nicht in Brest, sondern 40 km nördlich davon am Kanalausgang in L'Aberwrach. Dieser Hafen war während des Ersten Weltkrieges von den Amerikanern zum Seefliegerhorst ausgebaut worden. Er mußte gewählt werden, um mit den zunächst verfügbaren langsamen Booten auch den westlichen Kanalausgang erreichen zu können.

Der Admiral Bretagne, Admiral Arnauld de la Perière, hatte die zunächst ihm angegliederte Seenotzentrale stets auf das Beste unterstützt.

Die Seenotzentrale Cherbourg war besonders wichtig, weil die Halbinsel Cotentin, auf deren nördlichster Spitze dieser Hafen liegt, weit in den Kanal hineinragt und neben dem Gebiet um Calais-Boulogne die kürzeste Überflugroute über den Kanal darstellte.

Hier lagen Boote und Flugzeuge in dem großen Fliegerhorst, der mit Kranen und Hallen versehen war. Es gab ausreichende Überholungs- und Reparaturmöglichkeiten für Flugzeuge und Boote.

Am Südrand dieses großzügig angelegten Hafens befand sich die Seenotzentrale. Ein Boot dieser Stelle war auf der Kanalinsel Guernsey in St. Peter Port stationiert. Der Halbinsel St. Marcouf gegenüber lag in Ravennoville ein Kommando Pioniersturmboote.

Die Seenotbezirksstelle Le Havre befand sich im Außenhafen. Ihre Boote lagen der Stelle direkt gegenüber. Die Flugzeuge hingegen waren weiter landeinwärts auf der Seine, bei einer Werft in Caudebec, stationiert.

In Dieppe lagen zwei Fl.B.-Boote, die der Dienststelle Le Havre unterstanden. Ihr Liegeplatz war so geschützt, daß sie selbst bei dem Commandoraid der Engländer und Kanadier auf Dieppe im

Jahre 1943 keinerlei Beschädigungen davontrugen. Später erhielt Dieppe ein eigenes Seenotkommando.
Von hier aus begann die lange Reihe der kleinen Seenotstützpunkte, die mit jeweils 2 Pioniersturmbooten belegt waren: Es waren in der Reihenfolge ihres Standortes: Le Tréport und Cayeux, die noch Le Havre und Dieppe unterstanden. Es folgten, zu Boulogne gehörend: Quend Plage, Berc sur Mer, Le Touquet, Hardelot, Wimereux, Audresselles, Cap Gris Nez. Zu Calais gehörten die Seenotstützpunkte Wissan, Sangatte und Fort Philippe, zu Ostende die Häfen Malo, La Panne und Nieuport.
In den Häfen Calais und Dünkirchen war jeweils ein Fl.B.-Boot stationiert.
In Boulogne lagen Fl.B.-Boote und zunächst auch eine Seenotstaffel. Für beide Einsatzmittel war dieser Hafen gut geeignet.
Als sich jedoch ab Herbst 1940 die feindlichen Luftangriffe auf diesen Standort mehrten, mußte die Staffel verlegt werden. Lediglich zwei Einsatzmaschinen blieben in Boulogne zurück.
Die Seenotstaffel wurde nach Ostende überführt. Dort, im sogenannten »Spülbecken« ostwärts von Stadt und Kanal, wurde ein Horst für Seeflieger eingerichtet. Die Wasserfläche dieses »Spülbeckens« erwies sich jedoch für Start und Landung von He 59-Maschinen als zu klein. Bei Windstille gab es hier mit den Landungen und den Starts immer Schwierigkeiten. Außerdem war dieser Seefliegerhorst nicht nachtlandeklar, er besaß keinen Kran und die Werkstätten waren nur für kleinere Reparaturen eingerichtet. Zu einer Teil- und Grundüberholung mußten die hier stationierten Maschinen nach List auf Sylt fliegen.
Für die viel leichter zu startende Do 24 war die Größe des »Spülbeckens« von Ostende ausreichend. Zwei Fl.B.-Boote konnten sowohl auf dem Seefliegerhorst, als auch innerhalb der ausgedehnten Hafenanlagen in Bereitschaft gelegt werden.
Die im niederländischen Küstenraum zur Sicherung eingesetzten Fl.B.-Boote lagen in durchweg guten Häfen der Küstenstädte Scheveningen, Ijmuiden und Den Helder. Sie waren über die M.V. (Marine Verbindung) mit den Einsatzstellen verbunden. Für Seenotfälle auf dem Ijsselmeer stand ein Fl.B.-Boot in Schellingwoude zur Verfügung.
Auf dem Seefliegerhorst Schellingwoude befanden sich ebenfalls

mehrere Seenotflugzeuge zum Einsatz auf dem Ijsselmeer. Als im weiteren Verlauf des Krieges die Häfen Boulogne und Ostende unter starken andauernden Luftangriffen litten, wurde die Seenotstaffel 3 von dort abgezogen und nach Schellingwoude verlegt.
Es soll an dieser Stelle nicht vergessen werden, daß die Rettung deutscher und ausländischer schiffbrüchiger Flieger vor der niederländischen Küste nicht zuletzt auch dank der tatkräftigen Unterstützung durch die beiden holländischen Gesellschaften zur Rettung Schiffbrüchiger erfolgreich war. Diese Gesellschaften stellten eine größere Anzahl Schiffe und Boote zum Einsatz in Seenotfällen zur Verfügung.
Daß die Seefremdheit der Kommandeure und Besatzungen der über See fliegenden Fliegerverbände oft ein Hemmnis bei den vielen Seenotfällen war, sei ebenfalls erwähnt. Immer wieder wurde festgestellt, daß es der Landluftwaffe am nötigen Verständnis für Möglichkeiten und Unmöglichkeiten im Seenoteinsatz fehlte. Man versuchte sogar, von den Fliegenden Landverbänden aus in die Befehlsführung der Seenotdienstführer einzugreifen. Diese mußten sich mit allen Mitteln zur Wehr setzen, damit nicht durch solche Eingriffe die Rettung von in Seenot geratenen Menschen gefährdet wurde.
Um solche Fälle weiterhin zu vermeiden, entschloß sich der OB der Luftflotte 3 vorübergehend zur Ernennung des GenLt. Vierling zum Seenotdienstführer 3. Dies verlieh der Arbeit des nunmehr im Auftrage handelnden Seenotführers entsprechenden Nachdruck.
Während des ersten Kriegsjahres konnte leider im Kanal nicht mit einer wirksamen Unterstützung der Marine gerechnet werden. Sie verfügte in dieser Zeit noch nicht über die erst später in den Atlantikraum verlegten Schnellboote, Torpedoboote und Zerstörer. So ergab sich die beinahe unglaubliche Situation, daß von deutscher Seite während der ersten Monate nach der Besetzung der Atlantikküste lediglich Seenotfahrzeuge sich in diesem Seebereich befanden und zu oftmals dramatischen Rettungen bis unter die englische Küste vorstießen. Dabei waren sie völlig auf sich allein gestellt. Welch ein Höchstmaß an Einsatzbereitschaft und Opferwillen dies erforderte, kann nur erahnt werden.
Wertvolle Schiffe, wie das Flugsicherungsschiff »Bernhard von

Tschirschky« fuhren im Kanal mit einer U-Bootsicherung durch 2 Seenot-Schnellboote. Die damalige Situation im Kanal wird treffend dadurch gekennzeichnet, daß die Marinedienststellen in Brest die Seenotstellen bat, ihr dieses Flugsicherungsschiff »auszuleihen«, um damit in der Morgendämmerung im August 1940 die fünf deutschen Zerstörer, die den Untergangswirbel jener verlustreichen Apriltage im Hohen Norden, beim Unternehmen ›Weserübung« überstanden hatten, in Höhe von Ouessant aufzunehmen und sie durch das schwierige Fahrwasser der Goulet de Brest sicher zu ihren neuen Liegeplätzen zu geleiten.
Eine dreifache Postenkette von Seenotfahrzeugen schirmte zur gleichen Zeit zwei Nächte lang die Hafeneinfahrt von Cherbourg ab, wohin ebenfalls Zerstörer gelegt wurden, weil die Marine damals ein feindliches Minenunternehmen fürchtete, das vereitelt oder zumindest gemeldet werden sollte. Dabei half die Marine ihrerseits dem Seenotdienst, wo sie nur konnte. Ihre größtenteils vorzüglichen Nachrichtenverbindungen standen dem Seenotdienst immer zur Verfügung und waren in vielen Fällen eine wertvolle Hilfe. Außerdem stellte ja die Marine die ersten Besatzungen für sämtliche Seenotfahrzeuge.
Auch später, als die Marine im Kanalgebiet und an der Atlantikküste über eine Anzahl von Kriegsfahrzeugen verfügte, war es ihr infolge der ihr obliegenden Aufgaben nicht möglich, mehr als nur in höchster Not bei der Seenotbergung zu helfen. Sie war ebenfalls bis an die Grenze des Belastbaren eingesetzt.
An dieser Stelle sei ein Abschnitt eingefügt, der sich mit einem weiteren »Seenotrettungsmittel« beschäftigt, das nicht übergangen werden sollte.

RETTUNGSFLÖSSE UND RETTUNGSBOJEN DES SEENOTDIENSTES.

Es entsprang zunächst einer Idee des Seenotdienstes, den deutschen Fliegern auf den von ihnen benutzten Einflugkursen Rettungsflöße auszulegen, auf die sie sich in Seenotfällen bis zur Rettung durch Flugzeuge, oder Boote der Seenotrettungsdienste, bergen konnten. Man war der Überzeugung, daß es den Besatzungen über England abgeschossener deutscher Flugzeuge, denen es

nicht mehr gelang, die rettende deutsche Küste zu erreichen, möglich sein würde, ein solches Rettungsfloß anzusteuern und sich darauf zu retten.
Der Seenotdienstführer 3 ging nun daran, diese Idee vorerst behelfsmäßig zu realisieren. Es kam jedoch wegen der im Kanal herrschenden raschen Gezeitenströme zu keiner Rettung durch diese Flöße.
Die Flöße wurden, sofern sie nicht schon abgetrieben waren, eingezogen; man konzentrierte sich deshalb ganz auf die aktiven Rettungsmittel der Boote und Seenotflugzeuge.
Nunmehr bemächtigte sich jedoch eine andere Stelle dieser Idee. Es waren weder Seeflieger, noch Marinefachleute, die jetzt ein Projekt entwickelten, das ihnen vom damaligen Generalluftzeugmeister Udet mitgebracht wurde. Anläßlich einer Besichtigung, die Udet mit seinem Chefingenieur Lucht am Kanal unternahm, sah er solche Rettungsflöße. Chefingenieur Lucht erhielt nunmehr den Auftrag, auf dieser Basis ein neues Rettungsmittel zu erstellen.
Die zuständige L.In. 16, die eigentlich für solche Mittel zuständig war, erfuhr nur gesprächsweise von diesem Vorhaben. Es entstanden Rettungsbojen, die in einer unmöglichen, allen hydrodynamischen Bedingungen widersprechenden quadratischen Form gebaut wurden. Sie hatten Kantenlängen von 2×4×3 m. Bei einer Verankerung mußte die 2 m breite Kante der Rettungsboje quer zum Strom zu liegen kommen.
Diese Bojen hatten einen Turm mit einem Signalmast, an dem die auf diese Boje geretteten Flieger eine Flagge heißen konnten, um zu zeigen, daß die Boje besetzt war. Innerhalb dieser Boje gab es vier Kojen, die mit allem nur möglichen Material zur Versorgung der in Seenot geratenden Flieger versehen war.
Die sehr »unhandlichen« Bojen mußten von dem Flugsicherungsschiff »Bernhard von Tschirschky« vor Cherbourg und durch »Krischan« vor Boulogne ausgebracht werden. Mittels schwerer Bojensteine und starker Ankerketten wurden sie auf dem Kanalgrund verankert. Dies war eine Arbeit, die sich über mehrere Monate hinzog und die oftmals nur unter starkem Jagdschutz möglich war. Die starke Gezeitenströmung zerrte an diesen kantigen Bojen.

Durch diese »Rettungsboje Generalluftzeugmeister« – so nannte man das Ungetüm – wurde nicht ein einziger Mann gerettet.
Dem Seenotdienst verursachten sie darüber hinaus zusätzliche Mehrarbeit, denn wenn das System wirksam sein sollte, dann mußte die Bojenreihe täglich abgeflogen werden. Außerdem mußten allmonatlich die Batterien der Stromerzeugungsanlage der Bojen ausgewechselt werden. Diese speisten das notwendige Ankerlicht der Bojen.
Eine große Anzahl dieser Bojen riß sich schließlich durch Stürme und Stromversetzung los und wurde zu einer Gefahr für die Schiffahrt in diesem Raum. Einige der losgerissenen Bojen trieben vor der französischen Küste, andere wiederum vor der englischen Küste an. Die Engländer bemalten die Bojen neu und legten sie vor ihrer eigenen Küste zur Seenotrettung ihrer Besatzungen aus.
Schließlich erging der Befehl, diese nutzlosen Bojen aufzunehmen. Dies war noch schwieriger als das Ausbringen.
Aus diesen Schilderungen der Lage ergibt sich die Tatsache, daß der Seenotdienst im Kanal und im Atlantik für alle nachfolgenden Dienste bahnbrechende Pionierarbeit leisten mußte, weil es hier Erfahrungen zu sammeln galt. In diesem Raum wurden Rettungsmittel erprobt, die später in anderen Gebieten wichtig, ja entscheidend waren. Sei es die Einführung der Do 24, oder der Seenot-Schnellboote, die weitere Entwicklung der Schlauchboote, oder die Vervollkommnung der Signalmittel. Hier wurden die Seenotsender NS 2 und NS 4 ausprobiert und eingeführt. Auch der Funksprechverkehr mit Jagdflugzeugen und die Führung der Seenotflugzeuge durch Ortungsgeräte wurden im Atlantikraum erprobt.

EINIGE SEENOTFÄLLE DER ERSTEN ZEIT IM ATLANTIK.

Im September 1940 ereignete sich ein eigenartiger Seenotdienstfall im Atlantik. Eine Maschine der Wettererkundungsstaffel wurde etwa 200 sm westlich von Brest von einem englischen Zerstörerflugzeug abgeschossen. Der Funker der Maschine konnte den vermeintlichen Standort noch durchtasten, ehe die Maschine niedergehen mußte.

Der Staffelkapitän der WeKuSta startete sofort zum Fühlunghalten. Wenig später startete eine »Breguet-Bizerte« zum Hilfseinsatz. Die schwerfällige Maschine erreichte nach mehrstündigem Flug die Absturzstelle des Wetterflugzeuges. Doch sie fand nicht etwa diese Maschine, sondern den Staffelkapitän in seinem Schlauchboot. Er war ebenfalls abgeschossen worden. Die Breguet-Bizerte wasserte und nahm den Staffelkapitän auf. Dann setzte sie ihre Suche nach dem abgeschossenen Wetterflugzeug, oder dessen Besatzung, weiter fort. Bis an die Grenze des Möglichen wurde gesucht, dann mußte unverrichteter Dinge der Rückflug angetreten werden.

Zehn Tage darauf lief eine französische Fischer-Flottille in Concarneau ein. Sie hatte die vermißte Besatzung des Wetterflugzeuges an Bord. Leider war einer der Männer tot. Die Überlebenden waren von den französischen Fischern ganz ausgezeichnet versorgt worden. Alle Besatzungsmitglieder dieser Flottille erhielten eine gute Belohnung.

Diese zuerst abgeschossene Besatzung, das erfuhren die Soldaten nach Rückkehr des Überlebenden, war bereits im Schlauchboot gewesen, als das feindliche Flugzeug beim nochmaligen Anflug auch dieses zerschoß und den Meteorologen schwer verwundete. Man hatte bereits alle Hoffnung aufgegeben, als plötzlich ein Sunderland-Flugboot erschien und für sie ein neues Schlauchboot abwarf. Man konnte das Schlauchboot erreichen und die Besatzung bettete den schwerverwundeten Meteorologen hinein. Nach einiger Zeit kamen dann die Fischerboote in Sicht. Die Besatzung war gerettet.

Ein ganz ähnlicher Fall ereignete sich kurze Zeit später, als in der Biskaya eine Ju 88 aufs Wasser herunter mußte und SOS funkte. Von Brest startete um 19 Uhr eine nicht blindflugfähige Breguet-Bizerte. Sie wurde von Oblt. Dr. Wagner geflogen, einem erfahrenen Seenotflieger.

Oblt. Wagner flog zunächst der Küste entlang nach Süden und schwenkte bei Sonnenuntergang in die Biskaya hinein. Da Fühlunghalter bereits über dem Seenotfall kreuzten, war es ihm möglich, den Platz rasch zu finden. Er wasserte bei Dunkelheit. Nach längerem Suchen wurde ein Mann aus einem zu wenig aufgeblasenen und voll Wasser stehenden Schlauchboot geborgen. Durch

Zufall wurde wenig später ein zweites, bewegungslos im Wasser treibendes Besatzungsmitglied der Ju 88 gefunden. In völliger Dunkelheit startete Dr. Wagner nun die Breguet-Bizerte, kam gut ab und landete sicher wieder in Brest. Die beiden geretteten Flieger konnten nach wenigen Tagen aus dem Lazarett zu ihrer Truppe entlassen werden. Ohne diese direkt erfolgte Suche wären die beiden Männer mit größter Wahrscheinlichkeit am anderen Morgen tot gewesen.

Lassen Sie mich an dieser Stelle gleich einen dritten Seenotfall als Beispiel für eine ausgezeichnete Navigation und fliegerisches Können der Seenotbesatzungen vorlegen.

Ein deutscher Jagdflieger war über England angeschossen worden und mußte am Kanalausgang zur Notwasserung ansetzen. Sein Rottenkamerad hatte ihn beobachtet, sich selbst einpeilen lassen und diesen Seenotfall mit einer genauen Positionsangabe durchgetastet.

Der errechnete Standort war 50 km südostwärts der Scilly-Inseln und damit etwa 150 km nordwestlich Brest. Die Scilly-Inseln waren von britischen Zerstörermaschinen und Jagdflugzeugen besetzt. Wer sich bei Tag in dieses Gebiet wagte, mußte mit seinem Abschuß rechnen.

Wieder startete Oblt. Wagner in Richtung Scilly-Inseln. So lange es noch hell war, wurde die Breguet-Bizerte von Jägern begleitet. Dann drehten diese ab und flogen zu ihren Horsten zurück. Die Breguet-Bizerte flog allein weiter. Als sie das Gebiet des Seenotfalles erreichten, schoß der seenotmäßig gut vorbereitete Jäger in Abständen rote Leuchtkugeln. Wenig später wurde von der tief fliegenden Seenotmaschine aus der Ölfleck über dem gesunkenen Jagdflugzeug erkannt. Sekunden darauf sichtete der Beobachter auch den gelbgrünen Kometenschweif der Farberkennung und der gelbe Punkt an seinem Ende war das Schlauchboot des Jägers.

Bei schwerer See und hoher Dünung gelang nach mehreren Ansätzen die Wasserung. Der Aufprall war so stark, daß die Männer im Flugboot einen Bruch befürchten mußten. Doch es hielt auch dieser enormen Belastung stand. Nachdem das Boot einige hundert Meter bei hoher See suchend gelaufen war, wurde der Jagdflieger gefunden und an Bord genommen.

Der Start bei so grober See gestaltete sich bei dem geringen Kraftüberschuß der Motoren schwierig. Sie mußten ihn dennoch wagen, denn am frühen Morgen auf See rollend, wären sie bestimmt von den auf den Scilly-Inseln stationierten britischen Jägern erwischt worden.
Oblt. Wagner startete. Mehrfach setzte das schwere Boot, nach vergeblichen Versuchen abzuheben, krachend wieder auf der Dünung auf. Es brach einmal leicht zur Seite aus, aber dann hob es dennoch ab und schwebte, Meter um Meter an Höhe gewinnend, in eine sichere Flughöhe empor.
Der Gerettete war inzwischen in den beheizbaren Schlafsack gesteckt worden. Der Rückflug verlief glatt. Im Einsatzhorst war rechtzeitig die Nachtbefeuerung eingeschaltet worden und mit einer einwandfreien Landung war dieser schwierige Seenotfall glücklich beendet.
Am 4. 12. 1940 kehrte Major Helmut Wick, Kommodore des JG 2 »Richthofen«, von einem Feindflug gegen England nicht zurück. Er war südlich der Isle of Wight abgeschossen worden. Zwei Tage lang führten sämtliche einsatzbereiten Seenotflugzeuge und alle verfügbaren Boote des Seenotdienstes der im Bereich der Luftflotte 3 stationierten Seenoteinheiten ihre Suche durch. Das gesamte in Frage kommende Seenotgebiet wurde systematisch durchgekämmt; leider blieb die Suche erfolglos. Einer der besten deutschen Flieger war nicht mehr.
In diesem Falle wurde auch auf der internationalen Seenotwelle eine Anfrage an die englischen Stellen gerichtet, und um Auskunft über den Verbleib des Geschwaderkommodore gebten. Aber auch die Engländer hatten den erfolgreichen Flieger nicht gefunden.
Wenn man sich vergegenwärtigt, daß das Auffinden eines Schiffbrüchigen auf See oftmals nur von einem winzigen Zufall abhängt, daß man nur einige Dutzend Meter zu weit seitab vorbeizufliegen braucht, und der in der See schwimmende Schiffbrüchige wird nicht gefunden, so ist es immer wieder bewundernswert, daß so viele Rettungsaktionen erfolgreich verliefen.
Ein besonderer Glücksfall passierte, als eine He 111, die über England in Flakfeuer geraten, und der ein Motor angeschossen worden war, auf dem Rückflug immer mehr an Höhe verlor. Sie hatte je-

doch den Punkt, an dem sie die englische Küste verlassen hatte, über Funk genau gemeldet. Mit eingeschalteten Positionslichtern flog sie nun nach Mitternacht über dem Kanal, mit genauem Kurs auf Cherbourg.
Von Cherbourg aus war sofort nach Eingang dieser Meldung ein Fl.B.-Boot ausgelaufen und auf dem genauen Kurs der Maschine Richtung England unterwegs. Noch bevor die He 111 Wasserberührung hatte, wurde sie von dem Seenotboot gesichtet. Wenige Minuten nach der Notwasserung der He 111 war das Seenotboot zur Stelle und nahm die Besatzung auf.
An der engsten Stelle des Kanals kamen zur Rettung aus Seenot in der Hauptsache die Seenotboote zum Einsatz. Von Cherbourg aus lief am 3. 8. 1941 ein von Steuermann Andersen geführtes Seenotschnellboot zu einem Seenotfall vor Calais aus. Noch bevor dieses Boot die Unfallstelle erreichte, wurde es von 6 englischen Jägern angegriffen. In mehreren Anflügen mit MG-Salven überschüttet, geriet das Boot schließlich in Brand und ging verloren. Die Besatzung ging mit ihrem Boot unter.
Vor der Sommemündung geriet auch der Leiter der Seenotzentrale, Oberstleutnant von Bredow, bei einem Bootseinsatz, den er persönlich leitete, in einen solchen Angriff britischer Jäger. Dabei wurde er schwer verwundet. Das Boot konnte gerettet werden.
Abschließend hier noch ein Einsatz, der nicht in der Weite des Atlantiks, wo es auf genaue Navigation ankam, sondern in der Nähe der wilden bretonischen Küste durchgeführt werden mußte. Diese Einsätze an der Felsenküste mit den vielen Riffs und Vorgebirgen war für Boot und Flugboote gleicherweise schwierig und gefährlich. Oftmals war nur mit Hilfe der stabilen Flugboote eine Landung möglich und immer wieder geschah es, daß auch diese robusten Boote bei den in diesem Gewässer oft und rasch aufkommenden Stürmen beschädigt wurden. Mit abgerissenen Stützschwimmern und Flächen wurden sie in die kleinen Häfen und Buchten gerollt. Wenn dies bei Flut und Nordweststurm geschah, standen nachher die Flugboote manchmal so hoch auf dem Trokkenen, daß sie nur unter Anspannung aller Kräfte wieder ins Wasser gebracht werden konnten.
Ein besonders schwieriges Problem war außerdem bei der Breguet-Bizerte die Gefahr, daß sie infolge ihrer ungeschützten Tanks bei

Beschuß leicht in Brand geriet. Bei einem solchen Fall, als die Maschine von einem englischen Jäger in der Nähe der Ile de Batz, nordwestlich Morlaix beschossen wurde und in Brand geriet, kam es zu einem dramatischen Zwischenfall.
Ofw. Jahnke, der Flugzeugführer, landete das niedrig fliegende in Brand geschossene Flugboot einwandfrei. Er befahl auszusteigen und verließ mit seinen Kameraden die Maschine, als auch schon das auslaufende Öl und Benzin um die Maschine herum in Brand geriet.
Als scheinbar alle Flieger außenbords waren, bemerkte einer der Besatzung plötzlich, daß doch noch ein Mann der Besatzung im Boot zurückgeblieben war.
Ofw. Jahnke befahl, das Schlauchboot am Rande des brennenden Öls bereitzuhalten und schwamm, bereits durch einige Verbrennungen behindert, zum Flugboot zurück. Er holte den Kameraden, der infolge einer Verwundung das Boot nicht hatte verlassen können, heraus. Auf der Maschine stehend sah er, daß das Boot von einem Flammenteppich umgeben war.
»Wir müssen die Flammen unterschwimmen«, schärfte er dem Kameraden ein. Er wuchtete ihn ins Wasser und zog ihn mit sich, unterhalb der Flammen herschwimmend, ins freie Wasser. Hilfreiche Hände reckten sich ihnen entgegen und zogen sie ins Schlauchboot. Damit war auch der letzte Mann der Besatzung gerettet.
Oberfeldwebel Jahnke wurde für diese Rettungstat in das Goldene Buch der Luftwaffe eingetragen.

DER GEGNER GEHT ZUM ANGRIFF ÜBER.

Wie die bereits vorher erwähnten Bojenkontrollen aussahen, und welche Hindernisse sich den Fliegern dabei in den Weg stellten, dies sei durch den vorgezogenen Bericht von Ofw. Wilhelm Heefchen dargestellt:
»›Bojenkontrolle!‹ so lautete der Einsatzbefehl für den 5. Mai 1941 für eine Rotte He 60 der 2. Staffel/Seenotgruppe Standort Cherbourg.

Die Kontrolle der bereits beschriebenen Seenotrettungsbojen, auch als Udet-Bojen bekannt, wurde laufend durchgeführt.
Das Führungsflugzeug flog Ofw. Stockinger, mit dem Beobachter Oblt. z. S. Hilbig, unserem damaligen Staffelkapitän. Ich selber flog die Rottenmaschine. Mein Bordfunker war Uffz. Schoch. Wetter und Sicht waren gut, Seegang Stärke 2 bis 3.
Als wir schon einige Bojen abgeflogen hatten, tauchte plötzlich eine Spitfire auf. Sie flog mich an. Sofort flog ich eine Steilkurve von 180 Grad und drückte die He 60 an. Die erste MG-Garbe ging über uns hinweg. Nun drehten wir mit Vollgas auf die Küste zu, um in den Schußbereich der Flak zu gelangen.
Die Führermaschine flog etwa 300 m voraus. Es erfolgte noch ein zweiter Angriff auf mich, aber meine Taktik des Entgegenkurvens im richtigen Moment erschwerte dem Tommy das Zielen und seine Geschosse erreichten uns nicht.
Nach dem dritten erfolglosen Angriff auf mich flog der Tommy die Führermaschine an und schoß sie beim ersten Anflug ab. Die Maschine stürzte 8 sm vor Cap de la Hague in die See. Danach war ich wieder der Gejagte. Aber ganz überraschend zog der Tommy plötzlich ab und wir erkannten auch schnell den Grund, denn über uns tauchte eine Rotte Me 109 auf. Diese knöpften sich nunmehr die Spitfire vor und ich konnte mit Vollgas in Richtung Cherbourg fliegen, wo ich um 15.38 h landete. Wir waren gut 80 Minuten unterwegs gewesen.
Nachdem uns der Kran an Land gesetzt hatte, erstattete ich sofort Meldung über diesen Vorfall. Eine He 59 wurde umgehend einsatzklar gemacht und um 15.57 h, also 19 Minuten nach meiner Landung, startete ich mit dem Sanitätspersonal an Bord zur Unfallstelle.
Wir fanden diese Stelle sofort und landeten in unmittelbarer Nähe der abgeschossenen Besatzung. Das Rettungsmanöver wurde reibungslos durchgeführt und die schwerverwundete Besatzung übernommen. Die Leitung dieser Bergung hatte Lt. Eckenfels.
Nachdem ich Starterlaubnis erhalten hatte, drehte ich das Flugzeug – unsere treue He 59 Da + WM – in den Wind und startete. Um 16.45 h landeten wir wieder in Cherbourg. Der Sanitätskraftwagen stand bereit, um die schwerverwundeten Kameraden aufzunehmen und ins Lazarett zu bringen. Eine herausgehobene Tra-

Das Kielwasser des mit voller Fahrt laufenden Seenot-Schnellbootes »Mars«, dessen 4 Rolls-Royce-Motoren von je 700 PS Leistung dem Boot über 40 kn Fahrt ermöglichten

Bis Frühjahr 1942 hatten diese Schnellboote der Luftwaffe 3 Marine-Besatzungen

Danach übernahmen Luftwaffenbesatzungen aus der Seefahrtschule der Lw. in Pütnitz, später Lobbe die Boote

Ein geborgener Flieger im Heizsack an Bord einer Do 24

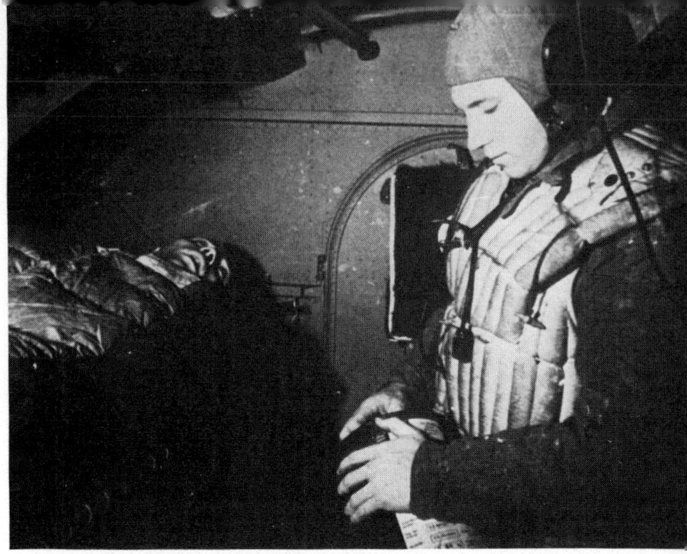

Eine He 59 startet zum Seenotfall

und kommt mit einem geretteten Flieger vom Einsatz zurück

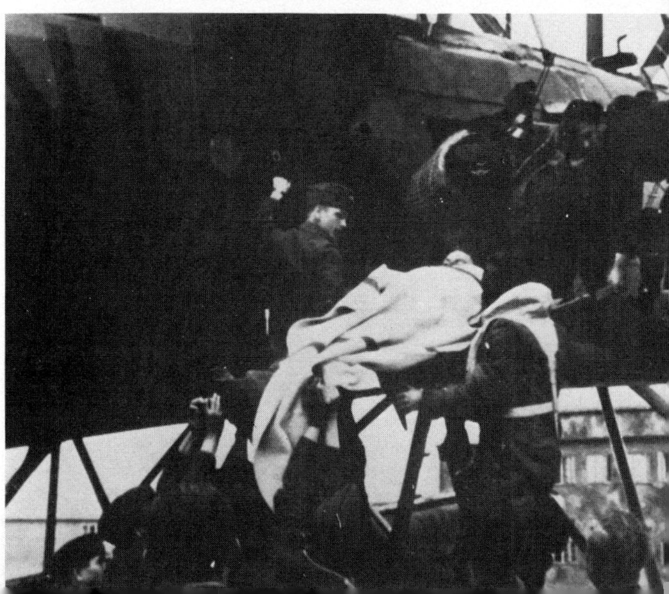

Fl.B.-Boote laufen zum Einsatz aus

Die Geschütze sind nun bemannt

Flugsicherungsschiff hievt die Trümmer eines Seeflugzeuges an Bord

Der Kran eines Flugsicherungsschiffes

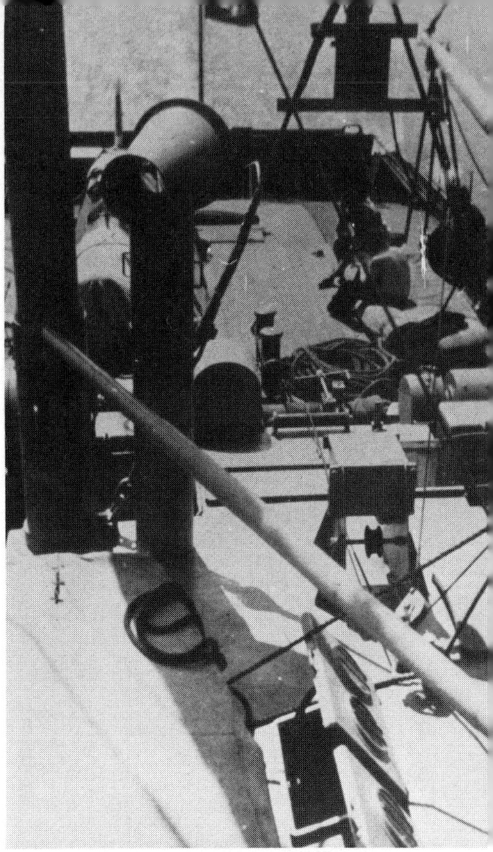

An Bord eines Flugsicherungsschiffes

Eine Do-»Wal« schiebt sich auf einen im Schlauchboot schwimmenden Flieger zu

ge aber trug einen Toten. Ofw. Stockinger war auf dem Rückflug gestorben. Oblt. z. S. Helbig hatte eine schwere Fleischverwundung am Bein und konnte durch ärztliche Kunst gerettet werden. Unter der Teilnahme der Kameraden seiner Staffel wurde Ofw. Stockinger auf dem Soldatenfriedhof von Cherbourg bestattet. Er wird uns allen unvergessen sein.«

Soweit der Bericht.

Dieses rücksichtslose Abschießen der deutschen Seenotflugzeuge, das sich in der Folgezeit noch verstärkte und das ebenso im Kanal, wie vor der englischen Küste, oder im holländischen, deutschen und belgischen Küstenvorfeld stattfand, wird bei allen nüchternen Betrachtern der Lage auf völlige Ablehnung stoßen. So sagte Lieutenant Commander McClure, von der 5. Bomber Group der RAF, dem Autor zu dieser Frage, daß er seine eigenen Landsleute verflucht habe, die immer wieder deutsche Seenotflugzeuge angegriffen hätten, auch wenn diese eigene – also englische – Flieger aus Seenot bargen.

Diese Flugzeuge waren aber offensichtlich für einige Flieger willkommene Gelegenheit ihr Abschußkonto mühelos und zunächst ohne großes Risiko zu erhöhen, denn infolge ihrer Größe und Schwerfälligkeit und der unzureichenden Bewaffnung mit nur einem MG waren sie keine Gegner, sondern nur Opfer.

Deutscherseits wurde vom Seenotdienst keinerlei Unterschied gemacht, ob die in Seenot geratenen Besatzungen Freund oder Feind waren. Wurde eine Meldung von in Seenot befindlichen Maschinen aufgefangen, dann lief die Rettungsaktion an, ganz gleich, *wer* zu retten war.

»Es ist einfach unverständlich, daß wir auf die deutschen Seenotflugzeuge schossen, die unsere eigenen Kameraden gerettet hatten, oder eben dabei waren, sie aus dem Bach zu fischen«. (Flight Lieutenant John B. Blissigh.)

Es ist ein Beweis selbstloser Opferbereitschaft, daß die deutschen Seenotflieger, und die Seenotmänner an Bord der Rettungsboote aller Art *zu keiner Zeit* die Rettung feindlicher Besatzungen einstellte.

Da die Bekämpfung der Seenotflugzeuge durch britische Flieger nicht abriß, wurde neben der Bewaffnung der Seenotmaschinen auch im steigenden Maße ein Jagdschutz organisiert. Ab 1941 wur-

de schließlich jedem startenden Seenotflugzeug Jagdschutz beigegeben. Entweder holten die Jäger die Seenotmaschine von ihrem Seefliegerhorst ab, oder sie stießen an vorher bestimmten Stellen zu ihnen. Die Ablösung des Jagdschutzes sollte stets über dem Seenotflugzeug stattfinden. Falls einmal ein Jagdschutzflug vorzeitig abgebrochen werden mußte, sollte dies dem Seenotflugzeug mitgeteilt werden. Daß dieser Schutz nicht lückenlos sein konnte – vor allem bei Seenotfällen, die außerhalb der Reichweiten der Begleitjäger lagen – ist verständlich.
Die Zusammenarbeit zwischen Seenotdienst und Jagdschutz war im allgemeinen sehr gut, und als etwa um die Mitte des Jahres 1941 in alle Seenotmaschinen das FuG 16 eingebaut wurde, war den Besatzungen der Seenotmaschinen auch ein Funksprechverkehr mit den Begleitjägern möglich.
Bei ausgedehnten Seenotsuchen lösten sich die Jägerschwärme in den vorgeschriebenen Abständen ab. Leider geschah es auch schon einmal, daß die Begleitjäger in 1000 und mehr Meter Höhe umherkurvten, während etwa nur 100 m über der See zwei He 59 Maschinen von einem im Tiefflug heranflitzenden britischen Jäger zerschossen wurden, ohne daß die Begleitjäger dieses Drama bemerkten. Erst mit Einführung des Funksprechgerätes waren dann Hilferufe zu den Jägern empor möglich.
Daß der Geleitschutz natürlich auch den Gegner anzog, das zeigte sich bei einer größeren Suche im Frühjahr 1941. Eines der Seenotschnellboote war nach einer He 59 zu einem Seenotfall in der Kanalmitte nördlich Cherbourg ausgelaufen. Eine ganze Staffel Me 109 begleitete diese beiden Seenotmittel zum Einsatzort. Ein deutscher Jäger war dort abgestürzt und hatte SOS getastet. Diese Maschinen blieben dem Gegner nicht verborgen, der um diese Zeit seine Patrouillenflüge aufgenommen hatte, nachdem die Luftschlacht über England zu Ende gegangen war.
Über der He 59 und dem Schnellboot entwickelte sich nun ein dramatischer Luftkampf zwischen den eigenen Begleitmaschinen und dem angreifenden Gegner. In einem Luftkampf, den man vom Schnellboot aus beobachtete, wurden zwei englische Jäger abgeschossen. Dann stürzte ein drittes Flugzeug, eine Me 109, mit dem deutschen Piloten in den Kanal, ehe die Feindflugzeuge abdrehten und in Richtung England verschwanden.

In einer raschen und meisterhaft durchgeführten Aktion wurden nacheinander die drei Jäger-Piloten, also auch die beiden Engländer, aufgefischt und dann fand man auch noch den ursprünglich gesuchten Flieger, der in einem kleinen Schlauchboot hockte. Auch er wurde geborgen.
Als das Schnellboot bereits den Rückweg angetreten hatte, tauchten plötzlich zwei britische Schnellboote auf. Mit AK jagten sie durch die See, um dem deutschen Boot den Rückweg abzuschneiden. Als aber das deutsche Boot mit allen vier Motoren auf AK ging und, zu einem Drittel aus dem Wasser herausragend, mit 40 sm Fahrt dahinstob, blieb der Gegner rasch zurück. Seine überragende Schnelligkeit hatte das Seenotschnellboot gerettet. Es erreichte mit den vier Geretteten den Hafen von Cherbourg.
Als im Frühsommer 1941 fast alle Jagdgeschwader aus dem Kanalgebiet abgezogen waren, um zur vorgesehenen Unternehmung Barbarossa, dem Feldzug gegen die Sowjetunion, eingesetzt zu werden, gestaltete sich hinfort der Einsatz der Seenotflugzeuge immer verlustreicher. In verschiedenen Seeabschnitten, über denen der Gegner nunmehr die volle Luftherrschaft errungen hatte, und die er ständig mit seinen Maschinen überflog, mußte die Rettung von Schiffbrüchigen durch He 59-Maschinen eingestellt werden, weil sonst nicht nur die zu rettenden Menschen, sondern auch die Besatzungen dieser Maschinen mit Sicherheit getötet worden wären. Dies traf insbesondere für den Abschnitt zwischen Boulogne und Calais zu.
Die gesamte Luftflotte 2 verschwand vom Kanal. Ihr Einsatzgebiet wurde von der Luftflotte 3 mit übernommen. Somit gelangten auch die Seenotzentrale Boulogne-Wimille und die Seenotzentrale Holland in den Bereich des Seenotdienstführers 3. Neue Standorte dieser beiden Zentralen wurden Wimereux und Utrecht. Da Major Dreyer im Juli zum Seenotbereich Nordsee versetzt wurde, kam Major Klintzsch als neuer Seenotdienstführer 3 an den Kanal.

RETTEN UND KÄMPFEN.

Der Seenotdienst war gefährlicher geworden, dennoch waren alle Angehörigen dieses Dienstes immer im Einsatz und keiner wagte

es, nicht auszulaufen oder zu starten, wenn die Chance, die in Seenot geratenen Kameraden zu retten, nur sehr gering war.
Während der Zeit der deutschen Großangriffe gegen England in der Luftschlacht über England häuften sich naturgemäß die Seenotfälle. In dieser Zeit vom August 1940 bis Mai 1941 konnte es geschehen, daß gleichzeitig drei, ja einmal fünf Seenotfälle zur gleichen Zeit liefen und Hilfe gebracht werden mußte. Was in dieser Zeit die Besatzungen der Flugboote und der Seeboote leisteten ist unbeschreiblich. Diese beispiellose Einsatzbereitschaft und *zugleich* ihre völlige Wehrlosigkeit bei feindlichen Luftangriffen sei anhand eines Seenotfalles dargestellt.
Als zwei Seenotflugzeuge im Frühsommer 1941 zu einem Seenotfall gestartet waren, wurden sie über See von einer größeren Anzahl britischer Jäger angegriffen.
Die erste Maschine wurde, von MG-Salven durchsiebt, abgeschossen. Das zweite Seenotflugzeug erhielt beim ersten Angriff so schwere Treffer, daß auch diese Maschine niederging. Der Flugzeugführer hing tot in den Gurten, der Bordmechaniker war schwer verwundet. Nur der Beobachter, der damalige Lt. Wagner, war unverletzt. Ihm gelang es, das Flugboot dicht über Wasser abzufangen und trotz der zerschossenen Instrumente die Maschine zum Einsatzhafen zurückzufliegen und dort glatt zu landen.
Unmittelbar nach der Landung flog Lt. Wagner mit einer anderen Besatzung zurück und konnte die beiden Überlebenden des zweiten Flugzeuges bergen.
Der Oberbefehlshaber der Luftwaffe sprach Lt. Wagner seinen persönlichen Dank und seine Anerkennung aus.
Im Bereich der Seenotzentrale Kanalküste (Boulogne-Wimille) dem späteren Seenotbereichskommando III, gab es infolge der kurzen Flugstrecke über die Straße von Dover viele Ein- und Ausflüge deutscher Bomber, Zerstörer und Jäger. Demzufolge sammelten sich hier auch die britischen Jäger zu Luftkämpfen gegen ihre deutschen Gegner. Diese Zusammenballung der Maschinen ergab zwangsläufig auch eine große Anzahl von Seenotfällen deutscher Flieger. Hier ging es immer wieder mit Flugbooten und Schnellbooten zur Rettung hinaus.
Die französische Kanalküste zwischen Boulogne und Calais hingegen war immer wieder das Ziel britischer Luftangriffe, weil man

von hier aus die Operation »Seelöwe« – die Invasion der Britischen Inseln – erwartete. Demzufolge wurden in diesem Bereich öfter auch britische Flieger aus Seenot gerettet.

SEENOTDIENST BEIM KANALDURCHBRUCH: UNTERNEHMEN »CERBERUS«.

Nach Beginn des Rußlandfeldzuges, und des damit verbundenen Abzugs der Kampf- und Jagdgeschwader vom Kanal, gewann die RAF die Luftherrschaft über dem Kanal völlig zurück.
Als dann auch noch Ende des Jahres 1941 im ostwärtigen Kanalgebiet ein sehr strenger Winter einsetzte und die mit Brackwasser gefüllten Seebecken des Seefliegerhorstes Ostende zufroren, mußten alle Seenotmaschinen nach Schellingwoude überführt werden. Bis Mitte April 1942 konnte von dort aus kein Seeflugzeug mehr starten und der gesamte Seenoteinsatz mußte mit Seenot-Booten durchgeführt werden.
Zu dieser Zeit fand, beginnend mit dem 11. 2. 1942, der Durchbruch der in Brest liegenden deutschen Schlachtkreuzer »Scharnhorst« und »Gneisenau« und des Schweren Kreuzers »Prinz Eugen« statt. Diese deutschen Großkampfschiffe, die seit dem 22. 3. 1941 in Brest festlagen, sollten im Unternehmen »Cerberus« durch den Kanal und durch die Nordsee nach Kiel marschieren.
Zu diesem Einsatz erhielten alle Seenotflugzeuge in Brest, Cherbourg und Le Havre, deren Liegeplätze eisfrei waren, Einsatzbefehle. Alle Boote lagen ebenfalls einsatzbereit. Mehrere der modernen Seenotboote, die schnell genug waren, liefen in diesem Konvoi mit, um sofort zur Hand zu sein, wenn sie gebraucht wurden.
Um 23.45 h des 11. 2. 1942 marschierte der Verband von der Reede von Brest, wo er gesammelt hatte, ab. Von Zerstörern und Torpedobooten gesichert, lief er mit großer Fahrt durch den Kanal. Ständig kreisten 16 Jagdflieger über dem Verband und am Mittag stießen 176 Maschinen der Luftflotte 3 hinzu, um den Verband sicher durch die gefährlichste Stelle zwischen Dover und Calais zu geleiten. Drei Schnellboot-Flottillen waren hinzugekommen.
Es war die Swordfish-Staffel 825, Commander Esmonde, die mit Torpedos die Großkampfschiffe angriff. Sämtliche Maschinen wurden abgeschossen.

In dieser Situation trat der Seenotdienst in Aktion. Die Boote liefen durch das Feuer der einsetzenden Großkampf- und Fernkampf-Batterien von Dover und bargen die in der See schwimmenden Besatzungen der britischen Torpedoflugzeuge. Hinzu kamen deutsche Flieger, die in den entbrannten Luftkämpfen abgeschossen worden waren.
Ungenannt sind die Retter bis auf den heutigen Tag geblieben, weil sie selbst nichts von sich hermachten. An dieser Stelle soll ihr Einsatz während dieses großartigen Unternehmens gewürdigt werden.

SEENOTDIENST – KOMMANDOSTRUKTUR BEI DER LUFTFLOTTE 3

Bereits um diese Zeit hatten die Seenot-Experten einen »Seenotjäger« gefordert, der zum einen als Suchflugzeug fungieren und, zum anderen, beim Seenoteinsatz der großen Flugboote auch deren Schutz übernehmen sollte. Diese wichtige Neuerung, die sehr viele weitere Erfolge ermöglicht hätte, wurde erst im Jahre 1944 verwirklicht. (Darüber an anderer Stelle mehr.)
Von seiner neuen Dienststelle im Schloß Peppinwast nahe Cherbourg, versuchte sich Major Dreyer den Einsatzdienststellen intensiver zu widmen.
Major Klintzsch verlegte seinen Gefechtsstand nach Cabourg in die Nähe des Gefechtsstandes der Luftflotte 3 und ging später nach Paris-Sèvres.
Im Gegensatz zur Luftflotte 3, deren OB Generalfeldmarschall Sperrle, sich persönlich *sehr* für den Seenotdienst einsetzte, herrschte bei den übrigen Luftflotten starker Personalmangel. Um diesen Mangel auszugleichen und gleichzeitig auch eine notwendige Neuorganisation durchzuführen, wurde von der L.In. 16 im Herbst ein neuer Organisationsplan erarbeitet und in Vorschlag gebracht.

1. Leitung des Seenotdienstes bei jeder Luftflotte:
   1 Seenotdienstführer mit Stab und den Befugnissen eines Regimentskommandeurs.
2. Diesem unterstellt: Ein, bzw. mehrere Seenotbereichskommandos, mit einem Seenotbereichskommandeur und den Befugnissen eines Bataillonskommandeurs.

3. Zum Bereichskommando gehörend und diesem unterstellt:
   1 Seenotstaffel mit Staffelkapitän.
   1 Seenotflottille mit Flottillenchef.
   1 Nachrichtenzug mit Zugführer.
4. Soweit erforderlich dem Seenotbereichskommando unterstellt: Seenotkommandos mit einem Kommandoführer (KpChef), Nachrichtenpersonal, sowie von Staffel und Flottille abgestellte Einsatzmittel.
5. Luftflotten, die nicht unmittelbar an einer Seeküste liegen, sollen, falls erforderlich, ein selbständiges Seenotbereichskommando erhalten.

Nachdem sich auch der Chef des Luftnachrichtenverbindungswesens, General Martini, mit den neuen Personalstärken für Seenot-Nachrichtenkompanien einverstanden erklärt hatte, konnte endlich im Frühjahr 1942 die Neuorganisation des Seenotdienstes verfügt werden.

An dieser Stelle sei angemerkt, daß in einigen Fällen die Luftflotten kleinere Abweichungen von dieser Verfügung anordneten. Der Inspekteur des Seenotdienstes, Generalmajor Goltz, überzeugte sich in zahlreichen Besichtigungsflügen von der Durchführung und von der Bewährung der Neuorganisation in der Praxis.

MIT DER DO 24 IM SEENOTEINSATZ.

Im April 1942 kam die erste Do 24 zur 3. Seenotstaffel. Ihr damaliger Kommandant, Hptm. Luchmann, der nicht nur die Seenotzentrale Kanalküste, sondern auch den holländischen Raum betreute, faßte die Vorzüge dieses Flugbootes gegenüber der He 59 in 10 Punkten zusammen, die hier wiedergegeben werden sollen.

1. Die Startstrecke ist kürzer; es gibt keine Schwierigkeiten bei Glattwasser und Windstille.
2. Es ist ein Kreisstart möglich, so daß auch kleine Wasserflächen benutzt werden können.
3. Infolge der geringeren Landegeschwindigkeit benötigt die Do 24 auch eine kürzere Ausrollstrecke.
4. Die Fluggeschwindigkeit liegt 60 bis 70 km/h höher.
5. Die Bewaffnung mit einer 2-cm-Kanone und 2 MG 131 ist besser.

6. Sowohl die nautische, als auch die Funkausrüstung der Maschine ist ausgereifter.
7. Das Fassungs- und Tragvermögen ist größer.
8. Das Manövrieren mit den drei Motoren ist selbst bei Querwind leicht und einfach.
9. Die Maschine besitzt bessere Seeigenschaften. Selbst bei Seegang 4 sind Start und Landung bedenkenlos möglich.
10. Die Maschine besitzt gut fliegerische Eigenschaften.

Es sollte jedoch noch über ein Jahr dauern, bis die 3. Seenotstaffel ganz mit diesen besseren Maschinen ausgerüstet war. Auf dem Seefliegerhorst Schellingwoude im Ijsselmeer wurden die Besatzungen auf diese neue Maschine umgeschult. Hier gab es nur wenig Seenotfälle. Einer davon jedoch ist besonders erwähnenswert, weil er der erste war, der mit Hilfe des damals neu eingeführten Seenotsenders NS 2 erfolgreich zu Ende geführt werden konnte. Er wurde von Hptm. G. Luchmann geschildert:

»Eine He 111 hatte in der Abenddämmerung über der englischen Ostküste durch einen Flaktreffer Motorschaden erlitten. Zunächst war der Weiterflug noch mit einem Motor möglich gewesen, dann aber wurde die Notlandung auf See notwendig. Sie erfolgte glatt 140 km nordwestlich der holländischen Insel Walcheren.

In Ruhe und unverletzt war die Besatzung der He 111 ins Schlauchboot gegangen. Sie hatte ihren Seenotsender klar gemacht und – da in dieser Nacht völlige Windstille herrschte – die Antenne am Ballon aufsteigen lassen. Nun sollten an und für sich automatisch die SOS-Rufe des neuen Notsenders erfolgen. Die Besatzung wußte natürlich nicht, ob die nun ausgestrahlten SOS-Signale wegen der relativ großen Entfernung von den Küstenstationen gehört werden würden.

Sie wurden gehört, eingepeilt und ein verhältnismäßig genauer Standort ermittelt.

Im Morgengrauen starteten zwei Flugzeuge, die nach eineinhalb Stunden das Unfall-Planquadrat erreichten. Trotz der starken Sichtbehinderung durch Nebel wurde nach einigem Suchen ein weißes Sternsignal gesehen und kurze Zeit später die vierköpfige Besatzung aufgenommen. Sie hat ihre Rettung neben anderen günstigen Umständen in erster Linie der sorgfältigen seenotmäßigen Vorbereitung und dem richtigen Verhalten zu verdanken. Ihr Seenotfall lag nämlich in einem Gebiet, das nur ganz selten überflogen wurde.«

DIE BEWEGUNGEN DES JAHRES 1942 IM KANAL UND IM ATLANTIK.

Im weiteren Verlauf des Jahres 1942 ließ die Einsatztätigkeit der deutschen Luftwaffe im gesamten nordfranzösisch-belgischen Raum stark nach. Da darüber hinaus auch die Seenoteinsätze durch englische Jäger mehr und mehr gestört und teilweise vereitelt wurden, wurden die Seenotflugzeuge im Sommer 1942 aus Boulogne und im Herbst 1942 auch aus Ostende zurückgezogen. Damit kam die 3. Seenotstaffel geschlossen auf den Liegeplatz in Schellingwoude.

Alle Seenoteinsätze im nunmehrigen Seenotbereichskommando 3 (Wimereux) wurden künftighin von Seenotbooten gefahren, die der 3. Seenot-Flottille unter Hptm. Schirmack unterstanden. Sie waren von nun an das Rückgrat des Seenoteinsatzes in diesem Gebiet.

Im Sommer 1942 kam es zu einer weiteren Rettungsaktion, die in die Annalen der Seenotgeschichte einging. Nach einem verlustreichen Angriff britischer Seestreitkräfte auf einen deutschen Geleitzug vor der Kanalinsel Alderney, waren auch deutsche Geleitsicherungsboote abgeschossen worden. Die Besatzungen waren zum Teil schwerverletzt. Sie schwammen in Schwimmwesten oder Schlauchbooten im Wasser, hingen teilweise auch an den Felsen im Wasser. Es war Mitternacht, als der Seenotbereichskommandeur in Cherbourg, Major Heß, die Alarmmeldung erhielt. Er setzte sofort ein einsatzbereites Schnellboot ein, das mit höchster Fahrtstufe zum Ort des Unterganges lief und vom ersten Einsatz vollbeladen mit verwundeten und erschöpften Seeleuten wieder nach Cherbourg zurückkehrte.

Obgleich damals Marine-Schnellboote im Hafen Cherbourg lagen, war es den Marinedienststellen nicht möglich, sie in der fraglichen Nacht noch zum Einsatz zu bringen.

So lief denn das Seenot-Schnellboot noch ein zweitesmal aus und barg die restlichen Überlebenden, darunter wieder einige Schwerverwundete, die diese Nacht nicht überstanden hätten. Im Morgengrauen kehrte es mit diesen letzten Überlebenden nach Cherbourg zurück.

»Wir wußten, daß noch einige Menschen dort waren, also war es unsere Pflicht, sofort wieder auszulaufen«, erklärte ein Mann der Besatzung auf die Frage, ob es denn nicht zu riskant gewesen wäre, bei Nacht in dieses gefährliche Seegebiet zu laufen.

Die 3. Seenotstaffel wurde im Dezember 1942 nach Südfrankreich verlegt, nachdem im Oktober dieses Jahres die ersten Flugzeuge dorthin übergeführt worden waren. Schellingwoude wurde nunmehr von der 2. Seenotstaffel (Cherbourg) mit übernommen.

Der Einsatz der Seenotboote wurde ebenfalls immer schwieriger. Jagdschutz stand nur noch selten zur Verfügung. Es kam nun darauf an, die Bewaffnung dieser Boote so zu verbessern, daß sie sich gegenüber anfliegenden Jagdflugzeugen behaupten konnten. Flak-Zwillinge und Drillinge für diese Fahrzeuge wurden entwikkelt und eingebaut. Schließlich verfügte ein einzelnes Boot über acht und mehr FlaWaffen und konnte damit direkte Angriffe meistenteils erfolgreich abwehren. Daß darunter die Seetüchtigkeit der Boote litt und viele durch die FlaWaffen toplastig wurden, mußte in Kauf genommen werden.

Von den britischen Inseln aus hatten seit Februar 1942, als Air Marshal Arthur T. Harris die Führung des Bomber Command der RAF übernahm, die Einflüge britischer Bomberverbände nach Deutschland erheblich zugenommen. Von nun an wurde das Seenot-Einsatzgebiet weiter nach Nordosten und Osten getragen. Von nun an standen aus dem Raume Schipol und Deelen deutsche Jagd- und Nachtjagdverbände im ständigen Einsatz gegen die stärker und stärker werdende britische Bomberarmada.

Daß durch die Verlegung von neuen Jagdgeschwadern in diesen Raum auch der Schutz der Seenotflugzeuge und Fahrzeuge besser wahrgenommen werden konnte, zeigte sich bald.

Die deutschen Tag- und Nachtjäger erzielten große Abschußergebnisse. Dies wiederum bedeutete für den Seenotdienst, daß dieser die Seenotfälle feindlicher Besatzungen mit der gleichen Einsatzbereitschaft wahrnahm, wie jene der eigenen Kameraden.

Innerhalb des nächsten halben Jahres wurden 30 englische und

kanadische Flieger vor der holländischen Küste aus Seenot geborgen.
Anläßlich einer solchen Rettungsaktion stieß eine Do 24 70 km weit in die westliche Nordsee vor und rettete die siebenköpfige Besatzung eines britischen Bombers. Dies war wegen der prekären Luftlage ein besonderes Wagnis.
In dieser Zeit begannen auch die Abstürze und Notlandungen britischer Flugzeuge auf dem Ijsselmeer. Eigenartigerweise waren hier die Zahl der Rettungen geringer. Alle Flugzeugwracks hingegen konnten durch einen eingesetzten Bergungsprahm des Seefliegerhorstes Schellingwoude geborgen werden. Mit diesen Maschinen wurden außer bisher unbekannten Waffen damals auch völlig neuartige Seenotrettungsmittel des Gegners sichergestellt und für den Gebrauch im eigenen Seenotdienst getestet.
In dieser Zeit härtester Anspannung und selbstlosen Einsatzes aller Seenotsoldaten wurde in Schellingwoude durch Oblt. Harlinghaus ein vorzüglich funktionierender Nachrichtendienst aufgebaut. Im Seenotgefechtsstand war neben allen üblichen Funkverbindungen auch die Jäger-Funksprechwelle geschaltet, so daß von hier aus viele Einsätze verfolgt werden konnten. Diese Nachrichtenstelle hat sich auch während der Invasion und später bei der Räumung Frankreichs insofern bewährt, indem sie als Funkübermittler zum HQ fungierte.
Der letzte Seenotbereichskommandeur IV, Holland, Major Dr. Pössel, hatte im Februar 1944 seine Dienststelle von Utrecht nach Schellingwoude verlegt, um näher bei seinen Einsatzmitteln zu sein. Über diesem Küstengebiet kam es zu immer dichteren Flugzeugmassierungen und die Seenotstaffel sowie die Seenotboote hatten trotz des guten Jagdschutzes erhebliche Verluste.
Die englischen Radargeräte und der feindliche Nachrichtendienst arbeiteten so intensiv, daß jede Maschine, welche die Küste überflog und Kurs auf Großbritannien nahm, erfaßt und sofort angegriffen wurde. Auch die Seenotflugzeuge und die Seenotboote wurden davon nicht ausgenommen, wenn sie zur Rettung der in Seenot geratenen gegnerischen Flugzeugbesatzungen ausgelaufen oder gestartet waren.
Als schließlich die deutschen Jäger Befehle erhielten, das Küstenvorfeld nicht mehr zu befliegen, und ein Jagdschutz für den See-

notdienst nur aufgrund eines besonderen Befehls der Luftflotte 3 geflogen werden durfte, war der Einsatz von Seenotrettungsmitteln damit unmöglich geworden.
Mit der am 6. 6. 1944 erfolgenden alliierten Invasion an der Atlantikküste wurde der größte Teil des Seenotdienstes in diesem Bereich und am Kanal ausgeschaltet. Aus dem Seenotbereichskommando IV, Holland, wurden alle Flugzeuge abgezogen. Es blieb zwar nach dem 6. 6. 1944 noch einige Zeit als selbständiges Seenotkommando bestehen, wurde dann aber von Seenotbereichskommando V, Nordsee, übernommen.
Über das Schicksal der drei übrigen Seenotbereichskommandos Brest, Cherbourg und Wimereux, die nach der alliierten Invasion ihren Betrieb einstellen mußten, ist nichts bekannt geworden. (Es wäre zu wünschen, daß sich durch dieses Buch über den Seenotdienst Angehörige der genannten Seenotbereichskommandos fänden, die in der Lage wären, dem Autor diesbezügliche Ergänzungen zu machen.)
Die Geschichte des Seenotdienstes am Kanal und an der Atlantikküste war damit beendet. Nachzutragen bliebe, daß der Seenotdienst der vier Seenotbereichskommandos am Kanal und an der Atlantikküste insgesamt während des Zweiten Weltkrieges 1665 deutsche und alliierte Soldaten aus Seenot gerettet hat. Vom Juni bis Dezember 1941 liegt die Zahl der Geretteten, nach einem Tätigkeitsbericht der Luftflotte 3, im Detail vor. Es wurden insgesamt 197 Soldaten aus Seenot gerettet. Darunter befanden sich 78 Engländer und Kanadier. (Siehe Anlage: Rettungsergebnisse des Seenotdienstes.)

Der Seenotdienst im Mittelmeer.

AUFGABEN UND AUFBAU DES SEENOTDIENSTES.

Noch im Dezember 1940 war das X. Fliegerkorps nach Sizilien verlegt worden, um am Einsatz im Mittelmeer teilzunehmen. Der Kommandierende General, General der Flieger Geisler, hatte folgende Aufgabe erhalten:

»Bekämpfung der englischen Geleitzüge im Mittelmeer, der englischen Zufuhr durch den Suezkanal und Behinderung des Vormarsches der englischen Armee in Libyen.«

Später kam noch hinzu: »Schutz der Seetransporte für das deutsche Afrika-Korps von Italien nach Tripolis.«

Am 10. 1. 1941 fand der erste Einsatz der deutschen Luftwaffe im Mittelmeer statt. Damit erweiterte sich auch der Wirkungskreis des Seenotdienstes um ein neues Seegebiet.

Im Mittelmeer hatte der Seenotdienst vier große Aufgaben zu lösen:

1. Übernahme der Seenotsicherung der von Sizilien aus stattfindenden Angriffe des X. FlK. General der Flieger Geisler, gegen die Insel Malta.
2. Seenotmäßige Betreuung der Transporte des zur Unterstützung der Italiener aufgestellten Afrika-Korps und Ausstattung der libyschen Küste mit Seenotstützpunkten.
3. Seenotsicherung während des Griechenland-Feldzuges und während des Angriffes auf die Insel Kreta.
4. Seenotsicherung der Luftgeschwader, die von der französischen Mittelmeerküste aus Geleitzüge im westlichen Mittelmeer angriffen.

Da der Generalquartiermeister in diesem Falle die L.In. 16 rechtzeitig von diesem militärischen Vorhaben unterrichtete, war es möglich, alle erforderlichen Vorbereitungen rechtzeitig zu treffen, soweit die Personal- und Materiallage dies zuließen.
In Taormina beim X. Fliegerkorps wurde die erste Seenotzentrale errichtet. Dazu wurde Major Bartels zur Organisation dieser Einrichtung Anfang März 1941 nach Sizilien kommandiert.
Major Engelhorn, der in der Nordsee und am Kanal bereits wertvolle Erfahrungen im Einsatz von Seenotmitteln aller Art gesammelt hatte, stand ihm bei dieser schwierigen Aufgabe zur Seite.
In Syrakus wurde der Liegeplatz der Seenotstaffel eingerichtet. Ihr Staffelkapitän wurde Lt. Wölke, der bereits ebenfalls in Boulogne in gleicher Funktion tätig gewesen war. Die 9 Maschinen der Staffeln waren He 59 und Do 24.
Bereits in der zweiten Märzhälfte 1941 erschien der Inspekteur des deutschen Seenotdienstes, Oberst Goltz, in Italien und auf Sizilien und inspizierte die Seenotstützpunkte. Major Bartels und Major Engelhorn begleiteten ihn. Der Flug mit einer Do 24 führte auch nach Tripolis, wo der erste Seenotstützpunkt auf afrikanischem Boden, eingerichtet werden sollte.
Der italienische Seenotdienst, der mit der deutschen Seenotzentrale zusammenarbeiten sollte, hatte seinen Stützpunkt in Elmas bei Cagliari auf Sardinien. Er flog zu der Zeit noch unter dem Roten Kreuz. Seine Seenotflugzeuge waren Flugboote des ehemaligen italienischen Luftverkehrs. Sie wurden auch im Kriege von zivilen Besatzungen geflogen. Aber auch hier stellte sich bald heraus, daß die Briten den Rote-Kreuz-Charakter der italienischen Seenotmaschinen ebensowenig anerkannten und respektierten, wie den deutschen im Kanal und im Atlantik.
Einen Monat später wurde der erste Seenotstützpunkt auf afrikanischem Boden eingerichtet. Er entstand im Hafen von Tripolis. Der damalige Oblt. Kretschmar leitete ihn.

ERSTER EINSATZ IM MITTELMEERRAUM UND VON AFRIKA.

Die hier stationierten drei He 59 wurden in der Hauptsache zur Sicherung des deutschen Transportes von Italien zur afrikanischen Küste eingesetzt. Die Front hatte sich in Afrika inzwischen be-

deutend weiter nach Osten verlagert und der Stab des Fliegerführers Afrika, General Fröhlich, befand sich bereits in Derna.
An Booten stand in Syrakus zunächst nur ein Fl.A.-Boot zur Verfügung. Ende April kamen eine Anzahl Fl.B.-Boote hinzu. Sie waren durch Frankreich ins Mittelmeer verlegt worden. Diese Fl.B.-Boote verstärkten nicht nur den Stützpunkt in Syrakus sondern wurden auf verschiedene Stützpunkte verteilt. Eines davon lag in Trapani, später in Marsala auf Sizilien. Es hatte die Aufgabe, die Westküste dieser Insel zu überwachen.
Dem Leiter der Seenotzentrale Sizilien, Major Bartels, stand ein präzise ausgebautes eigenes Nachrichtennetz zur Verfügung, das mit gutem Nachrichtenpersonal besetzt war. Nicht nur zum X. FlK. und seinen Verbänden bestand direkte Verbindung, sondern auch zum Fliegerführer Afrika. Auch funkmäßig war der Seenotdienst mit eigenen Bodenfunkstellen gut versorgt.
Bereits in den ersten Wochen und Monaten gelangen einige Rettungen, die einmal mehr unter Beweis stellten, daß der Seenotdienst den Kinderschuhen entwachsen und voll einsatzbereit war. Leider fehlen auch hier detaillierte authentische Unterlagen über erfolgreiche Rettungen. Dennoch gibt es einige Berichte, die aufzeigen, welche Möglichkeiten sich dem Seenotdienst im Mittelmeer boten. Bei den günstigen Wassertemperaturen war es den Schiffbrüchigen möglich, tagelang und sogar Wochen hindurch auf See zu überleben. Ein Bericht von Stabsarzt Dr. Max Mathes sei hier eingeflochten, der dies unter Beweis stellt:
»Ein Feldwebel der Luftwaffe trieb nach Absturz seiner Maschine 7 Tage in seinem kleinen Schlauchboot im Mittelmeer. Er bekämpfte seinen Durst dadurch, indem er morgens mit einem Gazestreifen den Tau von den Wulsten seines Schlauchbootes abtupfte und so bis zu seiner Rettung durchhielt.«
Ein anderer Fall, der Oberstleutnant Heß bekannt wurde, berichtet von der Notwasserung eines anderen Jägers im Mittelmeer. Dieser Jagdflieger, der Chemiestudent war, trieb ebenfalls in seinem Einmann-Schlauchboot im Mittelmeer. Mit Hilfe einer Signalpatrone, aus der er ein provisorisches Filtriergerät bastelte, gelang es ihm, aus Seewasser ein halbwegs brauchbares Trinkwasser zu filtern. Dieser Jagdflieger trieb tagelang vor der Insel Malta. In seiner erzwungenen Untätigkeit zeichnete er, um sich zu be-

schäftigen, die Erkennungssignale der britischen Luftwaffe auf, die er von seinem Boot aus sehen konnte.

Da in Afrika die Entfernung von der Seenotbezirksstelle Tripolis zum HQ des Fliegerführers Afrika bereits 1000 km betrug, verlegte diese Stelle nach Bengasi. Der Hafen selbst, so berichtete Oblt. Kretschmar, war für den Seeflugbetrieb ungeeignet, weil er völlig durch den Nachschub-Schiffsverkehr in Anspruch genommen wurde. Die Flugzeuge, es waren inzwischen vier He 59, wurden aus diesem Grunde auf einem kleinen See in der Nähe des Hafens stationiert.

Da die He 59 für die Seeverhältnisse in diesem Teil des Mittelmeers nur bedingt einsatzbereit waren, wurden auf Anforderung des Fliegerführers Afrika noch zwei Do 24 zugewiesen, die sich auch hier gut bewährten. Darüber hinaus erhielt der Seenotstützpunkt zwei Fl.B.-Boote.

Inzwischen war aber das Afrikakorps abermals weiter nach Osten vorgedrungen. Die Bezirksstelle mußte erneut nachgezogen werden. Sie wurde nach Derna verlegt, und die Do 24, die inzwischen auf die stattliche Zahl von 5 Maschinen gebracht wurden, lagen in der Bombabucht. Die vier He 59 blieben in Bengasi zurück.

Die Bombabucht war durch eine hohe Dünenkette geschützt und wurde damit zu einem idealen Liegeplatz für die Flugboote. Der Nachschub stieß allerdings auf einige Schwierigkeiten, und die Unterkünfte wiesen Unzulänglichkeiten auf. Ersatzteile, Benzin und Verpflegung mußten beispielsweise aus dem 100 km entfernten Derna geholt werden. Mit Hilfe der Italiener konnten schließlich die Unterkunftsschwierigkeiten in der Bombabucht gelöst werden.

In der Bombabucht blieb der Seenotdienst geraume Zeit. Er wurde zum Mittelpunkt des Seenoteinsatzes vor der Küste der Cyrenaika. Bei Seenotfällen während der Kämpfe um Tobruk waren die Do 24 unterwegs, um die »in den Bach gefallenen« Stukaflieger aufzusammeln.

Da der Gegner bald merkte, daß der deutsche Seenotdienst *jeden* Seenotfall wahrnahm und Freund und Feind gleicherweise rettete, wurden hier überwiegend die Angriffe auf Seenoteinsatzmittel eingestellt. Durch Major a. D. Kretschmar wissen wir von einem für diese Situation typischen Seenotfall.

»Im Juni 1941 meldete eine Ju 88 die Sichtung eines Schlauch-

»Alarm!« Die Männer des Seenot-Rettungs-dienstes verlassen die Unterkunft

Sie erreichen das Boot

Zwei Minuten später ist es auslaufklar

Oben links: Unterwegs errechnet der Nautiker die Position und den zu laufenden Kurs

Oben rechts: Der Heckschütze hat die Sicherung gegen Feindflugzeuge übernommen

Rechts: Der Maschinenmaat ist gespannte Aufmerksamkeit

Der erste Flieger ist gerettet

Nun wird auch der zweite in Sicherheit gebracht

Die Flieger sind am Ende ihrer Kraft

Einer ist verwundet und stark unterkühlt

bootes mit drei Mann Besatzung etwa auf der Mitte zwischen der Insel Kreta und Tobruk. Die eingesetzte Do 24 fand über der Seenotposition bereits ein englisches zweimotoriges Seeflugzeug vor, das dreimal versuchte, eine Seelandung durchzuführen. Alle drei Landeversuche der englischen Maschine blieben bei dem herrschenden Seegang 5 ohne Erfolg.

Nun versuchte Oblt. Kretschmar mit seiner dreimotorigen Do 24 sein Glück und landete beim zweiten Anflug. Aus dem Schlauchboot wurden drei Engländer geborgen und an Bord genommen. Auch der Start verlief einwandfrei.

Die Besatzung des englischen Seeflugzeuges hatte über der Stelle kreisend, diese Bergungsaktion interessiert verfolgt. Die Maschine begleitete das deutsche Flugboot noch eine ganze Strecke, ehe sich die beiden Parteien durch gegenseitiges Winken voneinander verabschiedeten, und jeder seinem eigenen Einsatzhafen zustrebte.«

Wenn es nicht die Feindeinsätze waren, die den Seenotdienst vor der afrikanischen Küste hemmten, so waren es hier die schwierigen Seeverhältnisse. Obgleich in Bomba Do 24 lagen und diese Maschinen sogar bei Seegang 5 landeten und wieder starteten, hätte manche Rettungsaktion dennoch nicht durchgeführt werden können, wenn nicht die Fl.B.-Boote zur Verfügung gestanden hätten.

Diese Boote liefen bei beinahe *jedem* Seegang aus und waren in hervorragendem Maße an den Rettungsaktionen beteiligt. Sie wurden über Funk zur Unfallstelle geschleust und übernahmen dort bei schwerer See die Schiffbrüchigen.

Im Sommer 1941 wurde der Seenotstützpunkt Bombabucht wegen seiner großen Entfernung von der Seenotzentrale Sizilien abgetrennt und der Seenotzentrale Ägäis, in Athen-Phaleron, unterstellt. Dieser Seenotzentrale war die dritte Aufgabe des vorher geschilderten Gesamt-Aufgabenbereiches zugewiesen worden: »Seenotsicherung bei der Eroberung Griechenlands und der Insel Kreta.«

Im Jahre 1941 betrug die Gesamtzahl der Seenoteinsätze an der libyschen Küste 231. Davon waren 85 Einsätze erfolgreich. Bei diesen 85 Einsätzen wurden 96 Soldaten beider Seiten, die mit Seefahrzeugen oder Flugzeugen in Seenot geraten waren, gerettet.

DER SEENOTDIENST WÄHREND DES GRIECHENLAND-FELDZUGES UND BEI DER EROBERUNG VON KRETA.

Ende März 1941 wurde Major Fengler, bisher Leiter der Seenotzentrale in Wilhelmshaven, zum VIII. FlK., Generalleutnant von Richthofen, nach Bulgarien in Marsch gesetzt. Am 1. 4. 1941 meldete er sich auf dem Gefechtsstand des VIII. FlK. und erhielt dort die Einweisung in seine neue Aufgabe. Er sollte während des bevorstehenden Griechenlandfeldzuges Seenothilfe leisten und später in Südgriechenland eine Seenotzentrale einrichten.
Das VIII. FlK. gehörte zur Luftflotte 4, Generaloberst Löhr. Dieser Luftflotte war General der Flieger Zander für seemännische Aufgaben zugeteilt worden. Wie sich die Lage hier während des Griechenland-Feldzuges und später bei der Eroberung Kretas zugetragen hat, ist einem Bericht von Oberstleutnant a. D. Fengler, »Seenotzentrale Ägäisches Meer« entnommen:
»Zunächst wurde unter dem Befehl des tüchtigen Oblt. Kurt Wachsmuth in Deutschland eine vorerst aus 5 He 59 bestehende Staffel zusammengestellt, die auf dem Luftweg über Land an das Einsatzgebiet herangeführt werden mußte. Ihr Ziel war zunächst Varna in Bulgarien am Schwarzen Meer. Hier war der kleine Seeflughafen von einem im Lkw-Marsch vorausgefahrenen Vorkommando zur Landung der Maschinen vorbereitet worden. Nach Zwischenlandungen bei Wien und auf dem Plattensee traf die Staffel erst in Varna ein, als der Griechenlandfeldzug bereits begonnen hatte.
Major Fengler, der von der Luftflotte 4 mit drei Ju 52, zwei Fw 58 und einem entsprechenden Stab ausgerüstet worden war, startete am 10. 4. mit seinem Landverband nach Saloniki, das gerade durch die 2. Panzer-Division eingenommen worden war. Er landete auf dem Flugplatz Mikra, 8 km von Saloniki entfernt, ohne Gegenwehr zu finden. Von hier aus leistete der Seenotdienst in den nächsten Tagen einen behelfsmäßigen Seenot- und Landnotdienst mit guten Erfolgen.
Am 22. 4. traf endlich auch, aus Varna kommend, die Seenotstaffel in Saloniki ein. Der Hafen war jedoch derart überbelegt, daß die Flugboote vor dem am Strand liegenden Stadttheater von Saloniki an Bojen festmachen mußten.

Bereits von Saloniki aus entwickelten nun die Seenotmaschinen eine vielseitige Tätigkeit. Es wurden nicht nur Seenotfälle geklärt, die sich bei der Besetzung der vielen griechischen Inseln ereigneten, sondern auch Nachrichtenpersonal auf die besetzten Inseln geschafft, Schlauchboote am Kanal von Korinth abgeworfen, damit die deutschen Truppen übersetzen konnten, und abgesprungene und notgelandete Besatzungen von den Inseln abgeholt.
Nach dem Fallschirmjägereinsatz, am Morgen des 26. 4. 1941 über dem Kanal von Korinth, wurden auch hier verwundete Fallschirmjäger vom Peloponnes abgeholt und in die Lazarette des griechischen Festlandes geschafft.
Am 1. 5. 1941 brachte eine He 59 einen Korvettenkapitän mit dem Auftrag nach Volos, den Dampfer ›Larissa‹ durch eine Minensperre zu lotsen. Der Dampfer sank dennoch durch Minentreffer. Das Seenotflugzeug nahm die gesamte 15-köpfige Besatzung der ›Larissa‹ auf und kehrte zum Stützpunkt zurück.«
Soweit der direkte Bericht von Oberstleutnant a. D. Fengler, nach dessen Aufzeichnungen auch der folgende Text gestaltet wurde.
Ende April 1941 war das gesamte griechische Festland mit den griechischen Inseln in deutscher Hand. Am 7. 5. verlegte die Seenotstaffel von Saloniki nach Athen-Phaleron. Hier begannen die Vorbereitungen für den Kreta-Einsatz. Es war zu erwarten, daß es bei diesem Einsatz eine große Anzahl von Seenotfällen geben mußte, führte doch der Anflugweg der Fallschirmjäger und Gebirgsjäger lange Zeit über See. Auch die beiden Leichten Schiffsstaffeln mit ihren unzulänglichen Fahrzeugen würden lange Zeit auf See sein, bis sie die Insel Kreta erreicht hatten.
Zunächst erfolgte der Ausbau des Funk- und Nachrichtennetzes. Es gelang General Zander, die Seenotstaffel um drei Do 24 zu vergrößern, die von der Seenotzentrale Sizilien abgegeben wurden. Ein Verband kleinerer Seeflugzeuge wurde dem Seenotdienst vorübergehend angegliedert. Er erwies sich jedoch als ungeeignet für die Rettung Schiffbrüchiger, oder in Seenot geratener Flieger.
Als großer Mangel wurde das Fehlen von Fl.B.-Booten empfunden. Alle Fahrzeuge wurden für das Übersetzen der Gebirgsjäger in den ad hoc zusammengestellten beiden Schiffsstaffeln benötigt. Lediglich ein griechischer Zollkreuzer und zwei bedingt seefähige Motorfahrzeuge wurden beschlagnahmt. Leider besaß von diesen

Fahrzeugen nur der Zollkreuzer eine – wenn auch bescheidene – Funkanlage.
Die Boote wurden mit Marinepersonal besetzt und an den verschiedenen Stellen in der Nähe der Insel Kreta in Bereitschaft gelegt.
Als mit Beginn des Kreta-Einsatzes am 20. 5. 1941 die beiden Leichten Schiffsstaffeln mit dem III./GJR 100, Oberstleutnant Ehal, auf der Ersten Leichten Schiffsstaffel und dem II./GJR 85, Major Dr. Treeck, auf der Zweiten Leichten Schiffsstaffel in Piräus und Chalkis auf Euböa ankerauf gingen, bahnte sich eine Tragödie an.
Auf der Gegenseite hatte Admiral Cunningham, der OB der britischen Flotte im Mittelmeer, nicht weniger als vier Schiffs-Kampfgruppen in Bereitschaft. Unter seinem Befehl standen Schlachtschiffe, Kreuzer und Zerstörer.
Die beiden Leichten Schiffsstaffeln hingegen wurden jeweils nur von einem italienischen Torpedoboots-Zerstörer gesichert.
Diese Leichten Schiffsstaffeln wurden von einer überwältigenden feindlichen Übermacht vor der kretischen Küste angegriffen und größtenteils versenkt.
Alle einsatzbereiten Maschinen des Seenotdienstes starteten. Die bei den Jagdgeschwadern befindlichen Fw 58 warfen Floßsäcke ab. Do 24 starteten am hellen Morgen des 22. 5. und retteten insgesamt 178 Soldaten. Von den Seenotfahrzeugen wurden 84 Mann gerettet. Eine Do 24 rettete in drei Einsätzen allein 57 Soldaten.
Auf dem Gefechtsstand des Seenotdienstes in Phaleron gingen zu dieser Zeit so viele Seenotmeldungen ein, daß die Fälle nur gebietsweise zusammengefaßt von den vorhandenen Einsatzmitteln in Angriff genommen werden konnten.
Dabei wurde auch dem Gegner diese Seenothilfe zuteil. Die in der See schwimmenden Engländer wurden genau so geborgen, wie die eigenen Soldaten.
Als der bereits am Vormittag des 22. 5. von dem italienischen Torpedobootszerstörer Lupo getroffene Kreuzer »Gloucester« um 15.30 h dieses Tages zur Hilfeleistung für den von deutschen Kampfflugzeugen schwer gebombten und sinkenden Zerstörer »Greyhound« heranlief, wurde auch er gebombt und brannte bald darauf über alles. Wenig später sank die »Gloucester«.

Das bei der Insel Antikythera stationierte Seenotboot lief trotz starken Seeganges aus und rettete nicht weniger als 65 Seeleute dieses gesunkenen Kreuzers und brachte sie zurück.
Am 23. 5. traf aus dem Hauptquartier der Luftwaffe der Adjutant des Reichsmarschalls, General der Flieger Bodenschatz, auf dem Seenotgefechtsstand in Phaleron ein und sprach Major Fengler und seinen Männern die besondere Anerkennung des Oberbefehlshabers der Luftwaffe für diese Leistungen aus.
Da die Nachrichtenverbindungen in diesen Tagen nicht immer einwandfrei funktionierten, hielt General Zander eine ständige Verbindung zwischen der Seenotzentrale und dem VIII. FlK., bzw. der Luftflotte 4, aufrecht. Dadurch unterstützte er den Seenotdienst bei jeder sich bietenden Gelegenheit.
Nach den Unterlagen von Oberstleutnant a. D. Fengler wurden in der Zeit vom 21. bis 24. 5. 1941 im Großraum Kreta 171 deutsche Soldaten aus Seenot gerettet. Diese Rettungsaktionen fanden dicht unter der kretischen Küste und bei schwerem Seegang statt. Sie sind deshalb umso höher zu bewerten.
Der Bericht des Luftflottenkommandos 4 über den Seenoteinsatz während des Kreta-Unternehmens, der vom Fengler-Bericht etwas abweicht, lautet:
»Die mit Beendigung des griechischen Feldzuges in der Ägäis für den Seenotdienst zur Verfügung stehenden Kräfte reichten für die Durchführung des Angriffs auf Kreta, wo zwei Divisionen auf dem Luftwege über See transportiert werden mußten, und der Einsatz des verstärkten VIII. FlK. ausschließlich auf Strecken über See erfolgte, nicht aus. Die mehrfachen Anträge der Luftflotte 4 auf Verstärkung des Bestandes an Seenotflugzeugen erbrachten nur eine geringe Vermehrung um 3 Flugzeuge (Do 24) aus dem Flugzeugbestand der Seenotzentrale Sizilien, deren Verlegung in den griechischen Raum vorgesehen war.

1. In der Organisation des Seenotdienstes kam es also darauf an, durch Aushilfen die Lücken zu schließen. Es wurden alle für den Seenotdienst geeigneten Flugzeuge unter der nach Phaleron verlegten Seenotzentrale Ägäis zusammengefaßt. Es waren dies:
   a) Die eigentlichen Seenotflugzeuge: 5 He 59 und 3 Do 24.
   b) Die bei den Jagdgeschwadern befindlichen Fw 58, für den Abwurf von Schlauchbooten.

c) Verstärkungen an Landflugzeugen für den Abwurf von Schlauchbooten durch Flugzeuge der Westa 76 (Wettererkundungsstaffel) und der Flugbereitschaft Luftflotte 4.

d) Eine neu eingetroffene Staffel der Seeaufklärungsgruppe 126, mit He 60 ausgerüstet, zur Aufklärung des Seegebietes nach Seenotfällen.

2. Die Bereitstellung einer größeren Zahl von Seenotfahrzeugen erwies sich bei dem geringen Schiffsverband in der Ägäis als unmöglich. Mit größter Mühe konnten drei bedingt geeignete Fahrzeuge ausgerüstet werden.
3. Es wurden durch Nachschub aus dem Reich eine ausreichende Anzahl Schlauchboote bei der Seenotzentrale Ägäis für den Abwurf bereitgestellt.
4. Durch den Admiral Südost wurde sichergestellt, daß alle in der Ägäis befindlichen Schiffe, besonders die der italienischen Kriegsmarine, zur Bergung von in Seenot befindlichen Soldaten schnell herangezogen werden konnten.
5. Einrichtung von Seenotstützpunkten in Melos und Molasi.

Auf dieser Grundlage war es möglich, größere Verluste auf See zu vermeiden und nach Vernichtung der einen Hälfte der ersten Motorseglerstaffel (Erste Leichte Schiffsstaffel) einen großen Teil der im Wasser treibenden Menschen zu retten.

Im Verlaufe der Operation wurden durch den Seenotdienst

mit Flugzeugen 178 und
mit Booten 84 Soldaten gerettet.

Dieser Erfolg des Seenotdienstes verdient besondere Erwähnung, da die Rettung zum Teil dicht unter der kretischen Küste bei schwerem Seegang erfolgte und nur durch Überbeladen der Flugzeuge in diesem Umfang möglich war.

Eine große Zahl Soldaten wurde durch die nach der Versenkung der 1. Motorseglerstaffel sofort ausgelaufenen italienischen Schnellboote und durch die Torpedobootszerstörer »Lupo« und »Lyra« gerettet, die in ihrem Einsatz vorbildlich waren.

Durch den Abwurf von Schlauchbooten an die im Wasser treibenden Soldaten konnte zusätzlich weiteren zahlreichen Leuten das Leben gerettet werden.«

Bereits wenige Tage nach Ende des Kretaunternehmens wurde auch das Hilfs-Flugsicherungsschiff »Drache« (1870 t) dem See-

notdienst zur Verfügung gestellt. Die »Drache« war in Deutschland für Jugoslawien gebaut worden. Nach der Kapitulation Jugoslawiens wurde sie in den Seenotdienst eingereiht. Sie war seinerzeit noch das am stärksten mit Waffen bestückte Schiff der deutschen Streitkräfte in der Ägäis.
Daß sie aus diesem Grunde überwiegend zum Geleitschutz italienischer Transporte nach Kreta als Schlußsicherung eingesetzt wurde, versteht sich aus dieser Angabe.
Bei einer dieser Geleitzugfahrten wurden durch die »Drache« von einem aus dem Geleit herausgeschossenen Dampfer etwa 200 deutsche Soldaten geborgen.
Insgesamt konnte die »Drache« während der Zeit ihres Einsatzes im Mittelmeer über 700 Menschen retten. Die eigenen Verluste beliefen sich dabei auf 7 Mann.
Ein weiteres Hilfs-Sicherungsboot erhielt die Seenotzentrale Phaleron bei Athen in Gestalt der »Troll IV«. Dies war eine in Spalato gefundene Motorjacht des Herrn von Opel. Auch die »Troll IV« wurde in der Folgezeit zur Geleitsicherung nach Kreta eingesetzt.
Der Seefliegerhorst Phaleron wurde nach dem Kretaunternehmen weiter ausgebaut. Es war zwar eine Ablaufbahn, aber kein Kran vorhanden. Aus diesem Grunde mußten die zur Ausrüstung der Do 24 gehörenden großen Laufräder aus Deutschland beschafft werden, damit diese großen Flugboote über die Ablaufbahn zu notwendigen Reparaturen an Land gerollt werden konnten. Die Werkstatteinrichtung wurde weiter verbessert und vervollkommnet.
Am 3. 6. 1941 kam der Inspekteur des Seenotdienstes, der inzwischen zum Generalmajor befördert worden war, zur Seenotzentrale nach Phaleron. Generalmajor Goltz unterrichtete Major Fengler darüber, daß er bald zu anderweitiger Verwendung versetzt werden würde. Fengler sollte mit einem Teil seiner Organisation den Seenotdienst im Schwarzen Meer aufbauen.
Der Krieg gegen die Sowjetunion stehe vor der Tür. Damit würde es notwendig werden, auch an der Küste des Schwarzen Meeres einen gut funktionierenden Seenotdienst zur Verfügung zu haben.
Am 5. 6. erfolgte die Versetzung von Major Fengler. Sein Nachfolger in Phaleron wurde der bisherige Leiter der Seenotzentrale

Syrakus, Major Bartels, der gleichzeitig die Dienststellung eines Seenotdienstführers Mittelmeer einnahm.
Einsatzmäßig unterstanden dem neuen Seenotdienstführer Mittelmeer die Seenotzentrale Sizilien, die von dem dort stationierten Staffelkapitän Oblt. Wölke geführt wurde, die Seenotzentrale Athen, die er selber führte und die Seenotzentrale Konstanza, die Major Fengler aufbauen sollte.
Truppendienstlich wurden ihm unterstellt: Die III. Seenotgruppe, bestehend aus der 6. Staffel, Oblt. Wölke, später Oblt. Warganz in Syrakus, der 7. Staffel, Oblt. Tretter in Athen und der 8. Staffel, Oblt. Frhr. von Buchholz in Konstanza.
Mit Verlegung der Luftflotte 2 in den Mittelmeerraum wurde im Dezember 1941 Oberstleutnant Engelhorn Seenotdienstführer im Mittelmeer, unter der Bezeichnung Seenotdienstführer 2 (Süd). Major Bartels wurde am 28. 12. 1941 als neuer Seenotdienstführer Mitte (Nord- und Ostsee) und Kommandeur der II. Seenotgruppe nach Deutschland versetzt.
Nachdem das neugebildete Seenotbereichskommando XII (Schwarzes Meer) aus der Unterstellung ausgeschieden war und als selbständiges SBK der Luftflotte 4 zur Verfügung stand, ergab sich für das Jahr 1942 im Mittelmeerraum folgende Befehlsgliederung des Seenotdienstes:
Seenotdienstführer 2 (Süd): Oberstleutnant Engelhorn
Sitz: Taormina (Sizilien)
Seenotbereichskommando X, Syrakus: Major Gruhne
mit 6. Seenotstaffel und 10. Seenotflottille
Seenotbereichskommando XI, Phaleron: Oblt. Tretter
mit 7. Seenotstaffel und 11. Seenotflottille
Das SBK XI unterstand dem zur Luftflotte 2 gehörenden X. FlK. und wurde im Laufe des Jahres 1942 mit diesem zusammen nach Heraklion auf Kreta verlegt. Vorher war bereits in der Sudabucht ein Seenotstützpunkt eingerichtet worden.
Flugzeuge und Boote unterstanden, sofern sie in Afrika stationiert waren, einsatzmäßig den Seenotkommandos in Tripolis, Bengasi, Derna und Bombabucht. Die ersten beiden Stützpunkte gehörten zum SBK X (Syrakus). Derna und Bombabucht hingegen wurden aus Zweckmäßigkeitserwägungen dem SBK XI (Athen) zugewiesen.

SEENOTEINSÄTZE 1942 IM MITTELMEERRAUM.

Das Jahr 1942 war insbesondere für das SBK X reich an Seenoteinsätzen und gerade dieses SBK kann auf stolze Erfolge in diesem Jahr zurückblicken. Unter den Operationen zählten die Großeinsätze anläßlich der Geleitzugschlachten im Mittelmeer zu den schwierigsten und zugleich erfolgreichsten.
Da auch für dieses Jahr eine lückenlose Darstellung der Seenoteinsätze nicht vorliegt, sollen an dieser Stelle einige charakteristische Operationen, die von Soldaten des Seenotdienstes geschildert wurden, Aufschluß über Art, Umfang und Erfolge der Einsätze geben.
Besonderes Aufsehen erregte die Bergung eines deutschen Fliegers, der 10 Tage im Mittelmeer in seinem Schlauchboot getrieben war und von der italienischen Marine gefunden wurde. Er war zwar stark erschöpft, aber binnen kurzer Zeit wieder einsatzbereit.
Als ein deutscher Jagdflieger in unmittelbarer Nähe vor La Valetta auf Malta abgeschossen wurde und eine Seenotmeldung durchtastete, startete Oblt. Warganz zum Rettungseinsatz. Von der englischen Flak aus La Valetta immer wieder beschossen, brachte er die Do 24 herunter, nahm den Flieger an Bord und startete durch das aus nur 2 km Entfernung herüberpeitschende Flakfeuer und lieferte den Geretteten wohlbehalten im Stützpunkt Syrakus ab.
Nach der alliierten Invasion mit dem Decknamen Operation »Torch« – Fackel – in Nordwestafrika, und der Besetzung von Tunesien durch deutsch-italienische Truppen, wurde Ende November 1942 auch in Tunis ein Seenotkommando eingerichtet. Hier kam es zu einem schweren Verlust, als eine mit 10 Mann besetzte Do 24 auf dem Rückflug von Tunis nach Syrakus verlorenging. An Bord befand sich auch Oblt. Wölke, einer der erfolgreichsten Seenotflieger, der bereits das Deutsche Kreuz in Gold trug.
Ende des Jahres 1942 meldete der Seenotdienstführer 2 (Süd) die 1000. Rettung im Bereich seines Wirkens. Oberstleutnant Engelhorn wurde aus diesem Anlaß, stellvertretend für den gesamten Seenotdienst, im Ehrenblatt der Luftwaffe genannt.

DAS SEENOTBEREICHSKOMMANDO XIII. (BERRE)

Ende Dezember 1942 war auch das Seenotbereichskommando XIII in Berre, an einem See nahe der Mittelmeerküste bei Marseille, aufgestellt worden. Dieses SBK unterstand der Luftflotte 3 (Frankreich). Ihm oblag die Aufgabe, den westlichen Mittelmeerraum seenotmäßig zu sichern.
Die Besetzung Südfrankreichs durch deutsche Truppen und die Landung der alliierten Invasionsstreitkräfte in Stärke von 105 000 Mann in Nordwestafrika, bei Casablanca Oran und Algier, erforderte auch die Verlegung von Verbänden der Luftflotte 3 an die französische Mittelmeerküste und machte damit die seenotmäßige Sicherung auch dieses Seeraumes notwendig.
Da die Lufttätigkeit am Kanal im Sommer 1942 erheblich nachgelassen hatte übernahm die 2. Seenotstaffel, Oblt. Mehlhorn, in Cherbourg auch den niederländischen Seeraum und verlegte zu diesem Zweck einige Flugzeuge nach Amsterdam-Schellingwoude. Dadurch wurde die in Schellingwoude liegende 3. Seenotstaffel, Hptm. Luchmann frei und übernahm den neuen Stützpunkt an der französischen Mittelmeerküste.
Zunächst wurde jedoch nur ein Außenkommando mit 2 Do 24 und entsprechendem Bodenpersonal auf den französischen Seefliegerhorst Berre, am Etang de Berre, 40 km nordwestlich Marseille, verlegt. Die Flugboote erreichten diese Seeflugstation nach Zwischenlandungen auf der Seine bei Paris und im Seenotstützpunkt Hourtin, nahe der Girondemündung.
Am 20. 12. 1942 wurde die gesamte Staffel dorthin verlegt. Allerdings mußte sie in Hourtin bis zum 13. 1. 1943 auf den Weiterflug warten, weil der Horst in Berre, der ziemlich zerstört war, für die Aufnahme so vieler Seeflugzeuge noch nicht vorbereitet war. Gleichzeitig damit wurde in Berre das Seenotbereichskommando XIII, Major von Fedrigoni, eingerichtet. Dieses Seenotbereichskommando dislozierte seine Einsatzmittel für das westliche Mittelmeer folgendermaßen:
Die Seenotstaffel in Berre. Ein Fl.B.-Boot in Port de Bouc, am Golfe de Fos, westlich Marseille. Ein Fl.B.-Boot und 2 He 59 in St. Raphael, südwestlich Cannes. Ein Fl.B.-Boot in Port Vendres, nahe der spanischen Grenze.

Der Einsatz in diesem Seenotbereich litt in der ersten Zeit sehr unter den mangelhaften Nachrichtenverbindungen. Diese wurden im Jahre 1943 wesentlich verbessert.
Der auch im Sommer hier gelegentlich wehende Mistral machte den Maschinen sowohl beim Start, als auch bei der Landung zu schaffen. Trotzdem fiel nach dem Bericht von Hptm. Gottfried Luchmann von November 1942 bis Oktober 1943 kein einziger Start aus.
Als bis zum Herbst 1943 sämtliche dort vorhandenen He 59 gegen Do 24 umgetauscht waren (lediglich zwei He 59 blieben in Berre zurück) war dies für die Seenotstaffel eine große Erleichterung.
Einmal kam es jedoch vor, daß eingesetzte Do 24 bei einem Seenotfall, der Besatzungen einer Hafenschutzflottille betraf, wegen zu grober See nicht landen konnten. Sie warfen den Besatzungen Seenotproviantbojen zu und hielten so lange Fühlung bis die Besatzungen durch Hochseeschlepper aus Toulon geborgen wurden.
Bei mehreren Seenotfällen der ersten Monate scheiterte die Rettung daran, daß die in diesem Raum eingesetzten deutschen Jagdverbände völlig unzureichend mit Seenotrettungsmitteln ausgerüstet waren.
Eine Jagdstaffel beispielsweise flog zunächst nur mit Fallschirm, aber ohne Schwimmweste, bis ein tragisch verlaufener Seenotfall und die ständige Belehrung endlich Abhilfe schafften.
Besondere Bedeutung hatte nach wie vor die Schulung der Seenotflieger im Nachtfliegen, weil Seenoteinsätze insbesondere in Richtung zur afrikanischen Küste durch die am Tage zahlreich auftauchenden Feindjäger vereitelt wurden.
Ein Beispiel hierfür war die Rettung der vierköpfigen Besatzung einer Ju 88 im August 1943. Die Besatzung schwamm 35 km vor der afrikanischen Küste im Mittelmeer und wurde von einer Do 24 im Nachteinsatz geborgen. Am Tage wäre diese Rettung unmöglich gewesen.
Starke Verluste durch Seenotfälle entstanden, als im Juli und August 1943 ganze Geschwader Ju 52 und einige »Giganten«-Staffeln zwischen der Rhônemündung und der französisch-italienischen Küste das Mittelmeer mit Ziel Korsika überflogen, um Mannschafts- und Materialtransporte zu dieser Insel durchzuführen. Die Besatzungen der Transportflugzeuge hatten einmal

keine Erfahrungen im Überfliegen von Seegebieten. Darüber hinaus mangelte es ihnen an Unterrichtung und Ausbildung mit und an Seenotrettungsmitteln.

Aus dieser Sicht heraus gewinnt der Bericht von Hptm. Luchmann besonderes Interesse, der über dieses Problem schreibt:

»Es sind Fälle bekannt, in denen ›Giganten‹ zur Notlandung auf See gezwungen waren, wobei die gesamte Besatzung ums Leben kam, weil sich weder Schlauchboote noch Schwimmwesten an Bord befanden. Das Seenotbereichskommando sah sich daher veranlaßt, mehrere Do 24 in ständige, erhöhte Startbereitschaft zu legen. Die Flugboote starteten automatisch bei Insichtkommen von Transportverbänden und geleiteten diese bis nach Korsika. Dieses Verfahren bedeutete nicht nur eine sofortige Hilfe bei Seenotfällen, sondern auch eine wesentliche moralische Stütze für die Besatzungen dieser Transportverbände.

Da aber nicht sämtliche Transportverbände erfaßt werden konnten, und trotz aller Vorstellungen und Bemühungen des SBK XIII nur ein geringer Teil der Flüge dem Seenotdienst überhaupt zur Kenntnis gelangten, blieben zahlreiche Transporte ungesichert und endeten in einzelnen Fällen mit zum Teil schweren personellen Verlusten.

Sehr gut war dagegen die Zusammenarbeit mit dem Torpedoflieger-Geschwader des Oberstlt. Klümper, (KG 26) dessen Angriffe sich hauptsächlich gegen feindliche Geleitzüge zwischen Gibraltar und Oran richteten. Durch eine ständige Fühlungnahme zwischen Geschwaderstab und Seenotdienst konnte dieser bei Einsatzflügen der Torpedo-Staffeln vorsorgliche Bereitstellungen veranlassen, so daß eine ganze Anzahl erfolgreicher Rettungen von in Seenot geratenen Torpedoflugzeugbesatzungen durchgeführt wurde. Der Geschwaderkommodore bedankte sich durch einen persönlichen Besuch in Berre.«

Soweit der Bericht von Hptm. Luchmann.

Ein anderes Ereignis zeigt auf, daß Seenotflugzeuge auch zu anderen Zwecken erfolgreich zu verwenden waren. Als im Mittelmeer im Herbst 1943 ein deutsches Lazarettschiff zum ersten Austausch von Verwundeten beider kriegführenden Seiten mit deutschen Verwundeten nach Marseille zurückkehrte, hielt es nach seinen Standortmeldungen bei Annäherung an die französische

Küste einen Kurs ein, der direkt auf eine eigene Minensperre führen mußte.
Durch den Einsatz eines Seenotflugbootes, das einen Marineoffizier auf dem Lazarettschiff absetzte, wurde dieses Schiff sicher um die Sperre herumgeleitet und erreichte unbeschädigt Marseille.
Aus dem SBK XIII soll an dieser Stelle abschließend ein weiterer Seenotfall geschildert werden, der zwar erfolgreich verlief, den Seenotdienst aber vier Do 24 kostete.
Als am 8. September 1943 die italienische Wehrmacht kapitulierte, sollte ein in La Spezia liegender italienischer Flottenverband, aufgrund eines Befehls von Admiral Cunningham, des britischen OB im Mittelmeeraum, nach Malta zu laufen. Admiral Bergamini, der Befehlshaber dieser in La Spezia versammelten Flotte, wollte den Weg nach Malta jedoch nicht antreten. Er wollte die Schiffe lediglich »an einen italienischen Ankerplatz oder Hafen führen, wo sie vor jeder feindlichen Einmischung sicher« waren.
Um 03 h am 9. 9. 1943 ging diese Flotte ankerauf. Drei Kreuzer bildeten die Spitzengruppe. Dann folgten das Schlachtschiff »Roma« und die beiden Schlachtschiffe »Littorio« und »Veneto«. Die Steuerbordsicherung wurde von vier Zerstörern gebildet, und an Backbord liefen ebenfalls vier Zerstörer.
Gegen 14 h griffen alliierte Flugzeuge diesen Schiffsverband an. Dieser Angriff wurde über Funk nach Rom gemeldet. Das alliierte HQ dementierte und gab an, daß es deutsche Flugzeuge gewesen seien. Dies ist falsch!
Erst um 15.20 h griffen 15 deutsche Maschinen des Typs Do 217 der 2. Flieger-Division, General Fink, an. Jede dieser Maschinen trug eine »Fritz X«, eine panzerbrechende 1400 kg Bombe, die mit vier Flügeln und einem Leitwerk versehen war, das durch einfache Funksteuerung betätigt wurde, Staffelkapitän war Major Jope.
Die Maschinen griffen trotz starken Abwehrfeuers einzeln an. Um 15.26 h wurde das Schlachtschiff »Roma« getroffen. Vier Minuten später erhielt die »Roma« einen zweiten Treffer. Das Schlachtschiff wurde in zwei Teile gerissen und sank. 1849 italienische Marinesoldaten hatten sich auf dem Schiff befunden.
Als der Seenotdienst erfuhr, daß am Westausgang der Straße von Bonifacio (Korsika) die »Roma« und ein Zerstörer (die »Vivaldi«)

versenkt worden seien, startete er am Morgen des 10. 9. um 08.35 h mit sechs Do 24 zum Groß-Rettungseinsatz. Zwei Fl.B.-Boote schlossen sich dieser Aktion an und liefen mit AK der Stelle des Schiffsunterganges entgegen. Die zum Geleitschutz eingesetzten sechs Arado 196 mußten vorzeitig umkehren, da ihr Aktionsradius für diesen Einsatz nicht ausreichte. Ferner erlitt eines der Fl.B.-Boote eine Schraubenbeschädigung, und eine mit einem noch unerfahrenen jungen Flieger besetzte Do 24 wagte bei dem starken Seegang an der Untergangsstelle keine Landung. Die übrigen fünf Do 24 erreichten die Untergangsstelle, gingen auf der groben See nieder und begannen die Bergung der im Wasser schwimmenden italienischen Marinesoldaten. Um 12.30 h kehrte die erste Maschine mit 19 Geretteten zurück. Sie waren von Flößen und Schlauchbooten aufgenommen worden. Unter ihnen befand sich auch der Kommandant des Zerstörers »Vivaldi«. Die Besatzung dieser Do 24 meldete, daß die übrigen Seenotflugzeuge noch mit Rettungsaktionen beschäftigt seien. Sie wären aber bald fertig und würden nachfolgen.
Auf die Rückkehr dieser vier Do 24 wartete man jedoch vergeblich. Nach den Rekonstruktionen war folgendes geschehen:
Unmittelbar nachdem die erste Do 24 mit den 19 Geretteten gestartet war, erschien ein viermotoriges Kampfflugzeug des Typs »Liberator« über den bei der Bergung befindlichen Flugbooten, umkreiste die Boote einigemale (und konnte nach Zeugenaussagen *keinen* Zweifel über die Art der Tätigkeit dieser Boote hegen) und stieß dann herunter, um mit seinen MG eines der Flugboote nach dem anderen zusammenzuschießen.
Durch den herrschenden starken Seegang war den schwimmenden Flugbooten kein Abwehrfeuer möglich. Allen 24 Besatzungsmitgliedern dieser vier Flugboote – drei davon waren verwundet – gelang es, sich von den brennenden Do 24 abzusetzen und auch zusammenzubleiben. Der rangälteste Flugzeugkommandant, Oblt. Kersten, der über den Gesamteinsatz genau unterrichtet war, rechnete nunmehr aus, daß das aus St. Raphael ausgelaufene Flugsicherungsboot gegen Mitternacht an der Stelle des Unterganges der »Roma« eintreffen mußte. Er begann demzufolge ab 23.30 h Signalsterne zu schießen. Um Mitternacht wurden diese Signale aus Norden erwidert. Eine halbe Stunde später hatte das Flug-

sicherungsboot die Unfallstelle erreicht. Bis gegen 01 h wurden die 24 Besatzungsmitglieder und noch weitere 69 Italiener aufgefischt, dann lief das Boot mit AK nach St. Raphael zurück. Gegen Mittag traf es im Stützpunkt ein und nun erfuhr die Führung des SBK von dem herben Verlust, der sie getroffen hatte. Daß die Besatzung dieser Liberator mindestens 80 italienische Matrosen in den Tod geschickt hat, sei hier am Rande deshalb erwähnt, weil ja die Italiener zu diesem Zeitpunkt längst kapituliert hatten. (Dies hinderte die alliierten Bomberflotten jedoch nicht daran, italienische Städte bis zum letzten Tag des Zweiten Weltkrieges schwer zu bombardieren und Zehntausende italienische Zivilisten zu töten.)

Der Verlust der vier Do 24 wirkte sich für den weiteren Seenoteinsatz aus dem Grunde sehr nachhaltig aus, als bereits im Sommer 1942 vier Do 24 nach der Halbinsel Krim zum SBK XI (Schwarzes Meer) abgegeben werden mußten.

Eine Ergänzung zu diesem Großeinsatz gab der Kommandant des Flugsicherungsbootes 604, das auf seiner Fahrt neben den 24 deutschen Seenotfliegern noch 69 Italiener gerettet hatte. Oberleutnant Fengler, übrigens ein Sohn des mehrfach genannten Oberstleutnant Fengler, war Kommandant dieses Bootes und berichtete, daß fünf Tage nach Abschluß dieser Rettungsaktion ein Aufklärungsflugzeug treibende Schlauchboote gesichtet hatte, die möglicherweise vom Untergang der »Roma« stammten. Daraufhin lief Flugsicherungsboot 604 noch einmal aus St. Raphael aus und es gelang ihm weitere 8 italienische Seeleute zu retten. Von der Besatzung der »Roma« von 1849 Männern, fanden 1254 den Tod. Unter ihnen war auch der Flottenbefehlshaber, Admiral Bergamini.

In einem brieflichen Bericht hat der seinerzeitige Kommandant des FluSichBootes, Fengler, nach dem Kriege an Generalleutnant a. D. Goltz die Eigenschaften dieser Boote folgendermaßen dargestellt:

»Trotz der zusätzlichen Armierung erwiesen sie sich als überaus seetüchtig und fuhren auch bei schwerstem Seegang zahlreiche Einsätze. Bei den wochenlang anhaltenden Stürmen, besonders dem im Frühjahr wehenden Mistral, waren sie das einzige zur Verfügung stehende Rettungsmittel.«

Oblt. Fengler bemängelte allerdings, daß der obere offene Ruderstand, der für eine Seenotsuche unbedingt benutzt werden müßte, als Ausguck ausfiel. Bei den später in Dienst gestellten Booten war dieser Mangel behoben worden und der zweite höhergelegene Ruderstand geschützt, so daß von ihm aus Ausguck gehalten werden konnte.
Im SBK XIII wurden in der Zeit von November 1942 bis Oktober 1943 270 Menschen aus Seenot gerettet. Es war eine Vielzahl von Einzeleinsätzen notwendig, um diese Rettungen durchführen zu können. Oftmals mußten in Seenot geratene Piloten in langen Einzelunternehmungen geborgen werden.

VON AFRIKA ZURÜCK NACH ITALIEN.

Major a. D. Hans Haeger hat einen Bericht erstellt, aus dem über die Zwischenzeit der Seenotstützpunkte an der nordafrikanischen Küste berichtet werden soll:
»Nach dem Rückzug der Panzerarmee Afrika aus der Alameinstellung ab Anfang November 1942 und der Landung der Alliierten in Nordwestafrika mußten die Seenotstützpunkte an der afrikanischen Küste aufgegeben werden. Lediglich in Tunis blieb vorerst ein Seenotkommando bestehen. Die übrigen freiwerdenden Einsatzmittel wurden auf die SBK in Syrakus, Athen und Konstanza verteilt.
Da aber zu erwarten war, daß im Kampf um die Eroberung des italienischen Festlandes die Luftwaffe eine Rolle spielen werde, wurde auf Sardinien ein deutsches SBK errichtet, das die Nr. XIV erhielt und in Maddalena stationiert wurde. Die dazu gehörenden Seenotkommandos lagen in Elmas, an einem See nordwestlich Cagliari, und in Olbia, an der Ostküste Sardiniens. Das SBK XI (Athen) wurde mit den unterstellten Einheiten selbständig und schied aus dem Verband des Seenotdienstführers 2 (Süd) aus.
Als im August 1943 Sizilien geräumt werden mußte, verlegte der Seenotdienstführer seinen Standort nach Vigna di Valle am Braccianosee, nördlich Rom. Die unterstellten Verbände verteilten sich folgendermaßen:

Ein kleines Motor-Rettungsboot wird zu Wasser gebracht

Hier sieht man den geringen Tiefgang dieser MR-Boote, der für den Einsatz im Wattenmeer wichtig ist

Seenot-
maschine
He 59
1940 am
Kanal

Einsatz
einer
Hilfs-
Seenot-
maschine
Ju 52 in
der
Ostsee

Hier mit
ihrem
Begleit-
schutz

Wintereinsatz des Seenotdienstes an der Nordsee 1939/40

Seenotmaschine mit Bewaffnung 1941 am Kanal (Hilfs-Seenotflugzeug Ju 52)

Die Do 24 bei der Hochsee-erprobung 1937

Die Do 24 in stillem Wasser

Drei Motoren geben diesem Seenot-Flugboot eine Geschwindigkeit von 250 km/h. Die Reichweite beträgt 1000 km

SBK X nach Margherita di Ligure
6. Seenotstaffel nach Portofino
10. Seenotflottille nach La Spezia
Weitere Seenotkommandos wurden in Orbetello, Capo de Fino (Korsika), Tarent (Golf von Tarent), und Ancona eingerichtet und mit Einsatzmitteln versehen«
Soweit der Bericht von Major Haeger.
Die wechselnde Frontlage brachte es mit sich, daß im November 1943 die Dislozierung des Seenotdienstes Italien folgende war:

Seenotdienstführer 2 (Süd):	Oberst Engelhorn, Venedig
Seenotbereichskommando X:	Major Haeger, St. Margherita
10. Seenotflottille:	Hptm. Gabbert, Venedig
6. Seenotstaffel:	Hptm. Weiß, Venedig
Seenotkommandos in:	Savona, Portofino, La Spezia, Piombino, Orbetello, Pola.

Im Frühjahr 1944 erfolgte die Verlegung des Seenotkommandos Portofino zusammen mit dem SBK in den Seefliegerhorst La Spezia-Cadimare.
Die notwendigen Bootsreparaturen wurden auf den Werften der Kriegsmarine in Venedig, Genua und La Spezia durchgeführt.
Die schwierige Überführung der Fl.B.-Boote vom Ligurischen ins Adriatische Meer wurde folgendermaßen bewältigt. In Genua wurden die Boote über Slip an Land gezogen, mit einem Kran gehoben und auf Kuhlemeyer-Spezialtransporter verladen. Auf der Straße wurde dieser Transport von Genua nach Piacenza am Po gefahren. Dort wurden die Boote wieder mit dem Kran entladen, auf das Slip gesetzt und zu Wasser gelassen. Poabwärts lief nun das Fl.B.-Boot selbständig nach Venedig.
Nachdem die USAAF Ende 1943 einige wichtige süditalienische Fluplätze erobert hatte und diese ausbaute, konnte sie mit schweren Bombern im Jahre 1944 aus dem Raume Foggia und auch von Korsika aus zu großangelegten Feindflügen nach Norden starten. Die Luftüberlegenheit der Alliierten wurde immer drückender. Dies hatte zur Folge, daß die Fl.B.-Boote die bereits »bis an die Halskrause« mit Waffen gespickt waren, nicht mehr am Tage eingesetzt werden konnten, ohne Gefahr zu laufen, vernichtet zu werden. Die Einsätze die notwendig wurden, mußten also bei Nacht erfolgen. Es galt meistenteils die bei Nachschubfahrten der

Marineverbände zur Front aufgetretenen Seenotfälle zu betreuen. Diese Fahrten wurden ebenfalls nur nachts durchgeführt. Sie waren dringend notwendig, weil die Alliierten mit ihren Bomberverbänden beinahe sämtliche nach Süden führenden Eisenbahnstrecken lahmgelegt hatten.
Die Nachschubboote der Kriegsmarine liefen in den Nächten, sich stets dicht unter der Küste haltend, und ohne Geleit, ihre Zielhäfen an. Dennoch wurden diese Boote häufig angegriffen.
Hier galt es mit Fl.B.-Booten schnelle Hilfe zu leisten, sobald ein SOS-Ruf einging. Bei einer solchen Hilfeleistung wurde im Frühjahr 1944 auch ein Fl.B.-Boot unter dem Kommandanten Uffz. Becker von drei Thunderbolts in Brand geschossen. Nach heftiger Gegenwehr mit allen Waffen sank das Boot an der Steilküste vor Portofino.

SEENOTDIENST IM MITTELMEER BIS ZUM BITTEREN ENDE.

Im Herbst 1944 wurde im Zuge der Einsparungsmaßnahmen beim Seenotdienst, und anläßlich des Wechsels des Oberbefehlshabers an der Südfront, die Dienststelle des Seenotdienstführers 2 (Süd) aufgelöst. Major Haeger trat als Seenotverbindungskommandeur zur Führungsabteilung des Kommandierenden Generals der Deutschen Luftwaffe in Italien. Hptm. Braue übernahm als Kommandeur der Seenotgruppe 20 die noch verbliebenen Einheiten des Seenotdienstes. Es gab noch einige Boote, die in La Spezia, Piombino, Orbetello (Ligurisches Meer), lagen.
Eine Seenotstaffel taucht von diesem Zeitpunkt an nicht mehr auf. Dagegen wird von Major Haeger eine Seenotsuchstaffel aufgeführt. Sie bestand aus drei Fw 190. Ihr Kapitän war Oblt. Langer.
Auch im Gebiet des adriatischen Meeres wurde nunmehr die Luftüberlegenheit der Alliierten erdrückend. Hier wurde im Herbst 1944 ein Fl.B.-Boot unter Führung des Flottillenchefs Hptm. Gabbert, das zur Rettung einer abgeschossenen feindlichen Flugzeugbesatzung aus Triest ausgelaufen war, von englischen Jabos angegriffen und versenkt. Ein Teil der Besatzung fiel im Feuerhagel der Jabos.

Der größte Nachteinsatz wurde im Jahre 1944 gestartet, als einer der italienischen Torpedobootszerstörer, die unter deutscher Flagge liefen, 30 sm südlich La Spezia von einem englischen U-Boot torpediert wurde. Es war TA 25, »Intrepido«, der am 14. 6. 1944 torpediert wurde. Fl.B.-Boote liefen sofort zur Hilfeleistung aus. Es gelang ihnen, 80 deutsche Marinesoldaten zu bergen.
Die in Udine liegenden Suchflugzeuge, Fw 190, wurden häufig auch zur Seeaufklärung eingesetzt, da man seinerzeit noch eine Invasion des Festlandes mit Zielrichtung Venedig für möglich hielt. Der Fliegerhorst wurde aber von feindlichen Jägern so dichtmaschig überwacht, daß nur noch in der Dämmerung gestartet werden konnte. Bei einem solchen Start zum Aufklärungsflug fiel der Staffelkapitän Oblt. Langer im Luftkampf, nachdem er kurz vorher noch einen viermotorigen Boeing-Bomber abgeschossen hatte.
Im April 1945 wurden alle Fl.Bl-Boote an die Marine abgegeben und zusammen mit den Schnellbootverbänden eingesetzt.
Die Seeaufklärung und der Nachschub über See entfielen nunmehr infolge der zurückgenommenen Front.
Vor der Kapitulation im Südwestraum wurden alle noch einsatzbereiten Flugzeuge und Boote vernichtet. Die Angehörigen des Seenotdienstes gingen mit der 10. und 14. Armee der Heeresgruppe Südwest teils in Rimini und teils in Ghedi in die Gefangenschaft.
In der Zeit vom Juli 1944 bis Mai 1945 waren im italienischen Raum trotz dieser Schwierigkeiten vom Seenotdienst 175 Personen verschiedener Nationalitäten aus Seenot gerettet worden.
Der Gesamt-Rettungserfolg der Seenotzentrale Sizilien, des späteren Seenotbereichskommandos X (Syrakus) betrug nach den Angaben von Major Haeger 1913 Personen.
Der Seenoteinsatz im Mittelmeer war beendet. Wie aber hatte sich inzwischen die Einrichtung des Seenotdienstes im Schwarzen Meer bewährt?

Seenotdienst im Schwarzen Meer.

ZWISCHEN ODESSA UND DEM BOSPORUS.

Als am 5. Juni 1941 Major Fengler von der Seenotzentrale Athen-Phaleron mit einem Teil der dortigen Seenotorganisation zum Schwarzen Meer versetzt wurde, hatte man damit einem kurz bevorstehenden neuen Einsatz der Wehrmacht Rechnung getragen.
Der Rußlandfeldzug – das Unternehmen »Barbarossa« –, in dessen Verlauf die gesamte Sowjetunion »in einem nur wenige Monate dauernden Blitzkrieg niedergeworfen« werden sollte, stand vor der Tür. Zugleich mit einem Feldzug gegen die Sowjetunion mußte zwangsläufig auch das Schwarze Meer Kriegsgebiet werden. Dies war der Grund dafür, in seenotgemäßer Voraussicht eine neue Seenotzentrale in diesem Raum zu errichten.
Standort dieser neuen Seenotzentrale wurde der kleine Badeort Mamaia, nördlich Konstanza. Dieser Ort eignete sich deshalb so gut für eine Seenotzentrale, weil er auf einer kleinen Nehrung zwischen dem Schwarzen Meer und einem großen Binnensee liegt. An dieser Stelle hatten auch die Rumänen einen Seefliegerhorst errichtet. Der Flugplatz für die Landflugzeuge lag etwas weiter nördlich am Ende dieser Nehrung. Dort fiel ein deutscher Jagdverband ein.
Auf dem Seefliegerhorst wurde die Seenotstaffel 8, unter Oblt. Frhr. von Buchholz, mit zunächst acht He 59 stationiert. Im Herbst folgten die ersten Do 24 nach.
Auf dem Landfliegerhorst lagen zwei Fw 58, im Hafen von Konstanza waren ein Fl.A.- und ein Fl.B.-Boot stationiert. Das Fl.A.-Boot war auf dem Landwege dorthin transportiert worden, wäh-

rend der Transport des größeren Fl.B.-Bootes sich bedeutend schwieriger gestaltete, da sein Landtransport undurchführbar war. Das Boot wurde auf der Werft in Hamburg demontiert und dann auf Kuhlemeyer-Tieflader-Transportern auf der Autobahn bis Regensburg geschafft. Auf einer Regensburger Werft für Flußschiffe wurde es wieder zusammengesetzt und lief nun auf eigenem Kiel donauabwärts ins Schwarze Meer.
Auf dem gleichen Wege mußten alle im Schwarzen Meer eingesetzten Kleinkampfverbände der Deutschen Kriegsmarine dorthin geschafft werden. Die Räumboote ebenso, wie die Schnellboote und die U-Boote der Schwarzmeer-Flottille.
Am 22. 6. 1941, dem Tage des Beginns des Unternehmens »Barbarossa«, begann zugleich auch die Aufgabe des Seenotdienstes im Südabschnitt der langen russischen Front. Der Notwendigkeit einer Luftaufklärung über der Westhälfte des Schwarzen Meeres standen zunächst keine ausführenden Flugzeuge gegenüber, so daß dem Seenotdienst diese Aufgabe übertragen wurde. Das Marine-Lehrkommando in Konstanza wurde dem Seenotdienst zur Hilfeleistung beigegeben. Zwei rumänische Seeflugzeugstaffeln in Mamaia und drei bulgarische Staffeln, die mit Landflugzeugen ausgerüstet waren und in Varna lagen, kamen hinzu.
Es war das erstemal, daß dem Seenotdienst der Luftwaffe auch zusätzliche Seeaufklärungsaufgaben übertragen wurden.
Dank der guten Zusammenarbeit zwischen dem Chef der neuen Seenotzentrale, Major Fengler, und Oberst Georgescu, dem alle Einheiten des Seefliegerhorstes und die rumänischen Staffeln unterstanden, klappten die Einsätze vorzüglich. Die Zusammenarbeit mit der Seenot-Bezirksstelle Varna, Oblt. Gladigau, und den dortigen bulgarischen Dienststellen, war ebenfalls gut.
Die täglich zu fliegende Aufklärung zwischen Odessa und dem Bosporus, sowie die Sicherung des Schiffsverkehrs gegenüber sowjetischen Flugzeugen und U-Booten, konnte erfolgreich durchgeführt werden.
Bereits am 26. 6. 1941 kam es zum ersten Großeinsatz des Seenotdienstes im Schwarzen Meer, als in aller Frühe dieses Tages zwei russische Kreuzer vor Konstanza erschienen und die Stadt unter Feuer nahmen. Die rumänische Küstenartillerie erwiderte das Feuer sofort und erzielte Treffer auf beiden Kreuzern. Einer die-

ser Kreuzer – es stellte sich später heraus, daß es die »Moskwa« war – lief beim Abdrehen auf eine Mine.
Der Kreuzer sank sehr schnell und nahm einen großen Teil seiner Besatzung mit in die Tiefe. Da aber auch noch im Wasser schwimmende und sich an den Wrackteilen anklammernde russische Seeleute gesehen wurden, befahl Major Fengler den Einsatz aller vier klaren He 59-Seenotmaschinen.
Die He 59 überflogen die Versenkungsstelle und gingen dann auf das Wasser nieder. Nach und nach wurden insgesamt 41 russische Seeleute lebend von den Wracktrümmern geborgen und an Land gebracht, wo sie sofort behandelt wurden.
Dieser Auftakt zeigte bereits an, daß der deutsche Seenotdienst auch in diesen Gewässern die feste Absicht hatte, *alle* schiffbrüchigen Soldaten, gleich von welcher Seite sie stammten, zu retten.
Die beinahe täglich stattfindenden russischen Luftangriffe auf Konstanza führten immer wieder zu Luftkämpfen zwischen den russischen Bombern und Begleitjägern und dem deutschen Jagdverband. Diese Luftkämpfe wurden ständig von einem über See befindlichen deutschen Seenotflugzeug beobachtet. Durch diese Vorausmaßnahme wurde es möglich, alle vom Feind abgeschossenen deutschen Jäger aus Seenot zu retten. Lediglich einer der Jägerpiloten ging verloren, weil er sich nicht mehr aus seiner abstürzenden Me 109 retten konnte und mit der Maschine versank.
Am 3. 8. 1941 kam es hier zu einem schulmäßig verlaufenden Rettungsfall, der an dieser Stelle eingeblendet werden soll.
Als eine der beiden der Seenotbezirksstelle zur Verfügung stehenden Fw 58 Einsatz über See flog, konnte sie beobachten, daß ein deutscher Jäger nach einer Kollision mit einer russischen Maschine ausstieg und im Fallschirm auf See niederging. Aus der Fw 58 wurde diesem Flieger ein Schlauchboot zugeworfen. Kaum war der Flieger hineingeklettert, als auch schon die über Funk herbeigerufene He 59 zur Landung einschwebte und neben ihm wasserte. Der Flieger wurde aufgenommen und zurückgeflogen.
Im Luftraum über dem Schwarzen Meer fanden die Fw 58 endlich jene Aufgabe, die ihnen im Seenotdienst zugedacht worden war.
Es gibt eine Reihe von Seenotfällen im Schwarzen Meer, aus de-

nen zu ersehen ist, daß die schwachbewaffneten He 59 und Do 24 sich immer wieder gegenüber russischen Flugzeugen erfolgreich zur Wehr setzen konnten, wenn diese sie angriffen.
Als russische Jäger am 6. 10. ein deutsches Seenotflugzeug angriffen, gelang es diesem, zwei der Gegner abzuschießen, ehe der Rest abdrehte.
Der 5. 8. war wieder ein Einsatztag, an dem der Seenotdienst weit über das Schwarze Meer hinweg einen Einsatz zu fliegen hatte. Und zwar hatten deutsche Jäger 230 Kilometer von Konstanza entfernt zwei russische Flugzeuge abgeschossen und meldeten, daß beide Piloten noch hatten aussteigen können. Die sofort gestartete He 59 erreichte die Seenotstelle, sichtete die beiden russischen Flieger und rettete sie.
Der 18. 8. war für eine He 59-Besatzung ein ganz besonderer Tag. Sie sichtete ein aufgetauchtes sowjetisches U-Boot, stieß auf das Boot herunter und beschoß es mit seinen Waffen. Das Boot sackte schlagartig weg. Ob die gemeldete Versenkung wirklich stattgefunden hatte, rief zunächst berechtigte Zweifel hervor. Deshalb startete in Varna, von dorther war auch die He 59 gekommen, die diesen Anspruch der Versenkung erhob, der Leiter der Einsatzstelle, Oblt. Gladigau, und erreichte die von der He 59 angegebene Stelle. Er selbst überzeugte sich davon, daß sich an der Untergangsstelle ein riesiger Ölfleck ausgebreitet hatte. Sehr tief heruntergehend, sichtete die Besatzung auch die Umrisse des U-Bootes auf dem Grund des Schwarzen Meeres.
Mit dem Vorrücken der deutschen Front nach Osten hörten die Angriffe auf die Westküste des Schwarzen Meeres auf. Die Außenstelle Nikolajew, die inzwischen errichtet worden war, wurde wieder eingezogen.
Am 23. 11. 1941 verließ Oblt. Frhr. von Buchholz die Staffel. (Er ging zu den Kampffliegern und ist später gefallen.) Sein Nachfolger wurde Oblt. Bestehorn.
Als der für diese verhältnismäßig milden Breiten außerordentlich strenge Winter des Jahres 1941/42 einsetzte, mußten alle Seenotflugzeuge von Mamaia nach Varna verlegt werden.
Am 18. 12. mußte Major Fengler, der den Seenotdienst im Schwarzen Meer bereits mustergültig aufgebaut hatte, diese Dienststelle verlassen, um die Seenotzentrale Holland zu übernehmen. Unter

seiner Führung hatte die Seenotzentrale Schwarzes Meer bis zu diesem Zeitpunkt bei 61 Rettungsaktionen 14 Besatzungsmitglieder verloren. Dieser hohe Verlust erklärt sich durch die Vielzahl anderer Aufgaben, zu denen diese Seenotstaffel herangezogen wurde.

Als Nachfolger von Major Fengler kam Major Hansing als neuer Leiter der Seenotzentrale nach Konstanza. Da alle Einsatzmittel aus Mamaia wegen Vereisung verlegt waren, mußte auch die Seenotzentrale in Konstanza untergebracht werden.

Der Bezirksstelle in Varna waren mehrere He 59 der Seenotstaffel 8 zugewiesen worden. Hinzu kamen drei Arado 199. Diese Maschinen lagen sämtlich auf dem ehemaligen Seefliegerhorst des 1. Weltkrieges in Tsceika.

Die drei Seenotfahrzeuge dieser Bezirksstelle lagen: in Varna (das Fl.B.-Boot), in Burgas (das Motor-Rettungsboot) und in Baltschik (das zweite Motor-Rettungsboot).

Erst ab Januar 1942 erfolgte Zug um Zug der Tausch der He 59 gegen soeben fertiggewordene Do 24-Flugboote.

Die Seenotbezirksstelle Varna war übrigens in einem Hochhaus untergebracht, auf dessen Dach eine Funkstation eingerichtet worden war. Eine zweite Funkstelle befand sich im Gruppenkommando der bulgarischen Luftwaffe, die mit drei Landstaffeln einsatzmäßig der Bezirksstelle Varna unterstellt waren. Von diesen drei Staffeln waren zwei mit polnischen Jagdmaschinen des Typs Wrana und eine mit Me 109 ausgerüstet.

Da die bulgarischen Staffeln für den Einsatz über See nur mangelhaft ausgerüstet waren, wurden deren Seenotausrüstungen durch die deutsche Bezirksstelle ergänzt.

Die Besatzungen der bulgarischen Maschinen waren gut ausgebildet und einsatzfreudig. Die Bezirksstelle stellte den Antrag, drei bulgarische Besatzungen mit dem EK II, und 20 Offiziere und Soldaten mit dem Deutschen Orden für Ausländer in verschiedenen Stufen auszuzeichnen.

Der vom Oberbefehlshaber der bulgarischen Luftwaffe zur Seenotbezirksstelle Varna kommandierte bulgarische Oberleutnant stand als ständiger Dolmetscher zur Verfügung und leitete alle Anregungen und Wünsche der deutschen Bezirksstelle weiter.

Seeaufklärung und Geleitschutz waren in der Hauptsache die Auf-

gabe dieser Bezirksstelle. Die Schiffseinheiten wurden von den Flugzeugen an der Drei-Meilen-Grenze vor dem Bosporus aufgenommen und bis zur rumänischen Grenze geleitet. Dort wurden sie von Einheiten der Seenotzentrale Konstanza übernommen.
Bei diesen Geleitaufgaben kam es hin und wieder zu Zusammenstößen mit russischen U-Booten. Sobald diese gesichtet wurden, erfolgte der Angriff der Geleitflugzeuge mit Bomben und Bordwaffenbeschuß. Dadurch wurden die U-Boote am gezielten Torpedoschuß gehindert.
Sobald Peilstellen oder Aufklärungsflugzeuge russische U-Boote eingepeilt oder gesichtet hatten, erfolgte der Befehl zur U-Bootjagd. Eingesetzt wurden dazu Arado 199 und He 59, sowie die bulgarischen Maschinen, die alle mit einer provisorischen Abwurfvorrichtung für Wasserbomben ausgerüstet waren.
Der eigentliche Seenoteinsatz war geringer, als in anderen Gewässern, weil von der bulgarischen Küste aus keine taktischen Einsätze geflogen wurden. Erst im Verlaufe des Jahres 1942 sollte in stärkerem Umfange zu Seenotaktionen gestartet werden.
Auch in diesem südlichen Abschnitt des Seenotdienstes wurden im Frühjahr 1942 die Zentralen in Seenotbereichskommandos und die Bezirksstellen in Seenotkommandos umgewandelt. Hptm. Steidle wurde als Offz. z.b.V. zum nunmehrigen Seenotbereichskommando XII versetzt.
Als im Juni 1942 ein deutscher Transporter von einem russischen U-Boot versenkt worden war, gelang es einem Seenotflugzeug, drei Seeleute zu retten.
Ein weiterer Einsatz galt einem eigenen Flugboot, das bei einem Aufklärungsflug infolge Motorschadens in der Nähe der türkischen Küste notwassern mußte und bei starkem Seegang abgetrieben wurde.
Nachdem die rumänischen Flotteneinheiten den Einsatz bei Dunkelheit wegen scheinbarer Aussichtslosigkeit aufgegeben hatten und zum Einsatzhafen zurückliefen, hielten die Bulgaren durch. Eines ihrer eingesetzten Schnellboote konnte das Flugboot, auf dem sich auch Hptm. Gladigau befand, nach 17 Stunden Suche finden. Es nahm die Maschine in Schlepp und brachte sie nach Burgas.

Am 7. 5. 1942, zu Beginn des Unternehmens »Trappenjagd«, wie die Eroberung der Halbinsel Kertsch genannt wurde, verlegte das Seenot-Bezirkskommando Varna, Hptm. Gladigau, auf die Halbinsel Krim nach Ak-Metschet. In diesen Hafen wurden gleichzeitig auch eine Do 24 verlegt. Odessa erhielt ein Fl.B.-Boot, und auf dem großen Salzsee bei Saki wurde eine He 59 stationiert. Da dieser See sehr flache Ufer besaß, wurde mit Hilfe von Benzinfässern eine etwa 180 m lange Anlegebrücke errichtet. Die Betriebsstoff-Übernahme konnte nur von einem Flachboot aus erfolgen. Die beiden Flugzeuge wurden während der Kertsch-Offensive mehrfach eingesetzt und haben gute Einsätze geflogen.
Hptm. Gladigau machte auch den Vormarsch durch die Halbinsel Krim mit. Er hatte den Auftrag erhalten, den südlich der Stadt Kertsch liegenden Seefliegerhorst am Ortali-See zu besetzen und von dort aus zu weiteren Aufträgen zu starten.
Dieser Platz wurde jedoch durch sowjetische Fernkampfartillerie von der Taman-Halbinsel aus ständig unter Feuer gehalten, so daß seine volle Benutzung erst nach Eroberung der Tamanhalbinsel möglich wurde. Die Flugzeuge lagen hier an Bojen, und die Unterkünfte für die Besatzungen waren schlecht.
In der Zwischenzeit hatte sich in Konstanza etwas ereignet, was die Strafversetzung des Staffelkapitäns der Seenotstaffel 8, Oblt. Bestehorn, nach sich zog. Und zwar hatte der Oberleutnant einen unvorschriftsmäßigen Werkstattflug genehmigt. Dieser Flug endete mit dem tödlichen Absturz des Piloten. Nachfolger von Oblt. Bestehorn wurde Major Gude.
Im Verlauf des Sommers 1942 wurden vier weitere Fl.B.-Boote auf dem Weg über Land und über die Donau ins Schwarze Meer nachgeführt. Flottillenchef der nun zu bildenden Seenot-Flottille wurde Hptm. Strecker.
Auf Befehl des Fliegerführers Süd nahm Major Hansing, Chef des Seenotbereichskommandos XII, am Schlußangriff auf die größte russische Festung Sewastopol teil, der am 3. 6. 1942 mit einem gemeinsamen Feuerschlag von Luftwaffe und Belagerungsartillerie begann und bis zum 3. 7. 1942 andauerte.
Major Hansing hatte Auftrag, jene fünf bis hinunter zum Kap

Chersones liegenden russischen Flugplätze auf ihre Verwendbarkeit zu prüfen und alles Material auf diesen Plätzen, das für den Seenotdienst brauchbar erschien, sicherzustellen.
Während der erbittert geführten Kämpfe um die Festung Sewastopol wurden in mehreren schneidigen Einsätzen mitten durch die Luftkämpfe der deutschen und russischen Jäger hindurch, 18 Besatzungsmitglieder deutscher Jagd- und Kampfflugzeuge lebend geborgen.
Die vierköpfige Besatzung einer He 111 des KG 26, die abgeschossen war, trieb bei Seegang 4–5 auf dem Schwarzen Meer, als eine Do 24 zu ihrer Rettung nahte. Bei der Wasserung in dieser groben See platzten die Bodennieten der zur Rettung eingesetzten Maschine. Einige Platten wurden durch das wuchtige Aufsetzen eingedrückt. Wasser drang in den Rumpf des Flugbootes ein. Dennoch gelang es dem Piloten dieser Maschine, das nach Übernahme der vier Geretteten mit 9 Mann belastete Flugboot zu starten und in Richtung Konstanza zu fliegen. Über See gab der Funker einen FT-Spruch durch, so daß man in Konstanza die Landung der Do 24 vorbereiten konnte. Das Flugboot setzte auf, rollte so rasch wie möglich – und weiter und weiter voll Wasser laufend – auf den Kran zu, der es aus dem Wasser heben konnte, ehe es völlig wegsackte.
Unmittelbar nach Schluß der Kämpfe fielen auf dem Landflugplatz von Sewastopol eine rumänische Jagdstaffel und eine Aufklärungsgruppe ein. Diese sollten den Schutz des Geleitverkehrs von und nach Sewastopol und Odessa übernehmen.
Dieser Einsatz wurde vom SBK XII auf Befehl der Luftflotte überwacht, da die rumänischen Verbände bei der Erfüllung dieser Aufgabe nicht immer zuverlässig waren.
Der Fliegerführer Krim, Oberst Wild, hatte inzwischen mit seinem Stab nach Kertsch verlegt. Kurze Zeit später wurde er versetzt. General der Flieger Zander übernahm die Dienststellung.

SEENOTEINSÄTZE FÜR DIE DEUTSCHEN KAMPFVERBÄNDE IM SÜDEN DER OSTFRONT.

Die Seenoteinsatzmittel konzentrierten sich im späten Sommer und Herbst 1942 mehr und mehr um die Straße von Kertsch. Der

Vorstoß des III. Panzerkorps in Richtung Kaukasus hatte den Einsatz der Kampfflieger in diesem Raum schlagartig emporschnellen lassen. Immer wieder wurden bis Ende 1942 die sowjetischen Seehäfen Noworossisk, Gelendschik, Tuapse, Sotschi, Poti und Batum angegriffen. Wegen dieser pausenlosen Angriffe war ein ständiger Seenotbereitschaftsdienst notwendig. Hptm. Gladigau hatte diesen Dienst vom Seeflughafen am Ortalisee, von Ortalic aus, zu führen.
Er setzte bei allen Angriffen deutscher Kampfflieger stets mehrere Seenotflugzeuge ein, die sowohl die Anflugwege, als auch die Brennpunkte des Einsatzes und der feindlichen Luftabwehr überwachten.
Diese gefährlichen Unternehmungen konnten nur mit Jagdschutz durchgeführt werden, um die wichtigen und wenigen Seenotflugzeuge nicht zu leicht aufs Spiel zu setzen. Dennoch erhielten die Seenotmaschinen immer wieder durch Flak- und Jägerbeschuß Treffer.
Eines der Seenotflugzeuge mußte infolge eines solchen Treffers innerhalb der türkischen Dreimeilenzone notwassern. An Ort und Stelle überzeugte sich Hptm. Gladigau davon, daß eine Bergung unmöglich war. Nach Übernahme der Besatzung ließ er diese Do 24 durch Bordwaffenbeschuß versenken.
Eine weitere Do 24 ging durch Feindbeschuß ebenfalls nahe der türkischen Küste verloren. Die Besatzung erreichte türkisches Hoheitsgebiet.
Gerettet wurden in dieser Zeit ein Jagdflieger, eine Kampfflugzeug- und eine Stukabesatzung, sowie ein russischer Jagdflieger.
Gleichzeitig damit flogen die Seenotflugzeuge auch Fächeraufklärung, um die russischen Schiffstransporte voll zu erfassen. Wie groß hier die Leistungen waren, ist aus der Tatsache zu entnehmen, daß alle Besatzungen mit dem EK I und drei mit dem Deutschen Kreuz in Gold ausgezeichnet wurden.
Im Verlaufe des Jahres 1942 wurden im Einsatzraum des SBK XII 60 Menschen aus Seenot gerettet.
Nach dem Verlust von Stalingrad am 1. 2. 1943, als mit Einsetzen der Schlammperiode der Kubanbrückenkopf nicht mehr durch Landflugzeuge versorgt werden konnte, erhielt Major Hansing den Auftrag, nebenamtlich als Transportführer (See) einen See-

flugzeug-Transportverband zusammenzustellen. Dieser erhielt den Befehl, mit seinen Seeflugzeugen den Brückenkopf zu versorgen. Für diese Aufgaben wurde ad hoc ein Stab aufgestellt, dem Oblt. Wind als Transportfachmann, sowie Lt. Stephanie und Ofw. Gieger als Hilfsmannschaft angehörten.

Durch Abgabe aus allen Seenotbereichen wurden in Sewastopol 18 DO 24-Flugboote zu zwei Seetransportstaffeln zusammengestellt.

1. Seetransportstaffel: Oblt. Stretter
2. Seetransportstaffel: Oblt. Hülsmann

Eine weitere Seetransportgruppe, die aus 25 Ju 52 bestand, die auf Schwimmer umgerüstet worden waren, wurde von Major Gude auf dem Ortalisee zusammengestellt.

Alle drei Seetransportverbände flogen in drei bis vier Einsätzen täglich vom 5. bis zum 25. 3. 1943 1910 Tonnen Versorgungsgüter in den Kubanbrückenkopf. Bei diesen Einsätzen ging eine einzige Ju 52 verloren.

Ausladeplatz war der Ort Gostagajka am Witjasewski-See, nördlich Anapa. Hier hatten Pioniere des Heeres lange Stege mit einer Ausladerampe gebaut. An behelfsmäßig ausgelegten Gummibojen machten die Flugzeuge fest. Flöße, die von Piniersturmbooten gezogen wurden, schafften die Versorgungsgüter an Land.

Diese Anlandungen wurden durch die Zusammenziehung eines starken Flakschutzes gesichert.

Auf dem Rückflug nahm jede der Maschinen so viele Verwundete mit, wie sie eben laden konnte, und schaffte diese in die Lazarette an der Südküste der Krim.

Der Kommandierende General des LI. GebK., Rudolf Konrad, dankte dem Seenotdienst mit einem Brief, der diese einmalige Leistung besonders würdigte. Auch der Kommandierende General des VIII. FlK., General der Flieger Fiebig, sprach auf diesem Wege dem Seenotdienst seine Anerkennung aus.

Im Frühjahr und Sommer 1943 wurden darüber hinaus 21 erfolgreiche Seenoteinsätze geflogen und durch Fl.B.-Boote durchgeführt. Ohne einen einzigen Mann zu verlieren, gelang es in diesem Zeitabschnitt 69 deutsche, rumänische und russische Flieger und Seeleute zu retten. Auch dieser Einsatz wurde vom Kommandierenden General des nunmehr hier befehlführenden I. FlK., GenLt.

Mahnke, besonders anerkannt.
Am 20. 9. 1943 wurde der Kommandeur des SBK XII, Oberstleutnant Hansing, als Qu 2 (See) in den Dienstbereich der Luftflotte 4 versetzt. Sein Nachfolger wurde sein letzter Offizier z.b.V. Major Hagner. Nach der Versetzung von Oberstleutnant Hansing hatte das SBK XII folgende Gliederung:

Kommandeur:	Major Hagner in Eupatoria
Seenotarzt:	Stabsarzt Dr. Mathes
Nachrichtenoffizier:	Oblt. Grünig
Seenotflottille 8:	Hptm. Gutzeit; Standort Konstanza.
Seenotstaffel:	Hptm. Hülsmann; Standort Sewastopol.
Seenotkommandos:	Ortalisee, Feodosia, Odessa, Sulina, Konstanza und Varna.

Bis Oktober 1943 wurden weitere Seenot- und Aufklärungseinsätze geflogen. Bei der Suche nach einem über dem Seegebiet um Noworossisk abgeschossenen deutschen Jäger wurde Flugzeugführer Fw. Schulz bei einem Angriff mehrerer russischer Jäger tödlich getroffen. Der Beobachter der Do-24-Besatzung, Oblt. Glinkmann, und Bordmechaniker Ofw. Baumann, flogen die schwer beschädigte Do 24 zum Einsatzhafen zurück.
Nachdem alle Fl.B.-Boote aus dem Asowschen Meer zurückgezogen, und der Kubanbrückenkopf geräumt worden war, mußte nun auch das Seenotkommando am Ortalisee geräumt werden, weil dieses nunmehr im Wirkungsbereich der russischen Fernkampfartillerie lag. Es wurde nach Sultan-Eli (auf die nordwestliche Krim) übergeführt.
Ende Oktober erging zunächst der Befehl, die Krim zu räumen. Wenige Stunden nach Erlaß dieses Befehls wurde dieser wieder rückgängig gemacht. Damit wurde die Halbinsel Krim von der weiter nach Westen zurückgehenden deutschen Ostfront getrennt und nach und nach völlig eingeschnürt.
Die Krim blieb Kampfgebiet und zwar bis zum 12. Mai 1944. Schon lange vorher hatte Großadmiral Dönitz, der OB der deutschen Kriegsmarine, einen genauen Rückführungsplan vorgelegt, der jedoch von der Obersten deutschen Führung, allen voran Hitler, abgelehnt worden war. Diese Ablehnung brachte die gesamte 17. Armee auf der Krim in die tödliche Gefahr, von den Sowjets kassiert zu werden.

Mit Beginn des sowjetischen Angriffs auf die Halbinsel Krim – »dem besten natürlichen Gefangenenlager ohne Wächter« – wie Marschall Stalin sie einmal nannte – verlegten das SBK XII und ein Teil der Staffel wieder nach Mamaia bei Konstanza; später ging es nach Varna. Die Seenotkommandos Sewastopol und Sultan-Eli blieben auf der Krim zurück.

Nunmehr begannen wieder die Versorgungsflüge nach der von ihrem Hinterland hermetisch abgeschnittenen großen Halbinsel. So lange noch Ju 52-Verbände die Versorgung übernahmen und auch landen konnten, übernahmen die Seeflugzeuge des SBK XII die Seenotsicherung für diese Transportmaschinen.

Beim Untergang des mit rumänischen Matrosen bemannten sowjetischen Schiffes »Charkow« konnten durch die SBK XII mit eingesetzten Do 24 88 rumänische Matrosen gerettet werden.

Auch die in Sewastopol in Bereitschaft liegenden Do 24 führten noch verschiedene Rettungsaktionen durch.

DER ENDKAMPF AUF DER KRIM – DAS ENDE AM SCHWARZEN MEER.

Das Seenotkommando Sultan-Eli war inzwischen aufgelöst und die dort liegenden Do 24 waren nach Sewastopol verlegt worden.

Nachdem die Landflugplätze für die Ju 52 ausgefallen waren, übernahm der Seenotdienst abermals mit Flugzeugen und Booten die Versorgung der eingeschlossenen 17. Armee. Man hatte ähnlich wie während der Kubanbrückenkopf-Versorgung die Staffel wieder auf 22 Flugboote verstärken können. Von Konstanza und Varna aus wurden in beinahe pausenlosen Einsätzen mit diesen großen Flugbooten Truppen und Versorgungsgüter zur Krim geschafft. Kein Rückflug wurde angetreten, ohne die Do 24 bis an die äußerste Grenze ihrer Belastbarkeit mit Verwundeten zu belegen, die so zurückgeschafft werden konnten und dem drohenden Tode entgingen.

In der Zwischenzeit war die Rote Armee bis vor die Tore von Odessa vorgeprellt. Die Stadt wurde eingeschlossen und auch hier begann im April 1944 die Versorgung der in der Stadt liegenden deutschen Verteidiger. Eine Luftbrücke wurde eingerichtet, die von Odessa-Hafen nach Galatz an der Donau reichte. Über die

Lufttransportleistungen dieser Luftbrücke fanden sich leider keine Unterlagen vor. (Beteiligte, die darüber Auskunft geben könnten, werden gebeten, dies zu tun.)

Die Krim war inzwischen bis auf Sewastopol und die Halbinsel Chersones verlorengegangen. Es kam nunmehr darauf an, die rascheste Rückführung der noch in der Festung befindlichen deutschen Divisionen durchzuführen.

Diese Operation begann ab dem 8. Mai. Da diese Rückführungen nur in den Nächten durchgeführt werden konnten, weil die russische Luftwaffe die absolute Luftherrschaft über dem Schwarzen Meer gewonnen hatte, (die deutschen Jagdgeschwader waren inzwischen verlegt worden) war dies ein schier unmögliches Beginnen.

Der Seenotdienst war mit allen Einsatzmitteln an der Rückführung beteiligt. Das Seenotkommando Sewastopol, Hptm. Strecker, blieb bis zum Schluß auf der Krim und konnte mit dem letzten Fl.B.-Boot Nr. 426 das Festland bei Konstanza erreichen.

Als letztes Flugzeug startete von Sewastopol-Chersones eine Do 24 unter Ofw. Müller, mit nur zwei Motoren (der dritte Motor war kurz vorher durch Beschuß ausgefallen). Ofw. Müller hatte 40 Mann an Bord genommen. Es gelang ihm, das beinahe Unmögliche zu schaffen: abzuheben und nach einem Gewaltflug Konstanza heil zu erreichen.

Ein in Konstanza in Reparatur liegendes Fl.B.-Boot lief noch in der letzten Nacht mit nur einer Schraube unter die Küste der Halbinsel Chersones und brachte 80 deutsche Soldaten in letzter Stunde zurück.

Nach den Angaben von Ofw. Gieger wurden neben diesen Transporten noch annähernd 300 rumänische und deutsche Soldaten aus Seenot gerettet, bzw. von Schiffen übernommen, die von der sowjetischen Luftwaffe in diesen entscheidenden Tagen gebombt worden waren.

Damit lagen die Einheiten des SBK XII wieder am Westufer des Schwarzen Meeres, und nachdem die hier zusammengezogenen Do 24 zu ihren eigenen Staffeln zurückgeflogen waren, blieb die Seenotstaffel 8 mit 6 einsatzbereiten Do 24-Flugbooten zurück. Fünf Do 24 waren insgesamt bei den Krimeinsätzen verlorengegangen.

Die Do 24 wird zum Flug klargemacht

Do 24-Flugboot SAR

He 59 in der Ägäis

und im Schwarzen Meer

Die Breguet Bizerte im Einsatz über dem Atlantik

Die Rettung einer Bomberbesatzung mit der He 59

Eine Do 24 in Norwegen

Die Ju 52 auf Schwimmern (Pantinen-Ju genannt) hat vom Ortalisee aus ihre Einsätze unternommen.

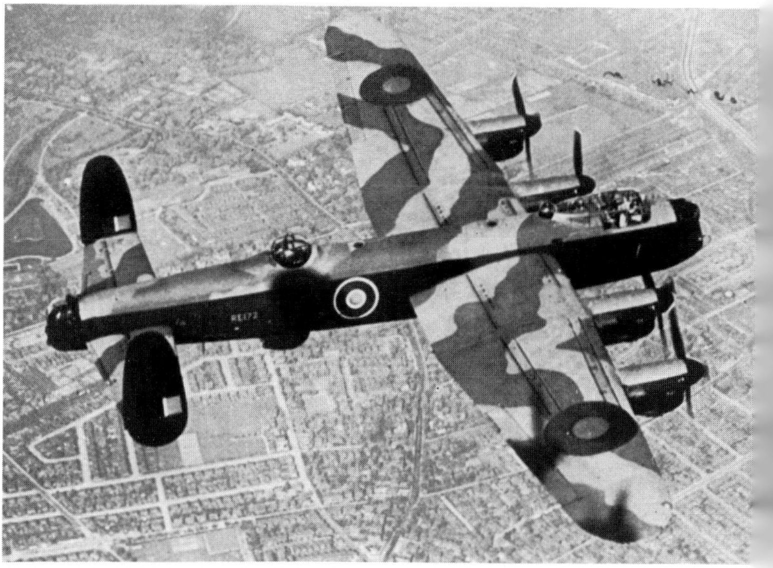

Lancaster Mk III. Eine solche Maschine schoß in der Nordsee eine Seenotmaschine zusammen.

Auch die Ju 88 wurde im Schutz- und Suchdienst des Seenotdienstes eingesetzt.

Bis August 1944 lagen die Einsatzmittel hier in Seenotbereitschaft. Die verhältnismäßige Ruhe wurde nunmehr dazu genutzt, die über See fliegenden Verbände eingehend mit dem neuesten Stand der Seenotrettungs- und Signalmittel vertraut zu machen.
Schon vorher hatte sich eine von der L.In. 16 zusammengestellte Übungsgruppe unter Oberstleutnant Prüter durch praktische Vorführungen bei den innerhalb des Bereichskommandos liegenden Verbänden bewährt.
Ende August 1944 mußte Rumänien geräumt werden. Dort war am 23. 8. 1944 Marschall Antonescu durch König Michael I. auf Drängen der Oppositionsgruppe Maniu-Bratianu gestürzt worden. Die neue Regierung unter General Sanatescu hatte unmittelbar darauf den Frontwechsel Rumäniens proklamiert und den Deutschen das befristete Angebot eines unbehinderten Abzuges aus Rumänien gemacht. Die Boote wurden nach Varna geschafft. Wenige Tage später, am 25. 8., erklärte Rumänien Deutschland den Krieg. Wieder einen Tag später erklärte der bulgarische Ministerpräsident Bagrianoff den »Rückzug« Bulgariens aus dem Krieg und die »Neutralität seines Landes.«

DIE FLÜGE ZU DEN GRIECHISCHEN INSELN.

Die Seenotstaffel verlegte nunmehr nach Saloniki. Das gesamte Bodenpersonal mit Pkw, Lkw und Zugmaschinen gelangte dank der guten einwandfreien Papiere des bulgarischen Horstkommandanten durch Bulgarien nach Griechenland. Ein Transport wurde von Varna aus unter Führung von Stabsarzt Dr. Mathes mit der Eisenbahn über die bulgarisch-griechische Grenze geschafft.
Damit war die Seenotstaffel 8 wieder in den Befehlsbereich des Seenotbereichskommandos XI zurückgekehrt, aus dem sie im Juni 1941 zur Bildung des Seenotbereichskommandos XII ins Schwarze Meer verlegt worden war.
Nach dieser Überführung war die Zahl der in Saloniki vorhandenen Seenotflugzeuge groß. Deshalb wurde der Seenotstaffel 8 vorerst der Standort Volos zugewiesen. Von hier aus wurde sie jedoch bereits am 1. 9. 1944 nach Athen weitergeleitet und dem Seenotbereichskommando XI, dessen Kommandeur inzwischen Oberstleutnant Securius geworden war, unterstellt.

Im Laufe des Oktober 1944 wurde auch hier die Verfügung des Ob. d. L. vom 18. 8. 1944 über die Auflösung der Seenotbereichskommandos durchgeführt. An seine Stelle trat nunmehr die Seenotgruppe 70. Gruppenkommandeur wurde Major Sarges, sein Adjutant war Oblt. R. Meyer. Neuer Staffelkapitän der aus den Resten der Seenotstaffeln 6, 7 und 8 gebildeten neuen Staffel wurde Hptm. Hülsmann. Diese neue Staffel verfügte über 19 Do 24.

Eine zweite Staffel mit 7 Ju 52 (See), deren Kapitän Oblt. Meyer war, unterstand ebenfalls der Seenotgruppe 70. Das Hilfs-Flugsicherungsschiff »Drache« war inzwischen an die Marine abgegeben worden. Den Rest der Seenotboote übernahm Hptm. Gabbert. Alle Seenotflugzeuge und Seenotfahrzeuge wurden in Athen-Phaleron zusammengezogen.

In dieser Phase des Krieges bestand die Hauptaufgabe aller Seenoteinheiten darin, die Truppenverbände von Kreta, Samos, Leros, Rhodos, Milos und Naxos nach Athen zu überführen. Als Zuladung für die Überführungsflüge waren für die Do 24 vorgesehen: 24 Soldaten mit jeweils 30 kg Gepäck (einschließlich Waffen und Munition).

Zunächst sollten diese Transporte als Dämmerungsflüge geflogen werden, bei denen – soweit dies notwendig wurde – auch Seenoteinsätze geflogen werden sollten.

So retteten zwei Do 24 auf einem Flug nach Kreta 28 Mann einer deutschen U-Bootfalle, die von englischen Fliegern versenkt worden war, trotz schwerer See.

Bei einem Manöver gelang dem einen Flugboot der Start quer zur hohen Dünung. Das zweite rollte vier Stunden lang bis zur Sudabucht.

Die von ihren Flugplätzen auf Zypern startenden britischen Nachtjäger machten sich sehr unangenehm bemerkbar.

Bereits am Abend des 20. 9. 1944 wurde eine Ju 52 mit dem Staffelkapitän Oblt. Meyer abgeschossen. Hülsmann übernahm danach beide Staffeln.

Der Übergang zu reinen Nachteinsätzen war damit unerläßlich, wollte man nicht zu herbe Verluste hinnehmen. Die Landeplätze wurden behelfsmäßig nachtlandeklar gemacht. Auf Kreta bei Kap Spada sowie auf Milos wurden Würzburg-Funkmeßgeräte aufgestellt, um die auftauchenden Nachtjäger orten und bekämpfen zu

können. Nur entschiedener Widerstand sicherte den eigenen Einsatz. Daß sich dennoch die Verluste mehrten, war durch die Partisanen bedingt, die die deutschen Flugzeuge dem Gegner meldeten, indem sie beim Landen der Maschinen Feuer anzündeten, die den Nachtjägern die Landeorte anzeigten.
Durch die Hilfe dieser Partisanen konnten britische Nachtjäger auch die mit 52 Soldaten besetzte Maschine von Ofw. Lange mit Raketen in Brand schießen. Der Oberfeldwebel, einer der erfahrensten Seenotflieger, konnte zwar seine etwa 1000 m hoch fliegende Do 24 noch wassern. Aber nur zwei Mann seiner Besatzung und er entkamen aus dem schnell sinkenden Flugboot. Mit einem Einmann-Schlauchboot erreichten die drei Geretteten drei Tage später die Insel Milos.
Da inzwischen in Phaleron die Brennstofflage schwierig geworden war, flog eine Do 24 laufend von Milos nach Athen und brachte von den auf Milos lagernden Spritvorräten soviel Benzin wie möglich nach Phaleron. Mehrere Flugboote tankten jeweils vor dem Flug nach Kreta auf Rhodos, wo ebenfalls noch Spritvorräte lagerten.
Schließlich erfolgte, mit dem 10. 10. 1944 beginnend, die Räumung von Athen. Die deutschen Nachhuten verließen am 12. 10. Piräus. Und an diesem 12. 10. 1944 verließen auch die Maschinen der Seenotstaffel im Morgengrauen ihren Stützpunkt Phaleron, um nach Saloniki zurückzuverlegen. Lediglich zwei Flugboote blieben noch den ganzen Tag über in Phaleron zurück, obgleich Athen völlig geräumt, und in der Nähe der Absprung britischer Fallschirmjäger beobachtet und gemeldet worden war. Sie sollten noch auftauchende Nachzügler an Bord nehmen.
Am späten Nachmittag startend, erreichten auch diese beiden Do 24 ihr neues Einsatzziel Saloniki.
Das Bodenpersonal war auf Lkw und in Pkw, mit Luftabwehrwaffen versehen, nach Saloniki gefahren.
Die Bootsgruppe hingegen, bestehend aus noch einem Fl.B.-Boot und mehreren kleineren Fahrzeugen, verließ unter Führung von Hptm. Gabbert in der Nacht Phaleron. Dicht unter der Küste laufend, wurden diese Boote dennoch von englischen Schnellbooten, die bereits auf dem Peloponnes eingelaufen waren, angegriffen.

In einem verzweifelten Abwehrgefecht versuchten die wenigen Boote sich gegenüber den besser bewaffneten und schnelleren feindlichen Schnellbooten zur Wehr zu setzen. Fast alle Boote wurden von den 4-cm-Boforskanonen der S-Boote zusammengeschossen. Lediglich eine »Schwalbe« (Fl.C.-Boot) konnte diesem Untergangswirbel entkommen. Viele Männer des Seenotdienstes fanden bei diesem Angriff den Tod.

Auch von Saloniki aus wurde der Einsatz nach Kreta und nach den übrigen noch von deutschen Truppen besetzten griechischen Inseln fortgesetzt. Die Besatzungen der Tag und Nacht im Einsatz stehenden Flugboote waren am Rande der Erschöpfung, die robusten Motoren der Flugboote waren ebenfalls am Ende ihrer Leistungsfähigkeit angelangt, dennoch gingen die Rückführungsaktionen weiter.

Die von den griechischen Inseln nach Saloniki zurückgeholten Soldaten wurden mit Landflugzeugen nach Agram geschafft und dort den kämpfenden Verbänden eingegliedert.

Bei diesen weiträumigen Flügen konnten weitere schwere Verluste nicht ausbleiben. So griff beispielsweise ein Pulk englischer Jäger zwei Do 24 an, die sich auf einem Verwundetentransport von Volos nach Saloniki befanden. Während ein Flugboot abgeschossen wurde, störte der Kanonenschütze der zweiten Do 24, Uffz. Becker, jeden Zielanflug der Jäger auf seine Maschine derart, daß der Gegner selbst schwer getroffen wurde.

Das schwer beschädigte Flugboot erreichte dank dieses vorbildlichen Einsatzes Saloniki. Aber Uffz. Becker war beim letzten Angriff tödlich verwundet worden.

Als die Staffel, von der sechs Do 24 und zwei Ju 52 übrig geblieben waren, in der Nacht zum 24. 10. zum Flug nach Wien startete, hatte sie etwa 3000 deutsche Soldaten von den griechischen Inseln zurückgeholt.

Die Do 24 wurden von Wien zum Chiemsee übergeführt und sind dort später von englischen Jabos vernichtet worden. Die Seenotgruppe wurde im November 1944 in Bug auf Rügen aufgelöst. Damit war auch der Mittelmeereinsatz des Seenotdienstes der Luftwaffe beendet.

Der Seenotdienst in der Nord- und Ostsee bis Kriegsschluß.

ALLGEMEINER ÜBERBLICK –
SEENOTDIENST IM OSTSEEBEREICH BIS 1943.

Während die vordringenden deutschen Armeen das Kriegsgeschehen in andere Länder trugen und damit den Seenotdienst – wie in den vorhergehenden Abschnitten dargestellt – vor immer neue Aufgaben stellten, war es im Bereich der Nord- und Ostsee verhältnismäßig ruhig geblieben.

In der Nordsee wurde neben gelegentlichen Einflügen nach England und Deutschland von beiden Seiten in der Hauptsache nur Seeaufklärung geflogen.

Am Strand der Ostsee waren eine Reihe von Flieger- und Fliegerwaffenschulen (See) eingerichtet worden. Der Überseeflug dieser Schulen wurde von der Seenotzentrale Ost gesichert, die inzwischen nach Bug auf Rügen verlegt hatte.

Einige Wochen vor Beginn des Rußlandfeldzuges hatte sich der aus Sizilien in die Heimat zurückgekehrte Oberstleutnant Engelhorn beim Fliegerführer Ostsee in Dievenow gemeldet. Er war zum Aufbau der in der östlichen Ostsee stationierten Seenotorganisation dorthin kommandiert worden.

Der am 22. 6. 1941 beginnende Ostfeldzug gewann so rasch an Boden, daß bereits nach kurzer Zeit eine in Kiel-Holtenau zusammengestellte Seenotstaffel unter Oblt. Lösch nach Libau verlegt werden konnte.

Oberstleutnant Engelhorn konnte seine geplante Seenotzentrale bereits in Riga einrichten. Sie wurde dem Fliegerführer Ostsee angegliedert. Die Seenoteinsatzmittel waren auf den Stützpunkten Riga, Libau und Helsinki stationiert. Der hier kriegsmäßig organisierte Seenotdienst mit Bewaffnung und Notfunksignaltafeln kam jedoch so wenig zum Einsatz, daß Oberstleutnant Engelhorn bereits Ende September 1941 wieder abkommandiert wurde und zur L.In. 16 ging.

Über Seenoteinsätze in diesem Raum liegen keine Unterlagen aus dieser Zeit vor. Erst ab 1944 wurden Libau, Reval und Riga Brennpunkte des Verwundetentransportes durch Flugzeuge und Boote, die jedoch aus dem Ostseeraum gesteuert wurden.

Der erste Seenotdienstführer I (Mitte) war seit Ende 1941 Oberstleutnant Bartels. Er war am 28. 12. 1941 von der Seenotzentrale Athen, wo er gleichzeitig die Aufgaben eines Seenotdienstführers (Mittelmeer) wahrgenommen hatte, nach Kiel-Holtenau versetzt worden.

Oberstleutnant Bartels unterstanden nunmehr die beiden Seenotzentralen Wilhelmshaven (Nordsee) und Bug auf Rügen (Ostsee). Gleichzeitig war er Kommandeur der 2. Seenotgruppe, die sich aus den Seenotstaffeln in Norderney und Kiel-Holtenau zusammensetzte. Die wenigen Seenotfälle in der Ostsee wurden durch die Fliegerschulen (See) und die Landverbände, die meistens übungsweise die Ostsee überflogen, sowie durch Nachschubflugzeuge, welche die Route über das Kattegatt benutzten, verursacht.

Die in Bug auf Rügen liegende Seenotzentrale Ostsee wurde im Frühjahr 1942 Seenotbereichskommando VI. Die für den Seenotdienst in Frage kommenden Boote waren bis dahin mit den übrigen Seefahrzeugen der Seefliegerhorste, der See-Schießplätze usf., in Bootsgruppen zusammengefaßt. Sie unterstanden dem Horstkommandanten.

Die Seenotflugzeuge bildeten die 9. Staffel, die sogenannte Ergänzungsstaffel, die für den Nachwuchs an Seeflugzeugbesatzungen sorgte. Diese Ergänzungsstaffel unterstand direkt dem Seenotdienstführer.

Nach Umwandlung der Seenotzentralen in SBK wurden auch im Ostseeraum die Staffeln und Flottillen dem Seenotbereichskommandeur truppendienstlich und einsatzmäßig für den Seenotdienst unterstellt.

Diese Neugliederung, die sich im Mittelmeer und im Schwarzen Meer bereits bewährt hatte, stieß insbesondere bei der Unterstellung der Fl.A.- und Fl.B.-Boote unter einen Flottillenchef auf

Schwierigkeiten, weil die Horstkommandanten, bzw. ihre Bootsoffiziere damit einen Teil der bisher gewohnten Verfügungsgewalt über die Flugsicherungsschiffe und die Fl.A.- und B.-Boote verloren.
Um dieses Unterstellungsverhältnis zu regeln und den Aufbau des Seenotbereichskommandos VI weiter durchzuführen und dazu eine Seenotanweisung nach den bisher an der Front gemachten Erfahrungen auch für die Ostsee auszuarbeiten, wurde Major Carl Heß, der bereits von Juli 1940 bis Frühjahr 1941 in Brest am Atlantik, und von Frühjahr 1941 bis Herbst 1942 in Cherbourg am Kanal mit großem Erfolg tätig gewesen war, als Kommandeur dieses Seenotbereichskommandos VI nach Bug auf Rügen kommandiert.
Major Heß arbeitete eine Dienstanweisung für das SBK VI aus. Dank seines energischen Zupackens klärte er die Unterstellungsverhältnisse für die Seenotflugzeuge und Boote und schuf durch mehrere Verfügungen neue Einsatzgrundlagen. Der Ausbau des damaligen Nachrichtennetzes an der Ostsee mit allen Fernsprechverbindungen und ihren Wegen im SBK VI war mit sein Werk.
Zu Beginn des Jahres 1943 wurde das Seenotbereichskommando VI wegen besserer Zusammenarbeit mit der Kriegsmarine nach Swinemünde verlegt. Es erstreckte sich zu dieser Zeit von der deutsch-dänischen Grenze bei Trälleborg über die gesamte deutsche Ostsee bis zur baltischen Küste.
Weitere Seenotbereichskommandos gab es in Kiel-Holtenau, Swinemünde und Pillau. Nicht weniger als 23 Fl.A.- und B.-Boote lagen auf den Seefliegerhorsten von Kiel-Holtenau bis Pillau verteilt. Dazu kam eine Anzahl Motor-Rettungsboote der Deutschen Gesellschaft zur Rettung Schiffbrüchiger, die über Rügen-Radio im Sprechfunk eingesetzt wurden.
Seenotflugzeuge konnten von Kiel-Holtenau, Bug auf Rügen, Dievenow und Pillau starten. Die 4 Flugsicherungsschiffe waren in Kiel, Warnemünde, Swinemünde und Pillau stationiert.
Bis Mitte 1943 sind Seenotfälle durch Feindeinwirkung über der Ostsee verhältnismäßig selten vorgekommen. Dagegen mußte eine ganze Anzahl Seenoteinsätze für solche Flugzeuge durchgeführt werden, die auf Übungsflügen infolge Motorstörungen oder Benzinmangels auf See notlanden mußten. Die Schwierigkeiten, die

in diesem Seeraum auftauchten, waren lediglich wetterbedingt, weil feindlicher Fliegereinsatz nicht erfolgte.
Die Gefährlichkeit der Ostsee bei Schlechtwetter zeigte sich immer wieder. So auch bei der Notlandung einer BV 138, die übrigens ein sehr empfindliches Seeflugzeug war. Diese Maschine war nahe der schwedischen Südostküste bei Karlskrona niedergegangen. Das bei Seegang 7 von Sassnitz aus eingesetzte Flugsicherungsschiff »Greif« konnte den zu steuernden Nordkurs nicht halten und mußte mit vollgeschlagenen Entlüftern bei Falster unter den Schutz der Küste laufen. Die BV 138 lag im Windschutz der schwedischen Küste und wurde später mit ihrer Besatzung als Wrack geborgen.
Dies zeigt, daß es im Ostraum der deutschen Nordküste kaum zu durch Kämpfe über See hervorgerufenen Rettungsaktionen kam. Anders war es im westlichen Raum vor der deutschen Küste.
Im Verlaufe des Jahres 1943 bombardierten Verbände des Bomber Command in Nachteinsatz wichtige Punkte in der Ostsee. Beispielsweise die Heeresversuchsanstalt Peenemünde, die in der Nacht zum 18. 8. 1943 schwer gebombt wurde. Darüber hinaus wurden durch Minenflugzeuge einige Seegebiete der Ostsee vermint. Bei einem Mineneinsatz wurden im Seegebiet über Swinemünde die ersten Feindflugzeuge durch die Marineflak über der Ostsee abgeschossen. Der Seenotdienst startete zum Rettungseinsatz. Ob feindliche Besatzungen gerettet werden konnten, war nicht mehr zu eruieren.
Das verminte Seegebiet wurde durch Räumboote der KM rasch wieder gesäubert.
Kurz bevor Major Heß zum Seenotbereichskommando VI versetzt wurde, lief das Flugsicherungsschiff »Hans Rolshoven« vor Bornholm auf eine solche vom Gegner geworfene Mine und sank. Die Besatzung, insgesamt 67 Soldaten, konnte glücklicherweise vollzählig gerettet werden.
Der Untergang dieses Schiffes, das als »Flaggschiff« der Seeluftwaffe gegolten hatte (es hatte sogar eine Kabine für den Besuch des Reichsmarschalls an Bord), löste höheren Ortes große Aufregung aus. Eine vom Seenotbereichskommando VI durchgeführte Untersuchung ergab, daß der für dieses Schiff verantwortliche Offizier es verabsäumt hatte, die letzten von der KM regelmäßig

herausgegebenen Minenwarngebiete in die Seekarte einzutragen, wie dies zwingend vorgeschrieben war. In einem solchen Minenwarngebiet – das bei Kenntnis durch die Schiffsführung umlaufen worden wäre – hatte das Schiff den tödlichen Minentreffer erhalten.

Dieser Fall zeigte auf, wie entscheidend wichtig die enge Zusammenarbeit zwischen Seenotdienst und KM in *jedem* Seegebiet war; auch wenn dieses Gebiet abseits vom großen Seekriegsgeschehen lag.

Im Frühjahr 1943 gab das Seenotbereichskommando VI ein umfassendes Merkblatt für alle in ihrem Bereich liegenden Luftwaffenstellen heraus. Darin wurde alles Wissenswerte über die damalige Organisation und die Durchführung von Seenoteinsätzen zusammengefaßt.

SEENOTZENTRALE NORD. – EINSATZ IN DER NORDSEE.

Im Nordseebereich hatte Major Fengler im Januar 1941 die Seenotzentrale Nord übernommen. Diese SBZ blieb weiterhin dem BSN angegliedert. Seine Nachfolger waren ab Juni 1941 Major Dreyer, und Major Securius, der vom Herbst 1942 bis April 1943 die Seenotbereichszentrale Nord, die inzwischen in Seenotbereichskommando V umgewandelt worden war, führte.

Die Seenotstaffel in Norderney unterstand Lt. Born, später wurde dieser durch Oblt. Kretschmar abgelöst. Seenotflugzeuge waren in Borkum, Norderney, Langeoog und List auf Sylt stationiert.

Fl.B.-Boote lagen in Borkum, Norderney, Wilhelmshaven und List auf Sylt. Dazu kam die große Zahl an Motor-Rettungsbooten der DGzRSch., die dem Seenotdienst einsatzmäßig unterstellt waren. Eine Anweisung über den Sondereinsatz der Boote der DGzRSch. wurde im Juni 1942 von Oberstleutnant Bartels als Seenotdienstführer I (Mitte) herausgegeben.

Das Seenotbereichskommando V erstreckte sich zu dieser Zeit von der deutsch-holländischen Grenze über die Deutsche Bucht bis zu jütländischen Hafenstadt Esbjerg. Das SBK Aalborg wurde erst im Juni 1943 vom SBK VIII, Stavanger, abgetrennt und dem SBK V (Nordsee) angegliedert.

Bis Anfang 1942 traten auch hier nur vereinzelt Seenotfälle auf. Darüber berichtete Oberstleutnant Fengler in seinem Bericht: »Seenotzentrale Nord, Wilhelmshaven.«:

»Am 29. 1. 1941 sichtete ein Seenotflugzeug die Besatzung einer deutschen Zerstörermaschine aus Jever an der dänischen Küste, auf einer Eisscholle treibend. Die Besatzung wurde von einem sofort in See gehenden Vorpostenboot geborgen.

Am 22. 1. 1941 wurden 8 englische Flugzeuge bei Helgoland abgeschossen. Bei schlechter Sicht flogen die Seenotmaschinen zur Rettung zur Abschußstelle. Es konnten jedoch nur Ölflecke gesichtet werden.

Am 3. 3. 1941 mußten bei Sturm und Regen zwei englische Flugzeuge bei Borkum im Watt notwassern. Fünf Seenotfahrzeuge und 2 Seenotflugzeuge wurden zur Rettung eingesetzt. Ein Seenotflugzeug konnte drei britische Piloten retten, ging dann aber selber zu Bruch. Die Besatzung und zwei Engländer wurden dann aber in letzter Sekunde gerettet.

In einem weiteren Einsatz wurden am 11. 3. 1941 neun in Seenot geratene Flieger gerettet.«

Diese Fälle aus den Tagebuchnotizen von Major Fengler sind deshalb hier widergegeben worden, weil sie die Lage zur damaligen Zeit in der Nordsee gut charakterisieren.

Es zeigte sich, daß bis Anfang 1942 nur vereinzelte Seenotfälle auftraten. Erst um die Jahreswende 1942-43 vermehrten sich die Feindeinflüge über die Nordsee hinweg nach Deutschland. Zu dieser Zeit wurden auch Seenotflugzeuge immer wieder angegriffen und mußten versuchen, sich der Angreifer zu erwehren. Es kam zu langen Verfolgungen der Seenotmaschinen, wobei oftmals Opfer zu beklagen waren.

Major Securius, der im Herbst Kommandeur des SBK Nord geworden war, lief mit einem Fl.B.-Boot auf eine Grundmine. Das Boot sank. Die beiden Maschinisten fielen, die übrige Besatzung konnte gerettet werden.

Dennoch wurden auch in dieser Zeit viele Einsätze geflogen und gefahren. Major a. D. Kretschmar, der von 1941 bis 1943 Staffelkapitän der Seenotstaffel auf Norderney war, schätzt die Gesamtzahl der Seenoteinsätze auf etwa 800 und die Zahl der Geretteten auf 120 Mann der kriegsführenden Nationen. Nach seinen An-

gaben wurde bereits ab 1941 der Seenoteinsatz in der Deutschen Bucht mit Jagdschutz geflogen, da in dieser Zeit zwei Seenotflugzeuge von den Engländern abgeschossen worden waren.
Im Zeitabschnitt 1941-42 entstanden die meisten Seenotfälle nach Nachtangriffen deutscher Verbände, die über einen Teil der Deutschen Bucht in Richtung England flogen.
Ab 1943 waren es die Großeinflüge der Engländer und Amerikaner nach Deutschland, welche die Seenoteinsätze in die Höhe schnellen ließen.
Als im Winter 1941-42 wegen der Eisbildung von Norderney aus kein Seenoteinsatz möglich war, starteten die He 59 Seenotmaschinen mit ihren Schwimmern auf dem zugefrorenen See in Zwischenahn. Von hier aus konnten sie unter verschärften Bedingungen dennoch 3 deutsche Jäger und 2 englische Flieger retten.
Nach der Abberufung von Oberstleutnant Securius wurde Oberstleutnant Sabratzky dessen Nachfolger.
Die feindliche Lufttätigkeit hatte sich seit Beginn des Jahres 1943 immer mehr in Richtung Ostausgang des Kanals und zur westlichen Nordsee hin verlagert, weil die Einflüge der RAF und der USAAF sich häuften und die Einflugschneisen über Holland oder die Deutsche Bucht führten.
Im Spätsommer 1943 übernahm Oberstleutnant Heß das SBK V (Nordsee). Oberstlt. Sabratzky wurde nach Swinemünde zum SBK VI (Ostsee) versetzt. Das SBK V lag nach wie vor in Wilhelmshaven-Sengwarden und war hier dem BSN, Admiral Lucht, angegliedert, ohne ihm unterstellt zu sein. Zum SBK V gehörten nun die drei Seenotkommandos in Norderney (Deutsche Bucht) List auf Sylt (Seegebiet vor den nordfriesischen Inseln und dem südwest-jütländischen Küstengebiet) und Aalborg (Seegebiet vor der nordwest-jütländischen Küste, Skagerrak und Kattegatt). Das SBK V war mit Einsatzmitteln reich versehen, zumal nach Auflösung der Seefronten im Kanal ein Teil der Boote und Flugzeuge in die Nordsee zurückgezogen werden mußten.
Die Boote der DGzRSch. wurden durch Elbe-Weser-Radio im Sprechfunkverkehr eingesetzt und waren, sofern sie nicht draußen auf Position lagen, auch über Telefon zu erreichen. Die Zahl der für den Seenotdienst im SBK V eingesetzten Fahrzeuge war groß. Flottillenchef war Hptm. Majewski.

Die Seenotflugzeuge starteten von den modernen Seefliegerhorsten. Die Zahl der Seenotfälle deutscher und englischer Flugzeugbesatzungen war etwa gleich groß. Die Rettungsaktionen wurden jedoch immer mehr durch feindliche Flugzeuge gestört und manchmal vereitelt. Darüber hinaus begann der Gegner in der gesamten Deutschen Bucht mit eigenen Seenotmitteln zu Rettungsaktionen zu starten, oder sich in die deutscherseits gestarteten Aktionen einzuschalten, um sein wertvolles eigenes fliegendes Personal zu bergen, damit es wieder eingesetzt werden konnte. Bei diesem Bestreben der Rettung eigener Flieger unternahm der Gegner sogar den Versuch, deutsche Seenotflugzeuge, die englische Besatzungen gerettet hatten, auf See zur Landung zu zwingen, um ihnen die Geretteten abzunehmen und die deutschen Besatzungen gefangenzunehmen.

Der Schutz der deutschen Seenotmaschinen war also zwingend notwendig geworden. Die Realisierung desselben scheiterte jedoch an der Überbelastung der deutschen Jagdverbände. So wurde schließlich dem deutschen Seenotdienst im Sommer 1944 – drei Jahre nach seinem Gesuch – eine eigene Such- und Schutzstaffel genehmigt. Sie bestand zunächst aus vier Ju 88, die später teilweise gegen Fw 190 ausgetauscht wurden.

Als kurze Zeit später die Me 410 von der Nachtjagd nicht benötigt wurde, übernahm der Seenotdienst diese Maschine und gab dafür andere Landflugzeuge ab. Die Me 410 – eine Umkonstruktion der Me 210 – war mit ihren zwei 20 mm MG 151/20 und dem zwei MG 17 (7,9 mm) im Rumpfbug, sowie zwei 13 mm MG 131, in vom Beobachter ferngesteuerten Gondeln in den Rumpfseitenwänden, eine starke Waffe und hat sich für diesen speziellen Zweck des Schutzes der Seenotmaschinen besonders bewährt.

Alte Seenotbesatzungen übernahmen diese neuen Maschinen und waren so in der Lage, infolge ihrer großen Erfahrungen in der Seenotsuche sowie im Seeflugnavigieren der Do 24 einen guten Schutz zu gewähren, und zum anderen auch die in Seenot befindlichen Flieger sehr rasch zu finden und die Do 24 heranzudirigieren.

Bis Dezember 1944 führte Hptm. Ossowski die Seenot-Suchstaffel. Danach war bis Kriegsende Hptm. Wiesner ihr Kapitän. Liegeplatz der Staffel war Jever. Damit konnten die Flugzeuge jederzeit schnell eingesetzt werden und waren rasch über den Objekten. Die Staffel betreute und schützte auch die Minensuchflugzeuge, zu denen Ju 52 umgebaut worden waren. Mit einem großen Minensuchring unter dem Rumpf flogen diese Minensuchflugzeuge die Schiffahrtswege der Deutschen Bucht und die Mündungsgebiete der Nordseehäfen ab, um feindliche Magnetminen zur Explosion zu bringen.

Die Zusammenarbeit des Seenotdienstes mit der KM wirkte sich beim SBK V besonders günstig aus. Bis Anfang 1945 führte der BSN einen lebhaften Geleitzugverkehr von den deutschen Nordseehäfen nach Holland durch. Diese Geleitzüge wurden vielfach vom Gegner mit Torpedoflugzeugen, Zerstörern und Schnellbooten angegriffen. So lange dieser Geleitzugverkehr nachts lief, lag der Seenotdienst mit seinen Einsatzmitteln in den entsprechenden Küstengebieten in Bereitschaft. Es konnten aus diesem Grunde eine ganze Anzahl erfolgreicher Seenoteinsätze bei feindlichen Angriffen auf unsere Geleitzüge durchgeführt werden.

Nachdem die Seenot-Suchstaffel mit ihren Me 410 zur Verfügung stand, flog diese für den BSN auch gelegentlich Seeaufklärung. Durch die Ergebnisse dieser Seeaufklärung wurden nicht nur der Marine wertvolle Hinweise auf mögliche Angriffe gegen ihre Geleitzüge verschafft, sondern auch dem Seenotdienst Kenntnisse vermittelt, welche die vorsorgliche Bereitlegung von Rettungsmitteln veranlaßten.

Trotz mehrfacher Luftkämpfe und einiger erzielter Abschüsse erlitt die Seenotsuchstaffel keinen einzigen Verlust durch Abschuß.

Flugzeuge der Staffel Do 24 in Norderney wurden zur Seenotsuche nicht mehr eingesetzt, weil sie bei einer solchen stundenlangen Suche viel zu lange den feindlichen Jägern oder Kampfflugzeugen ausgesetzt waren, die den Seeraum über der Deutschen Bucht auch durch Fernjäger völlig beherrschten. Die Flugboote starteten erst bei einem Seenotfall, wenn die Position des Seenotfalles feststand. Sie flogen dann im Peilanflug, soweit dies möglich war, und in Begleitung eines ausreichenden Jagdschutzes durch die Landstaffel. So konnten sie in kürzester Frist die Rettungsaktion durchführen und mit den Geretteten sicher zu den Einsatzhorsten zurückfliegen.

Bei Angriffen britischer Flieger auf deutsche Geleitzüge liefen in den meisten Fällen die Fl.B.-Boote aus. Im Nachteinsatz erreichten sie den Konvoi schnell, fischten die im Wasser treibenden, oder auf Rettungsflößen hockenden Seeleute auf, übernahmen Besatzungen noch schwimmender, aber sinkender Schiffe und brachten von den übrigen Schiffen Verwundete zurück in die Lazarette.

Die Sperrbrecher, Minensuch- und Räumboote und die Vorposten-Flottillen wurden in gleicher Weise betreut. In diesem Einsatz kamen auch immer häufiger Motor-Rettungsboote zum Einsatz.

In der Deutschen Bucht, nahe unter Land, wo die Benutzung des flachen Wassers in der Nacht unmöglich war, mußte die Kleinschiffahrt bei Tage ihre Fahrten unternehmen. Dies gab feindlichen Jagdbombern die Chance, zu schnellen Erfolgen zu kommen. Daß dennoch auch unter diesen erschwerten Bedingungen der Seenotdienst mit den flachgehenden Motor-Rettungsbooten auslief und die Besatzung und manchmal sogar die Boote rettete, ist ein Hoheslied selbstlosen Einsatzes und einer Opferbereitschaft, die umso höher wiegt, als sie niemals besonders belohnt wurde.

Die Besatzungen dieser kleinen schnellen Motor-Rettungsboote kannten ihre See, sie unterstellten sich selbstlos dem Seenotdienst und nahmen weder auf schlechtes Wetter noch auf bedrohliche Feindlagemeldungen Rücksicht.

Ein Teil dieser Boote beteiligte sich auch mit einer Anzahl Fl.B.-Boote an einer Aktion, die unter dem Stichwort Bereitlegung »Scholle« mehrfach durchgeführt wurde. Hierbei handelte es sich darum, daß bei den im Verlauf des Jahres 1944 immer häufiger stattfindenden Großeinflügen der Alliierten viele Boote zur Rettung von in Seenot geratenen Fliegern auf Positionen in See bereitlagen und sofort starten konnten. Diese Bereitlegung einer größeren Anzahl von Booten war im letzten Kriegsjahr innerhalb der deutschen Bucht deshalb möglich, weil dort eine große Zahl an Fl.B.-Booten und Motor-Rettungsbooten zur Verfügung standen.

Da der Gegner zu Zeiten solcher Großeinflüge alle verfügbaren Jäger zum Schutz seiner Bomberarmaden zur Verfügung haben mußte, war die Bereitlegung der Boote in See ohne große Gefährdung durch Jäger und Jagdbomber möglich. Im gesamten Bereich der Deutschen Bucht wurden jeweils 20 Boote bereitgelegt. Bei der kleinen »Scholle« waren es 8 Boote, die auf ihre Erwartungspositionen liefen, um im Falle eines Falles so rasch wie möglich zur Stelle zu sein.

Das Eingreifen der bereitgelegten Boote erfolgte weitgehend nach eigener Initiative der Bootsführer. Aber auch über Funk gingen ihnen Weisungen zum Einsatz zu.

Da trotz der durch L.In. 16 schon seit 1942 veranlaßten Unterrichtung der Landverbände in bezug auf Mitnahme und Einsatz der Seenotrettungsmittel, dies bei vielen Landverbänden immer noch nicht geschehen, und daraus viele erfolglose Rettungsversuche zurückzuführen waren, entschloß sich Oberstleutnant Heß zu einer neuen Aktion. Als Chef des Seenotbereichskommandos V richtete er in Aalborg Seenoteinweisungs-Lehrgänge aus, in denen er ganz neue Wege beschritt. Diese Lehrgänge machten während ihrer fünftägigen Dauer die Teilnehmer, die aus über See fliegenden Verbänden hierher kamen, mit allen Fragen der Rettung aus Seenot theoretisch und praktisch bekannt. Das Lehrpersonal stellte das in Aalborg stationierte Seenotkommando. Das seemännische Personal wurde vom Seefliegerhorst Aalborg gestellt. Diesem gehörte auch der erfolgreiche Seenotflieger Oblt. Dr. Wagner an.

Diese Kurse fanden ab Januar 1944 jede Woche statt (mit geringen Ausnahmen). Sie hatten bis Dezember 1944 eine Teilnehmerzahl von 1315 erreicht.

Mit der einschneidenden Umorganisierung des Seenotdienstes im Herbst 1944, die mit der bereits genannten Verfügung des Oberkommandos der Luftwaffe vom 10. 8. 1944 befohlen worden war, sollte bei einer Vereinfachung der Führung des Seenotdienstes Personal für die Heimatverteidigung gespart werden.

Mit einem »Vorläufigen Merkblatt« des Generals des Seewesens der Luftwaffe, Inspekteur des See- und Seenotdienstes vom 1. 11. 1944, wurde die Verfügung näher erläutert.

Welche Gründe maßgebend waren, eine so wichtige Einsatzorganisation des Seenotdienstes, die sich allenthalben bewährt hatte, im Zuge von Personaleinsparung völlig aufzulösen, konnte trotz vieler Nachfragen durch GenLt. Goltz nicht mehr festgestellt werden.

Die Ausführungen von Oberst i. G. a. D. Aldinger, der beim ObdL mit Oberst i.G. a.D. von Hoffmann die Organisationsangelegenheiten bearbeitete, sind in diesem Zusammenhang wichtig, weil sie uns gewisse Aufschlüsse über das »warum« geben.

Oberst i.G. a.D. Aldinger schrieb in einem Brief vom 12. 12. 1955 an GenLt. a.D. Goltz folgendes:

»Soweit ich mich erinnern kann, mußte die Luftwaffe im August 1944 sehr große Personalabgaben sowohl an das Heer, als auch an die Waffen-SS machen, so daß in der gesamten Organisation der Luftwaffe damals versucht wurde, den im Vergleich zu den noch vorhandenen Flugzeugen übergroßen Gesamtapparat zu vereinfachen.

Derartige Notmaßnahmen führten selbstverständlich zu Härten und Schwierigkeiten. Außerdem kommt hinzu, daß die Aufgabe des Seenotdienstes zu dem damaligen Zeitpunkt vielfach durch den Verlust der Küstenlinien illusorisch geworden waren.«

In der Tat waren zur Zeit der Herausgabe des Merkblattes die Seefronten sehr zusammengeschrumpft. Dort aber, wo es noch Seefronten gab, in Norwegen, an der Nord- und Ostseeküste und im Mittelmeer, lief der Seenotdienst auf höchsten Touren. Nachdem von den bestehenden 13 Seenotbereichskommandos (Siehe Anlage: Die 13 Seenotbereichskommandos) 9 mehr oder weniger aufgelöst werden mußten, oder sich in der Auflösung befanden, stand soviel freigewordenes Seenotpersonal zur Verfügung, daß man die Organisation der restlichen vier SBK in der alten bewährten Form hätte bestehenlassen können und – *müssen!* Die Umorganisation bedeutete nach den Darstellungen von Oberstleutnant a.D. Heß folgendes:

1. Auflösung des Seenotdienstführers bei der Luftwaffe.
2. Auflösung der Einsatzgefechtsstände des Seenotdienstes, nämlich der Seenotbereichskommandos und der Seenotkommandos.
3. Zusammenfassung von Seenotstaffel und Seenotflottille zu einer Gruppe, deren Unterstellung unklar war.
4. Verantwortlicher Seenoteinsatz mit Einsatzmitteln dieser Gruppe durch *jene* Landfliegerverbände, Staffel, Gruppe, Geschwader, bei denen ein Seenotfall eingetreten war.
5. Der Seenotverbindungskommandeur bei der Luftflottille hatte durch geeignete Maßnahmen, wie Belehrungen über Seenoteinsatz, Gestellung von Seenotverbindungsoffizieren usw., dafür

zu sorgen, daß die Landverbände zur Durchführung eines solchen Einsatzes in der Lage waren; u.a.m.

Die durch die obige Verfügung entstandene Situation bei der Luftflotte Reich war folgende: Die Luftflotte Reich, die inzwischen für die Nord- und Ostseeküste von der Scheldemündung bis Pillau zuständig war, entschloß sich zu folgender Lösung:

Das Seenotverbindungskommando, Oberstleutnant Heß, trat an die Stelle des früheren Seenotdienstführers. Ihm unterstanden truppendienstlich, disziplinar und einsatzmäßig, die beiden Seenotgruppen 80 und 81 (anstelle der beiden SBK Nordsee und Ostsee).

Die Seenotgruppe 80, Hptm. Luchmann mit der
1. Seenotstaffel: Oblt. Holtkamp und der
2. Seenotstaffel: Hptm. Ossowski, sowie der
Seenotflottille: Hptm. Majewski, war auf Norderney stationiert.
Die Seenotgruppe 81: Major Born,
deren Staffel- und Flottillenführer nicht mehr festzustellen sind, hatten ihren Standort in Bug auf Rügen. Die Einsatzmittel und ihre Liegeplätze blieben dieselben.

Da die Nachrichten-Kompanien des Seenotdienstes aufgelöst wurden, übernahm der Nafü der 2. Jagddivision die nachrichtentechnische und personelle Betreuung.

Um engste Verbindung mit den wichtigen Nachrichtenverbindungen zu haben, wurde das neue Seenotverbindungskommando, Oberstleutnant Heß, zur 2. Jagddivision nach Stade verlegt.

Damit waren in diesen Seeräumen klare Einsatz-, Befehls- und Unterstellungsverhältnisse geschaffen worden. Hier konnte der Seenotdienst in seiner bewährten Weise weiterlaufen. Daß auch die Marine in gleicher Weise gut weiterbetreut wurde, zeigte der kurz darauf stattfindende Seenotfall eines deutschen Vorpostenbootes, der hier dargestellt werden soll.

Dieses VP-Boot wurde am 26. 11. 1944, allein laufend, in der Nähe der niederländischen Insel Schiermonnikoog durch Bombentreffer schwer beschädigt. Seinem Kommandanten gelang es, das Boot im Wattenmeer auf Grund zu setzen. Hier brach es in zwei Teile auseinander. Der Funker konnte noch eine Seenotmeldung mit dem Standort des Bootes absetzen.

Auf diese Meldung hin startete Staffelkapitän Oblt. Holtkamp mit

einer Do 24 aus Norderney zum Rettungseinsatz. Bereits nach 20 Minuten hatte dieser das Boot gefunden. Da jedoch das Wasser inzwischen bedeutend gefallen war, stand ihm nur ein etwa 40 bis 60 m breiter und 500 m langer Priel zur Landung zur Verfügung. Dieser Priel lag zu allem Überfluß auch noch unter Querwind.
Inzwischen war es Nacht geworden. Dennoch gelang dem Oblt. die Ziellandung, und mit Hilfe zweier Schlauchboote wurden in mehreren Fahrten zunächst die Verwundeten an Bord gebracht.
Kurz vor Mitternacht traf die Do 24 mit diesen 13 Verwundeten in Norderney ein.
Sofort startete Oblt. Holtkamp zum zweiten Flug und konnte weitere 21 Marineangehörige an Bord nehmen und nach Norderney fliegen. Ein drittesmal startend, geriet die Do 24 in Berührung mit einem feindlichen Nachtjäger. Durch mehrere Kursänderungen und Hinuntergehen auf knapp 100 m über Wasser gelang es dem Oblt., den Nachtjäger abzuhängen. Die dritte Landung im Priel ging abermals glatt. Diesmal wurde der gesamte Rest, immerhin noch 24 Marinesoldaten, an Bord genommen und zum Heimflug gestartet. Trotz abermaliger Feindberührung mit einem Nachtjäger wurden auch diese 24 Soldaten sicher in Norderney gelandet. Damit hatte diese Do 24 nicht weniger als 58 Angehörige der Kriegsmarine in drei aufsehenerregenden Flügen gerettet.
Diese hervorragende fliegerische Leistung, unter Bedingungen, die an und für sich jede Landung unmöglich machten, dazu noch bei Nacht, hatte die 58 Soldaten vor einem ungewissen Seenotschicksal, bei steigender Flut und bei Tageslicht gegen feindliche Jäger und Jagdbomber, gerettet.
Im letzten Kriegswinter bereitete die Betreuung des niederländischen Seeraumes dem Seenotdienst besondere Schwierigkeiten. Dieser Seeraum wurde aber um diese Zeit regelmäßig von einem deutschen Jagdgeschwader überflogen, das im Rahmen des V-Waffeneinsatzes eine besondere, schwierige Sonderaufgabe erhalten hatte. Diese Einflüge waren dem Gegner bekannt und wurden mit allen verfügbaren Jägern bekämpft. So kam es zu vielen Seenotfällen, deren Durchführung beinahe unmöglich wurde.
Zwar waren in Ijmuiden, Den Helder und Terschelling in sehr exponierten Positionen noch bis zur letzten Möglichkeit Fl.B.-Boote stationiert, die in diesen Fällen auch zu Erfolgen kamen und Flie-

ger retten konnten. Leider jedoch war ihr Einsatz bei den häufig herrschenden schweren Seeverhältnissen, nach denen bei Sturmwarnungen auch die Kriegsmarine alle Vorpostenboote einziehen mußte, unmöglich. An diesen Orten wären nur noch moderne Motor-Rettungsboote der DGzRSch zu verwenden gewesen. Diese standen aber nicht zur Verfügung und die Vorbereitungen zu ihrem Einsatz, die getroffen wurden, wurden schließlich von den militärischen Ereignissen überholt.
Durch die pausenlosen Angriffe der alliierten Luftkampfverbände bei Tag und Nacht auf den deutschen Raum trat bei ständiger Einsatzbereitschaft der Seenoteinheiten auch für den Seenotdienst, besonders an der Nordsee, ein fühlbarer Brennstoff- und Ersatzteilmangel ein. So waren Anfang März 1945 mehrere Me 410 wegen der Unmöglichkeit, die benötigten Ersatzteile herbeizuschaffen, nicht mehr einsatzklar.
Aus diesem Grunde wurde Mitte März im Einvernehmen mit der Luftflotte Reich versucht, sechs Me 410, die in dem von den Sowjets bereits bedrohten Sagan, Schlesien, abgestellt und überführungsklar gemacht worden waren, durch sechs Me 410-Besatzungen des Seenotdienstes abzuholen. Fünf dieser Maschinen erreichten Jever. Eine mußte südlich Berlin mit Motorschaden landen.
Ende März 1945 mußte die 2. Jagd-Division ihren Kampfbunker in Stade aufgeben. Sie verlegte nach Leck-Eckebeck. Das Seenotverbindungskommando unter Oberstleutnant Heß verlegte seinerseits auf den Seefliegerhorst Schleswig.
Im Zuge der Räumung von Ostfriesland mußten auch die Do 24 und die Me 410-Staffel Norderney, bzw. Jever verlassen. Zehn Do 24 verlegten nach List auf Sylt, neun Me 410 nach Westerland. Bei diesem Verlegungsflug geriet das Flugboot, das den 26 Mann zählenden Gruppenstab an Bord hatte, durch Motorstörung vor Neuwerk in Seenot. Da noch ein Motor intakt war, gelang es dem Piloten, die Maschine »zu Fuß« an Neuwerk heranzurollen. Während des Niedrigwassers blieb die Maschine auf dem Trockenen liegen. Bei auflaufendem Wasser wurde sie von einem R-Boot in Schlepp genommen, nach Cuxhaven eingebracht und von dort mit einem F.B.-Boot nach List geschleppt.
In den letzten vier Wochen des Krieges wurden von List noch

einige Einsätze geflogen. Mit den drei in Holland zurückgebliebenen Fl.B.-Booten bestand noch Funkverbindung. Neben wenigen Seenoteinsätzen wurden sie zur Sicherung des Rückzuges im Küstengebiet benötigt. Erst Ende April 1945 erfolgte ihr Rückruf. Als letzte Fahrzeuge aus dem holländischen Seeraum erreichten sie unversehrt Cuxhaven.

Nach der Kapitulation wurden die Do 24 – es waren mit den aus Aalborg hinzugekommenen insgesamt 15 Maschinen – mit einer Ausnahme demontiert und verschrottet.

Die Me 410 in Westerland erlitten das gleiche Schicksal.

Bemerkenswert ist, daß mit der einzigen nicht zerstörten Do 24 im Auftrage der Engländer im Sommer 1946 eine Reihe von Versuchsflügen stattfanden. Danach wurde die letzte Do 24 durch ein englisches Seenotfahrzeug in den Seeraum nordwestlich Sylt geschleppt und von englischen Jagdflugzeugen unter Beschuß genommen. Trotz starker Schlagseite konnte sie jedoch nicht zum Sinken gebracht werden. Am nächsten Tag wurde sie durch eine Sprengladung vernichtet.

Der Endkampf in der Ostsee.

VORBEMERKUNGEN ZUM SEENOTEINSATZ IN DER OSTSEE.

Mit dem Beginn des Unternehmens »Barbarossa« war man in Seenotkreisen der Meinung, daß nunmehr auch in der Ostsee ein verstärkter Seenoteinsatz stattfinden werde. Dazu wurden einige Vorbereitungen getroffen, um einen solchen Einsatz bestmöglich durchführen zu können.

Zunächst trafen diese Voraussagen jedoch nicht ein. Es blieb im Ostseebereich ruhig. Die Jahre 1942 und 1943 verliefen ohne jedes herausragende Ereignis. Erst als nach der russischen Sommeroffensive 1944, der Operation »Bagration«, der Durchbruch der Roten Armee bis an die Ostseeküste bei Reval und Riga gelang, und nach und nach die baltischen Staaten aufgegeben werden mußten, änderte sich hier die Lage schlagartig.

Nicht nur die KM, sondern auch der Seenotdienst mußte neben seinen Seenotaufgaben mit einem vielseitigen Einsatz im Waffen- und Materialtransport zur Verteidigung des deutschen Ostens beitragen. Eine der wichtigsten, wenn nicht *die* wichtigste Aufgabe, war der Rücktransport der Flüchtlinge und der Verwundeten aus dem Ostraum in den Westen. Dazu mußte der Seenotdienst seine Einsatzmittel verstärken. Er zog alle verfügbaren Boote und Schiffe in der Ostsee zusammen. Dadurch erhielt die Seenot-Gruppe 81 unter Hptm. Born in Bug auf Rügen, einschließlich der Seenotflottille 60, Hptm. Schirmack, die selbständig operierte, über 30 Fl.B.-Boote und 6 Flugsicherungsschiffe zu ihrer Verfügung.

Die Schiffe und Boote des Seenotdienstes waren nicht groß. Die Boote hatten etwa 60 Tonnen, die »Flusi«-Schiffe ungefähr 1000

Tonnen Deplacement. Aber sämtliche schwimmenden Einheiten waren wendig und schnell und deshalb zu fast allen Aufgaben geeignet, die hier im Raume der östlichen Ostsee anfielen.
Von den Flüchtlingen, die nun in Massen in die Hafenstädte strömten, wurden sie sehr geschätzt, da sie infolge der Geschwindigkeit mit der sie mit ihren 150 bis 200 Geretteten nach Westen liefen, sicherer als langsame Schiffe waren. Sie legten die Strecke von Pillau nach Swinemünde in 8 Stunden zurück.
Die Flugsicherungsschiffe verfügten über eine Krananlage von großer Leistungsfähigkeit und waren ebenfalls vielseitig verwendbar. Sie konnten beispielsweise mehrere Jagdflugzeuge gleichzeitig an Bord nehmen. Das Flugboot Do 24 konnte erstaunlich viele Personen unterbringen. Dies wurde durch einen Einsatz dokumentiert, der zu den besten zählt, die von Seenotbesatzungen jemals geflogen wurden.
Als die Rote Armee überraschend in Pommern eingedrungen war, und mit ihren Panzern den Nester See bei Köslin umstellt hatte, befanden sich in den Erholungsheimen an diesem See noch etwa 2000 Berliner Kinder. Diese standen in Gefahr, den Russen in die Hände zu fallen und verschleppt zu werden.
In laufenden Einsätzen starteten die großen Flugboote und holten die Kinder, bis zu 100 in einem Flugboot, aus den eingekreisten Erholungsheimen ab und brachten sie nach Bug auf Rügen in Sicherheit. Immer wieder wagten die Besatzungen diesen Flug, bis die Kinder und das gesamte Personal in Sicherheit waren.
Auch die Fl.B.-Boote führten in dieser Zeit einen herausragenden Einsatz durch.
In der Nacht zum 18. März transportierten Boote der Flottille 81 im laufenden Einsatz über 2000 Soldaten, den Rest der Besatzung des eingeschlossenen Kolberg, unter dem Feuerschutz deutscher Zerstörer über die Seebrücke von Kolberg-Bad, trotz des scharfen sowjetischen Nachdrängens ohne nennenswerte Verluste, zurück. Es war dies eine mit hohem seemännischen Können verbundene mutige Tat, welche der Führer des Zerstörerverbandes in seinem Gefechtsbericht besonders würdigte.
Dieser Einsatz wurde dem Flottillenchef Oblt. von Aswegen, mit einem Bericht von Hptm. Altmann bestätigt. Dieser berichtete, daß 2356 Soldaten und Zivilisten aus der Festung Kolberg heraus-

geholt wurden, wobei das Fl.B.-Boot 514 noch bei Tageslicht unter dem Feuerhagel russischer Artillerie und schwerer MG 10 Mann aus zwei Schlauchbooten barg, die nur 200 m vom Molenkopf entfernt trieben. Das Boot lief an das Schlauchboot heran und barg diese letzten Zehn von Kolberg.

Hptm. Altmann gibt weiter an, daß die Räumung der Festung nur auf diese Weise möglich war, da die Kriegsmarine nur noch 3 Fährprähme zur Verfügung stellen konnte, die wegen ihrer geringen Fahrtstufe den Zubringerverkehr zu den auf der Reede von Kolberg wartenden Transportern nicht geschafft hätten. Bei dieser Gelegenheit erwähnte Oblt. von Aswegen den vorbildlichen Einsatz des Fl.B.-Bootes 308 unter seinem Bootsführer Wilhelm Plötz.

Auch bei reinen Seenotfällen wurden von den relativ kleinen Booten oftmals Leistungen an Einsatzbereitschaft und seemännischem Können geboten, die die größte Hochachtung verdienen.

So holte am 8. 1. 1945 das Fl.B.-Boot 535 unter Bootsführer Engelhardt nördlich Libau die zehnköpfige Besatzung des gestrandeten Dampfers »Steinburg« herunter, als infolge außerordentlich ungünstiger Seeverhältnisse selbst die Marine alle Rettungsversuche eingestellt hatte.

Vom 4. 1. 1945 bis zum 24. 4. 1945 sind dem Seenotverbindungskommando der Luftflotte Reich zahlreiche Seenoteinsatz- und Erfolgsmeldungen zugegangen. Einige davon seien hier stellvertretend für alle anderen genannt. Sie beziehen sich ausnahmslos auf die Rückführung von Flüchtlingen und Verwundeten. (Originalbericht von Oberstleutnant a. D. Heß):

31. 1. 1945: Im Luftquadrat 15 Ost 76882. Fahrgastschiff »Wilhelm Gustloff« gesunken. Eingesetzt: Die Flusischiffe »Boelcke«, und »Gunther Plüschow« während der Nacht von Pillau aus, bei Morgengrauen fünf Do 24 von Bug aus. Die Schiffe und Flugboote kehrten zurück, da an der Untergangsstelle 24 bis 26 Fahrzeuge Rettungsmaßnahmen durchführten. Dabei wurde von »Gunther Plüschow« ein Rettungsfloß mit zwei Frauenleichen gefunden.

10. 2. 1945: Luftquadrat 15 N/Qo 3. Lazarettschiff »Steuben« mit 2500 Verwundeten und 1000 Flüchtlingen gesunken. Eingesetzt wurden fünf Do 24 (von Bug und Travemünde aus), mit einem Arzt. Die Flugboote führten Fahrzeuge der Marine an

Boote und Flöße mit anscheinend noch Überlebenden heran.
18. 2. 1945: Luftquadrat 15 Ost N/Te 1. Dampfer »Consul Cords« gesunken. Eingesetzt: Fl.D.-Boot 213, 3 Tote geborgen, weiterer Einsatz von Fl.B.-Booten 524, 407, 5508 aus Warnemünde. Fl.B.-Boot 524 übernahm 8 Lebende und 2 Tote.
14. 3. 1945: Luftquadrat 15 Ost N/SB 59. Torpedoschiff »Hugo Zeyer« erhält Minentreffer. Eingesetzt: 1 Do 24, Fl.B.-Boote 5007, 5008, 5009, 441 und »MR Nebelthau«. Zahl der Geretteten unbekannt. Gepäck von ca. 50 Flüchtlingen, 1 Röntgenapparat und eine Kiste Verbandszeug übernommen.
28. 3. 1945: Luftquadrat 15 Ost N/AR 7 VP-Boot erhält Minentreffer. Eingesetzt: »MR Lübeck«. 4 Mann gerettet und vom VP 1107 übernommen.
3. 4. 1945: Luftquadrat 15 Ost N/RU 29. Pionierfähre gesunken. Eingesetzt: Fl.B.-Boot 5051, 63 Soldaten gerettet, einen Toten geborgen. Weitere 10 Soldaten retteten sich selbst im Schlauchboot.
13. 4. 1945: 2 sm südlich Pillau Pionierboot mit Besatzung gekentert. Eingesetzt: Fl.B.-Boot 517. Ein Mann durch das Boot, 4 Mann durch ein Pionierfahrzeug gerettet.
16. 4. 1945: Swinemünde. Schwerer Kreuzer »Lützow« von Bomben getroffen. Schiff brennt und sinkt. Eingesetzt: Fl.B.-Boot 434. Es wurden 125 bis 130 Besatzungsmitglieder, darunter der Flottenchef, Admiral Meendsen-Bohlken, gerettet.
18. 4. 1945: Auf dem Wege von Pillau nach Hela Flusi »Boelcke« durch Bombentreffer versenkt. Es wurden 48 Mann durch das Flusi »Greif« und 6 Mann durch Marinefahrzeuge gerettet.«
Diese knappen Meldungen über kleine, große und größte Seenotfälle beleuchten blitzartig die ganze Dramatik der letzten drei Kriegsmonate in der Ostsee.
Eine jener Seenotflottillen, die in der östlichen Ostsee in ständigem Einsatz zwischen Pillau und Hela unterwegs war, war die Seenotflottille 60, Hptm. Schirmack. Mit seiner Flottille hatte Hptm. Schirmack im September 1944 im Kanal den Befehl erhalten, nach Kiel zu verlegen. Im Folgenden soll der Weg und der Einsatz dieser Flottille an den Brennpunkten dieses opfervollen Ringens unter Verwendung des Berichtes des damaligen Flottillenchefs, beleuchtet werden.

DIE SEENOTFLOTTILLE 60 IM EINSATZ.

Als die Flottille im September 1944 den Befehl zur Verlegung nach Kiel erhielt, sammelte Hptm. Schirmack seine in Le Havre, Dieppe und Boulogne liegenden Boote und marschierte mit den letzten Räum- und Schnellbooten der Marine nach Ostende. Von dort lief er mit seinen 12 Booten zum Teil auf dem Binnenwasserweg nach Kiel. Dort erhielt er seine Kommandierung als Seenot-Flottillenchef 60 nach Pillau.

Er ließ seine Boote kurzerhand auf der Krögerwerft in Stralsund »aufbügeln« und setzte sich nach Pillau in Marsch. Hier sein Bericht darüber:

»Wir fühlten uns zunächst wie im Paradies und faßten die Fahrten nach Libau und Windau als Spaziergänge auf, denn man hatte weder von See, noch aus der Luft her, etwas zu befürchten. Diese Freude war jedoch nur von kurzer Dauer, denn sie veränderte sich jäh, als Riga der Roten Armee in die Hände fiel und die russische Dampfwalze im Raume Königsberg, Memel, Heiligenbeil und bei Danzig in Bewegung geriet.

Von diesem Zeitpunkt an wurden wir nicht nur aus der Luft und durch russische Schnell- und U-Boote gestört, sondern es gesellte sich auch die russische Artillerie dazu.

Nunmehr begannen auch unsere Einzelaufgaben vielseitig zu werden. Die Boote von Windau wurden zurückgenommen, Tag und Nacht erfolgten von Pillau aus die Einsätze nach Memel. Wir brachten Proviant, Munition und Verbandszeug in diese Stadt und nahmen Verwundete mit zurück.

Zum Teil machten wir einen Pendelverkehr durch das Kurische Haff. Zu dieser Zeit erhielt ich auch die Verstärkung an Booten der Seenotflottille 81.

Soweit ich mich erinnere, war zu jener Zeit soeben die pommersche Küste von den Russen besetzt worden. Nach der bekannten (und im Vorkapitel geschilderten) Rückführung der Besatzung Kolbergs durch Boote der Flottille 81, wurde diese verkleinert und 5 Boote an meine Flottille abgegeben.

Nachdem auch die Seenotgruppe 60 aufgelöst war, verblieb ich allein mit 9 bis 12 Booten in Pillau. Zwei weitere Boote wurden mit einem Offizier in Libau stationiert.

Nunmehr setzte auch der Flüchtlingsstrom im Raume Pillau ein. In dieser Zeit stießen die beiden Flugsicherungsschiffe ›Hans Albrecht Wedel‹ und ›Greif‹ sowie der Bergungsprahm 31 zur Flottille und standen ihr für die gleiche Aufgabe zur Verfügung.
Bis dahin waren die beiden Flugsicherungsschiffe in der östlichen Ostsee bei den großen Einheiten der KM als ›Flugzeugträger‹ eingesetzt gewesen.
Im Einsatz der Flottille war ich völlig allein auf mich gestellt, denn die Verbindung mit Kiel war unterbrochen. Wir waren zu dieser Zeit nur noch ein großer Stützpunkt.
Während wir anfangs noch die Flüchtlingstransporte bis Swinemünde durchführten, kam es später zu einer günstigen Zusammenarbeit mit der Marine, so daß wir nun die Flüchtlinge und Verwundeten bis zur Halbinsel Hela (Kpt. z. S. Adalbert von Blanc, Chef der 9. Sicherungsdivision) brachten, wo sie auf größere Schiffe verladen wurden, die zur 9. Sicherungsdivision gehörten.
Inzwischen war der Kampf um Ostpreußen immer härter und verzweifelter geworden. Wir fuhren in der Danziger Bucht mit der Marine gemeinsam U-Jagd, versorgten die Stützpunkte, beispielsweise Neukuhren und andere, laufend mit Munition und Verbandsmaterial und bargen Verwundete aus diesem Raum.
Derartige Einsätze waren hart. Einmal waren die Boote der Seenotflottille 81 noch nicht im Verbandseinsatz geschult und zum anderen wurde in diesem ohnehin schwierigen Fahrwasser keinerlei Befeuerung gezeigt. Dazu herrschte noch immer eine unangenehme Kälte.
Zu jener Zeit bargen wir auch von einem in Brand geratenen Lazarettschiff in Höhe Gotenhafen mit 3 Fl.B.-Booten und einem Flugsicherungsschiff 900 Verwundete.
Im gemeinsamen Einsatz mit der Marine und Einheiten der Pioniertruppen entsetzten wir die Reste der Einheiten im Raume Heiligenbeil. Zwei Boote hatte ich noch in Nickelswalde stationiert, die den Abtransport von Verwundeten aus Danzig nach Hela durchführten.
In Pillau selbst lagen wir unter dem ständigen Artilleriebeschuß der Russen, die sich mit Hilfe von Fesselballons gut eingeschossen hatten. Als der Kampf um Pillau seinem Ende entgegenging, war ›Hans Albrecht Wedel‹ bereits in der Danziger Bucht durch

Bomben aus der Luft versenkt und ›Greif‹ so stark beschädigt, daß er für den weiteren Einsatz ausfiel.
In der Nacht bevor Pillau kapitulierte, ging ich mit den restlichen 8 Booten, und je 150 bis 180 Mann Verwundeten an Bord eines jeden Bootes, in See und erreichte nach einer Sturmfahrt Bornholm, wo wir die Verwundeten absetzten. Dann gingen wir zunächst nach Stralsund in die Werft – wir waren bereits stark angeschlagen – zu einer kurzen Überholung und stießen anschließend zur Gruppe 81 von Hptm. Born in Bug auf Rügen.
Kurz vor Kriegsende verlegte Hptm. Born mit seinen Flugbooten nach Goldborg/Dänemark, während ich mit der Flottille noch in Bug verblieb.
Nachdem wir mit unseren Booten noch das Marinelazarett in Stralsund geräumt hatten, fiel die Stadt in die Hand des Feindes und kurz danach ergab sich auch Rügen so überraschend, daß wir uns erst absetzen konnten, als der Inselkommandant bereits kapituliert hatte. Unsere Absicht, Kiel anzulaufen, konnten wir nicht mehr in die Tat umsetzen.
Etwa 5 Stunden vor meinem Verband hatte ich zwei Boote meiner Flottille mit Verwundeten, Frauen und Kindern in Marsch gesetzt, um sie in Sicherheit zu bringen. Der Transport stand unter Führung von Ofw. Holata. Er geriet in jenen schweren Angriff englischer Schlachtflieger, dem etwa 150 Kleinfahrzeuge in der Kieler Förde zum Opfer fielen. Darunter auch meine beiden Fl.B.-Boote.
Ich ging daher mit einem Verband nach Goldborg/Dänemark, zur Gruppe 81, um nicht das gleiche Schicksal zu erleiden. Dieser Verband bestand noch aus:

Fl.B.-Boot 504	– Ofw. Ringelmann
Fl.B.-Boot 517	– Ofw. Soltau
Fl.B.-Boot 527	– Stfw. Meister
Fl.B.-Boot 532	– Ofw. Launschnig
Fl.B.-Boot 537	– Ofw. Enkrott
Fl.B.-Boot 542	– Stfw. Studt
Fl.B.-Boot 5003	– Ofw. Schütt
Fl.B.-Boot 5503	– Fw. Niederacher
Fl.B.-Boot 308	– Bootsfhr. Plötz
Bergungsprahm 31	– Kpt. Riefenstahl

Hier erlebten wir die Kapitulation und verblieben auf Anordnung der Engländer bis Juli in diesem Hafen. Dann mußten wir – unter englischer Überwachung – nach Schleswig zurückkehren.«

Dies ist der Bericht von Oberstleutnant a. D. Schirmack.

Welches Schicksal erlitten nun die drei Flugsicherungsschiffe, die in diesem Seegebiet die ihnen gestellten Aufgaben bis zu ihrer Vernichtung erfüllten?

Über den Untergang der Flugsicherungsschiffe »Hans Albrecht Wedel« berichtete das Besatzungsmitglied, Obergefreiter Gerhard Manteufel:

»Das Flugsicherungsschiff lief am 8. 4. 1945 gegen 11 Uhr die Südspitze von Hela an. Mit ihm liefen auf gleichem Kurs ein Versorgungsschiff und ein Zerstörer.

Diese drei Fahrezuge wurden gegen 11.15 h von schätzungsweise drei Wellen »Il 2« (Schlachtflieger) und »Boston« (Bomber) angegriffen. Kurz nach Beginn des Angriffes erhielt ›Hans Albrecht Wedel‹ einen Bombentreffer. Nach dem Angriff wurde ›Rot!‹ geschossen, um die Verwundeten von Bord holen zu lassen. Ich kann nicht angeben, wie viele Tote und Verwundete sich nach dem Angriff an Bord befanden. Eine Schlepperhilfe war nicht nötig, da die ›Hans Albrecht Wedel‹ versuchte, mit eigener Kraft den Hafen Hela anzulaufen. Plötzlich legte sich jedoch das Schiff, etwa 30 Minuten nach dem erhaltenen Treffer, während der Fahrt weit nach Steuerbord über und sank sofort.« Soweit der Bericht.

»Der Obergefr. Manteufel wurde von dem Fl.B.-Boot 5003 aufgefischt, während andere Besatzungsmitglieder von einem S-Boot, einem Torpedo-Fangboot und anderen Fahrzeugen aufgenommen wurden, so daß wahrscheinlich der größte Teil der Besatzung gerettet wurde.

Swinemünde, den 10. April 1945 gez. von Aswegen
Oblt. und Flottillenchef.«

Über den Untergang des Flugsicherungsschiffes »Boelcke« berichtete der Kommandant des Schiffes, Kapitän Mathias, folgendes:

»Vom 21. 3. 1945 bis zum Untergang der ›Boelcke‹ am 16. 4. 1945 habe ich mit meinem Schiff drei Reisen von Kiel, Stralsund und Swinemünde mit Munition und Benzin nach Hela und Pillau gemacht, und zwei Transportreisen mit insgesamt 1600 Flüchtlingen und 1500 Verwundeten von Pillau nach Stralsund durchgeführt.

Die Be- und Entladung sowohl in Hela als auch in Pillau fand stets unter stärkstem Artilleriefeuer und Luftangriffen statt. Die Arbeiten mußten meistenteils von der eigenen Mannschaft und in kürzester Frist durchgeführt werden, da der Russe auch bei Dunkelheit mit Hilfe von Leuchtbomben und Scheinwerfern die Arbeiten durch Beschuß störte.
Am 16. 4. 1945 läuft ›Boelcke‹ um 05.30 h in Pillau aus und setzt sich in Kiellinie mit 400 m Abstand hinter das Flugsicherungsschiff ›Greif‹. Um 07.30 h erfolgt 4 sm vor Hela-Reede ein plötzlicher Angriff russischer Bomber mit Jägerbegleitung im Sturzflug aus 4000 m Höhe in zwei Wellen durch etwa 18 Maschinen der Typen LaGG 3, Il-2 und Pe-2. Sie greifen von achtern aus der Sonne an.
Trotz Kursänderungen, erhöhter Fahrtstufe und Abwehrfeuer erhält das Schiff neben Bordwaffenbeschuß der begleitenden Jäger zwei Bombenvolltreffer in den vorderen Maschinenraum, wodurch schwere Zerstörungen entstehen und der Strom im ganzen Schiff ausfällt.
Nach weiteren Einschlägen in der Nähe des Schiffes sackt es schnell ab. Da sämtliches Kommandogerät ausgefallen ist, Befehl durch Zuruf von Mann zu Mann:
›Schiff auf Booten und Flößen sofort verlassen!‹
Vom oberen Deck werden noch die Verwundeten in die Boote geschleppt, dann sinkt das Schiff rapide. Boote und Flöße können sich glücklicherweise noch rechtzeitig absetzen.«
Etwa 40 Minuten nach dem Sinken von ›Boelcke‹ traf ein Zollboot ein und begann mit der Bergung der im Wasser treibenden Leute. Einige Minuten später kam UJ 1208 (Kdt. Oblt. z. S. Barm) und übernahm 46 Mann. UJ 1208 geriet noch in einen weiteren Angriff von 56 Bombern auf der Hela-Reede, wobei es noch fünf Verwundete gab. Um 19.00 h wurden Verwundete und Gerettete vom Flugsicherungsschiff »Greif« übernommen, das selber schwer beschädigt, Hela im Geleit verläßt. Von den 77 Mann der Besatzung der »Hans Albrecht Wedel« wurden 18 Mann verwundet. 12 sind gefallen und 17 werden vermißt.
An dieser Stelle abschließend der Bericht von Kapitän Misch, Kommandant des Flugsicherungsschiffes »Greif«. Kapitän Misch lief mit seinem Schiff am 23. 1. 1945 von Parow zum Osteinsatz nach Königsberg aus. Dazu hatte er von seinem Seefliegerhorst-

Kommandanten Befehl erhalten. Er schreibt darüber:
»Durch Nebel und ausgedehnte Treibeisfelder behindert, machte das Schiff am 25. 1. vormittags in Königsberg fest. Sein Auftrag lautete: Ostflüchtlinge abzutransportieren und Nachschub für die kämpfende Truppe heranzufahren.
Während der Einsatzzeit des Schiffes vom 25. 1. bis zum 17. 4. 1945 wurden über 30000 gezählte Flüchtlinge und Verwundete von ›Greif‹ ins freie Deutschland abtransportiert.
Auf den Rückreisen wurden kommandierte Einheiten mit ihrer Ausrüstung, etwa 4000 Tonnen Munition, Brennstoff, Verpflegung und Gerät zur Front geschafft. Dieses anerkannt beste Ergebnis eines einzelnen Schiffes wurde nur durch den selbstlosen Einsatz der gesamten Besatzung ermöglicht.
Bereits am 24. 2. und am 26. 2. 1945, als zwei Reisen nach Königsberg durchgeführt und 4500 Flüchtlinge, hauptsächlich Mütter mit ihren Kindern, abtransportiert wurden, mußte die Marine mit schweren Einheiten und Artillerieträgern die Umgebung des Kanals freikämpfen. Nachdem es dann dem Feind gelungen war, unsere Front in mehrere Kessel aufzuspalten, erfolgte unser Einsatz fast ausschließlich unter Feindeinwirkung (Bombenangriffe und Artilleriebeschuß). Als zum Beispiel ›Greif‹ am 19. 3. in Hexengrund festgemacht hatte, um 60 Tonnen Bomben zu laden, geriet er in ein so gut liegendes Artilleriefeuer, daß er wieder ablegen mußte, um Hela anzulaufen. Hier wurden 16 Lkw übernommen. Während der Übernahme derselben mußten abermals zwei Fliegerangriffe abgewiesen werden.
Überall, ob wir in Hexengrund, Neufahrwasser, Hela oder Pillau lagen, gab es Artilleriefeuer und Fliegerangriffe. So wurde z. B. am 24. 3. um 06.00 h die Hafeneinfahrt von Neufahrwasser, auf die sich russische Artillerie bereits wieder eingeschossen hatte, nur durch das diesige Wetter begünstigt von uns passiert, als der Hafen bereits von allen anderen Schiffen verlassen war.
›Greif‹ war gerade damit beschäftigt, Munition und Jagdflugzeuge an Bord zu nehmen, als um 11.25 h Fliegeralarm im Schiff gegeben wurde. 4 Il-2 flogen, von LaGG-3 Jägern begleitet, aus allen Läufen und Rohren feuernd das Schiff im Tiefflug an. Durch gut liegendes Flakfeuer unsererseits konnte diesem Angriff die Wirkung genommen werden. Im Verlauf weiterer, ununterbroche-

ner Angriffe gelang es der im Hafen von Neufahrwasser allein schießenden Bordflak, eine LaGG-3 und eine Pe-2 abzuschießen; eine dritte Maschine, die aus der Fläche brannte, erreichte wahrscheinlich ihren Einsatzhafen nicht mehr.

So geriet ›Greif‹ immer wieder, auch auf seinen Fahrten, in Artilleriebeschuß und Fliegerangriffe, die durch Ablaufen mit höchster Fahrtstufe und ›Zacken‹ mit bisher nur leichten Schäden überstanden werden konnten.

Der 16. April 1945 wurde schließlich dem ›Greif‹ zum Schicksalstag. Die Flugsicherungsschiffe ›Greif‹ und ›Boelcke‹ befanden sich in Kiellinien-Formation auf der Fahrt von Pillau nach Hela. Um 08.00 h wurde Fliegeralarm ausgelöst, da sich ein Verband von 18 Feindflugzeugen in einer Flughöhe von 700 m den Schiffen näherten. Der Verband setzte sich aus LaGG-3, Il-2 und Pe-2 zusammen. Als er in den Wirkungsbereich unserer Abwehrwaffen kam, ging er, aus allen Läufen und Rohren feuernd, zum Tiefangriff über.

Während die geworfenen Bomben durch hartes Drehen ausmanövriert werden konnten, wurde beobachtet, daß ›Boelcke‹ gleichzeitig von mehreren schweren Bomben getroffen wurde und brennend über das Vorschiff sank.

Auch ›Greif‹ erhielt in die Maschine schwere Treffer durch Raketen, Splitterbomben und Maschinenwaffen. Es gab zahlreiche Ausfälle an Schwer- und Leichtverwundeten, sowie zwei Tote. Die Steuerbordmaschinen und beide Propeller fielen aus, so daß beim zweiten Anflug von 12 Flugzeugen das Schiff manövrierunfähig war. Dazu brach auf dem Achterdeck Feuer aus; einige der dort lagernden Granaten explodierten. Noch während der Kampfhandlungen gelang es unter dem tapferen Einsatz aller, den Brandherd zu löschen und die Explosion der dort liegenden größeren Menge an Munition zu verhindern und damit das Schiff vor dem Untergang zu bewahren.

Auch der vorbildliche Einsatz des Stabs- und Schiffsarztes Dr. Wenzel und seiner Helfer und Helferinnen soll an dieser Stelle besonders gewürdigt werden.

Von den anfliegenden Verbänden schoß die Schiffsflak 3 Flugzeuge ab.

Mit Schlepperhilfe erreichte ›Greif‹ die Reede von Hela. Der un-

ermüdlichen Arbeit des Maschinenpersonals gelang es unter ständigen weiteren Luftangriffen, das Schiff wieder soweit bedingt fahrklar zu machen, daß es am nächsten Tage im Geleit nach Westen überführt werden konnte. Am 17. 4. 1945 erreichte es die Reede von Bug auf Rügen.
Es fielen: Uffz. Hermann Grabeleu, Obgefr. August Keuchel, Obgefr. Eugen Kämmerer, alle drei von der Bordflak. Ferner Fahnenjunker Scheppers vom 5./FlakRgt. 64, und Obgfr. Karl Sieben, von der 2. Seefahrtschule der Luftwaffe. Die Zahl der Schwer- und Leichtverwundeten betrug 14 Mann.«
Soweit der detaillierte Bericht von Kapitän Misch.
Die entsetzlichen Verluste beim Untergang des großen Fahrgastschiffes »Wilhelm Gustloff« und des Lazarettschiffes »Steuben« und anderer Großfahrzeuge, die von sowjetischen Flugzeugen oder U-Booten versenkt wurden, und die wohl die größten Katastrophen in der Geschichte der Schiffahrt darstellten, konnten vom Seenotdienst und von der Marine nicht verhindert werden. Es war der Führung dieser Schiffe einfach unmöglich, für die riesige Zahl der an Bord genommenen Menschen Rettungsboote oder Flöße mitzunehmen.

DAS FAZIT DES SEENOTDIENSTES IN DER OSTSEE.

Die Schiffe, Boote und Flugzeuge des Seenotdienstes haben während der letzten Monate ihres Einsatzes in der östlichen Ostsee Flüchtlingstransporte und Transporte Verwundeter durchgeführt, die an das Sagenhafte grenzen. Dies immer unter Einsatz des eigenen Schiffes und des Lebens aller Besatzungsmitglieder.
Wie viele Flüchtlinge durch den Seenotdienst in seinen Flugzeugen, Schiffen und Booten gerettet wurden, konnte nicht erschöpfend beantwortet werden, weil es darüber keine genauen Unterlagen gibt. Es ist aber sicher, daß zum einen die Do 24 aus Bug auf Rügen an einem Tage über 2000 Kinder und deren Pflegerinnen und Ärzte aus den Heimen am Nester See abtransportierten und daß die Flugboote für den Transport der Verwundeten in den Westen stets zur Verfügung standen und immer wieder angefordert wurden.

Aufgrund von Schätzungen ist die Zahl der durch Do 24 transportierten Verwundeten mit 5000 nicht zu hoch gegriffen.

Kommen wir zu den Booten und Schiffen. Der damalige Chef der Seenotflottille 60, Hptm. Schirmack, der nach dem Verlust von Pillau in seinen Booten allein rund 1500 Flüchtlinge und Verwundete mitnahm und als »Transport-Notkapazität« für seine Boote 180 bis 200 Menschen je Boot und Fahrt angibt, hat errechnet, daß mit seiner Flottille 50000 bis 80000 Menschen transportiert worden sind.

Wenn man bedenkt, daß noch weitere 25 Boote für diese Aufgabe zur Verfügung standen, kann man für diese Gruppe eine Transportzahl von weiteren 50000 Menschen annehmen.

Für die Flugsicherungsschiffe haben wir zwei Angaben. Kapitän Misch, vom Flusi »Greif«, berichtet, daß er gezählte 30000 Flüchtlinge transportiert hat. Kapitän Mathias, vom Flusi »Boelcke«, hat auf zwei Transporten 3100 Personen von Pillau nach Stralsund gebracht. Von »Hans Albrecht Wedel« sowie von den anderen Flugsicherungsschiffen, die hauptsächlich von der Marine in Anspruch genommen wurden, sind uns keine Zahlen bekannt. Bei der Annahme von jeweils drei Transporten von Verwundeten und Flüchtlingen je Schiff und jeweils 1500 Personen je Fahrt und Schiff ergäbe sich folgende Zusammenfassung:

Seenotflugzeug Do 24:	5000 Personen
33 Fl.B.-Boote:	100000 Personen
Flusi »Greif«:	30000 Personen
Flusi »Boelcke:	3100 Personen
4 weitere Flugsicherungsschiffe (je 4500):	18000 Personen
Gesamtzahl der Geretteten:	156000 Personen

Der Standort des Seenotverbindungskommandos der Luftflotte Reich war zuletzt der Seefliegerhorst Schleswig, der vor allem auch die von den Do 24 eingeflogenen Flüchtlinge und Verwundeten aufnahm und weiterleitete.

In den letzten Tagen vor der Kapitulation, als die Seeflugzeuge an der Ostseeküste keine Landeplätze mehr fanden, wurden sie im Fliegerhorst an Bojen festgemacht und die Besatzungen an Land genommen. Englische Tiefflieger schossen wenig später ein Flugboot nach dem anderen in Brand.

Nach dem Waffenstillstand besetzte am 9. 5. 1945 die englische

Seeluftwaffe den Seefliegerhorst Schleswig. Alle Einsatzmittel des Seenotdienstes in der Ostsee, die wertvollen Ausbildungsfahrzeuge der Seefahrtschule der Luftwaffe Lobbe; und anderer Seefliegerhorste mußten den Siegern übergeben werden.

Die Besatzungen des Seenotdienstes gingen nach und nach in das Entlassungsgebiet zwischen Eider und Nord-Ostseekanal in Gefangenschaft.

Ein Teil des seemännischen Personals wurde noch einige Zeit im Seefliegerhorst Schleswig zu Ausbildungszwecken zurückbehalten, denn erstaunlicherweise waren die Besatzungen der englischen Seeluftwaffe seemännisch nicht ausgebildet.

Geben wir an dieser Stelle Oberstleutnant a.D. Carl Heß das Wort. Er, dem der Autor den überwiegenden Teil der Unterlagen verdankt, war in vier verschiedenen Seenotbereichen führend tätig:

»Der Endkampf in der Ostsee, an ihren Küsten und in ihren Häfen war dramatisch, grausam und verlustreich.

Wir werden wohl nie die Zahl der Opfer und die jener Männer feststellen können, die ihr Leben im Rettungs- und Kampfeinsatz hingaben.

Ihrer *aller* Namen der Nachwelt zu überliefern und zu erhalten, ist nicht möglich gewesen. Auch gelang es gegen Ende des Ringens in der Ostsee nicht einmal mehr, Vorschläge für Beförderungen und Verleihung von hochverdienten Auszeichnungen (EK I u. EK II) an die zuständigen Dienststellen durchzubringen.

Uns bleibt nur noch, in einer stillen Rückschau ihres tragischen Schicksals und ihres opfermutigen Einsatzes in tiefer Dankbarkeit zu gedenken.«

Schlußwort

VON OBERSTLEUTNANT a. D. CARL HESS

»Die Entwicklung des deutschen Seenotdienstes, wie er in diesem Buche dargestellt worden ist, hat einen ganz anderen Verlauf genommen, als seine Initiatoren dies geplant hatten. Aus dem Retten nach dem Kampf wurde ein Retten *und* Kämpfen.

Da die Einsatzmittel des Seenotdienstes für einen solchen unbarmherzigen Kampf nicht geschaffen waren, und auch nicht umgerüstet werden konnten, blieb es ein Kämpfen mit ungleichen, für die Seenotbesatzungen völlig unzureichenden Waffen.

Darin liegt die unvergleichliche Größe der Einsatzbereitschaft dieser Männer begründet, daß sie immer wieder Freund und Feind zur Hilfe eilten, obgleich sie wußten, daß neben der Tücke des Elementes, die bei widrigem Wetter und schwerer See gemeistert werden mußte, *jeder* Gegner, der sie bei ihrem Rettungswerk entdeckte, sie spielend leicht ins Verderben schicken konnte.

So gaben denn auch viele Kameraden des Seenotdienstes für diesen rettenden Einsatz ihr Leben.

Aber noch eine weitere Folge brachte diese Entwicklung mit sich. Nachdem der Rote-Kreuz-Charakter der Einsatzmittel nicht anerkannt war, wurden diese in der Not und Notwendigkeit des Krieges auch zu Zwecken verwendet, für die sie ursprünglich nicht gedacht waren. So war der Seenotdienst schließlich überall dort zur Stelle, wo Wasser und See zur Ursache von Katastrophen zu werden drohten.

Der Kubanbrückenkopf, die Krim, die Ägäis, das Schwarze Meer und die Mittelmeerküsten Afrikas und Europas sahen ihren einmaligen Einsatz und geben uns einen überzeugenden Beweis vorbildlicher Einsatzbereitschaft und Improvisationskunst der Soldaten vom Seenotdienst.«

Anlagen

ZUSAMMENSTELLUNG DER ERFOLGE DES SEENOTDIENSTES.

Eine genaue Zusammenstellung über die Rettungserfolge des Seenotdienstes ist nicht möglich, da diesbezügliche Unterlagen zu einem Großteil fehlen. Zuverlässige Angaben sind lediglich über die vier Seenotbereichskommandos der Luftflotte 3 am Atlantik und am Kanal von Juni 1941 bis Ende 1943 vorhanden. Zu diesen Unterlagen kommt für das Jahr 1943 der Bericht des SBK XIII (Berre-Südfrankreich) hinzu. Die vorhandenen Unterlagen geben jedoch interessante Aufschlüsse über den Luftkrieg in diesen Gebieten.

Der Tätigkeitsbericht der Luftflotte 3 über den Einsatz aller vier SBK in seinem Gebiet von Juni bis Dezember 1941 lautet:

Monat	eigene Gerettete	gerettete Gegner	zusammen		
Juni	27	16	43		
Juli	27	27	54		
August	9	21	30		
September	2	2	4		
Oktober	30	9	39		
November	23	—	23		
Dezember	1	3	4		
	119	78	197	=	197

Für die davor liegende Zeit von Juli 1940 bis Mai 1941 nennt der damalige Seenotdienstführer 3, Major Dreyer, für die SBK I und II eine Rettungszahl von 150. Über die SBK III und IV liegen aus diesem Zeitabschnitt keinerlei Angaben vor. Da die Erfolge von diesen beiden SBK denen der SBK I und II in etwa gleich waren, soll eine Rettungszahl für dieses Gebiet von ebenfalls 150 angenommen werden. Dies sind insgesamt = 300

Die Rettungszahlen für das Jahr 1942 liegen aufgeschlüsselt nach SBK vor.

Es sind:

SBK	eigene	Gegner	zusammen		
I	38	25	63		
II	101	19	120		
III	90	38	128		
IV	4	21	25		
	233	103	336	=	336

Die gleiche Aufschlüsselung liegt auch für das Jahr 1943 vor. Sie lautet:

SBK	eigene	Gegner	zusammen		
I	141	26	167		
II	92	16	108		
III	15	7	22		
IV	1	19	20		
XIII	101	31	132		
	454	178	632	=	632

Für das Jahr 1944 bis zur Invasion Frankreichs durch die Alliierten liegen keine Unterlagen mehr vor. Da aber der Seenotdienst bis Juni 1944 im vollen Einsatz war, dürfte eine Rettungszahl von 200 nicht zu hoch gegriffen sein. 200

Gesamterfolg der Seenotrettungen im Kanal und im Atlantik 1665

Für Dänemark, Norwegen und Finnland liegen keine authentische Angaben über Rettungserfolge vor. Oberstleutnant a.D. Ludwig Wahl, seinerzeit Seenotbereichskommandeur in Norwegen, gibt für die Jahre 1940 bis 1943 die Zahl der Rettungserfolge mit 2000 Deutschen und Norwegern und 200 Angehörigen der Feindstaaten an. Da der Seenotdienst in den restlichen 16 Monaten des Einsatzes in diesem Raum etwa gleich intensiv durchgeführt wurde, käme eine Zahl von 1000 Menschen hinzu. Das würde insgesamt 3200 ergeben.

Vom Mittelmeer ist bekannt, daß der Seenotdienstführer Mittelmeer, Oberstleutnant Engelhorn, Ende 1942 anläß-

lich der 1000. Rettung in das Ehrenbuch der Luftwaffe eingetragen wurde.
Major Haeger der das SBK X, Syrakus, in Italien bis Kriegsschluß geführt hat, gibt als Gesamterfolg für dieses SBK 1913 Rettungen an. 1913

Über die Ägäis liegen verschiedene Rettungszahlen vor. Oberstleutnant a. D. Fengler gibt für die Zeit vom 21. 5. bis 24. 5. 1941 171 Rettungen allein im Kreta-Einsatz an.
General der Flieger Zander gibt für die Rettungen im Kreta-Einsatz 262 Menschen an.
Nach der Eroberung von Kreta rettete allein das Hilfsflugsicherungsschiff »Drache« auf seinen Geleitfahrten zwischen dem Festland und Kreta (nach Angaben von Oberstleutnant Fengler) 700 Personen.
Eine genaue Zahlenangabe von Oberstleutnant a. D. Securius gibt für das SBK XI (Ägäis) in einer Meldung an den Stab der Luftflotte in Kephissia im Juli 1944 den 2000. Geretteten an. Das war drei Monate vor dem Rückzug aus Südgriechenland.
Über diese letzten drei Monate sind keine Angaben mehr vorhanden. Es ist allerdings bekannt, daß bei der Räumung der griechischen Inseln die Seenotfälle sehr zahlreich waren und Rettungsaktionen erfolgreich durchgeführt wurden. Eine Rettungszahl von 200 wird mit Sicherheit angenommen. Dies bedeutet insgesamt 2200

Daraus ergibt sich eine Gesamt-Gerettetenzahl im Mittelmeereinsatz von 4113

Aus den Privataufzeichnungen von Oberstleutnant a. D. Fengler liegt für die Zeit vom 5. 6. 1941 bis zum 18. 2. 1941 für den Raum des Schwarzen Meeres eine Rettungszahl von 63 vor. Für die Zeit von Januar bis April 1942 waren es 60. Vom 26. 4. 1942 bis zum 18. 3. 1943 steht die genaue Erfolgsliste von Oberstleutnant a. D. Hansing zur Verfügung, in der 122 Rettungserfolge verzeichnet sind.
Vom 14. 8. 1943 bis zum Schluß des Einsatzes im Schwarzen

Meer gibt Ofw. Gieger, der im SBK XII die Seenotfälle bearbeitete, die Zahl der Geretteten mit 300 an. Dies bedeutet eine Gesamt-Rettungszahl im Schwarzen Meer von 545

Die Rettungserfolge in der Nord- und Ostsee sind nicht listenmäßig erfaßt worden. Bis 1942 traten hier Seenotfälle nur vereinzelt auf. Aus einem Bericht von Oberstleutnant Fengler aus der Zeit vor dem 1. 1. 1942 ist zu entnehmen, daß im Februar-März 1941 18 Menschen aus Seenot gerettet wurden. Das ergäbe einen Monatsdurchschnitt von 9 Rettungen. Diese Zahl entspricht in etwa den Angaben von Major a. D. Kretschmar, der für 1942 120 Rettungen angibt. Damit ergäbe sich nach der Wahrscheinlichkeitsrechnung ein Rettungserfolg von insgesamt 430

Dies würde insgesamt folgendes Zahlenbild ergeben:

Atlantik und Kanal	1665
Dänemark, Norwegen und Finnland	3200
Mittelmeer	4113
Schwarzes Meer	545
Nord- und Ostsee	2038
Gesamtrettungen:	11561

Verluste des Seenotdienstes im Bereich der Luftflotte 3

Diese Rettungserfolge wurden nicht ohne Verluste errungen. Exakte Verlustangaben sind leider ebenfalls nur in einer Aufstellung der Luftflotte 3 zu finden. Sie sind dennoch für alle anderen Seenotbereichkommandos ungefähr deckend und ein augenscheinlicher Beweis dafür, daß der Seenotdienst seine Rettungserfolge mit hohen Opfern erkämpfen mußte.

Materialverlust von Sommer 1941 bis Ende 1943:
3 He 59, 5 Do 24, 3 Breguet-Bizerte, 1 Do 18,
1 Fl.B.-Boot, 1 Seenot-Schnellboot, 1 Pionier-Sturmboot.

Personalverluste Vom Sommer 1940 bis Ende 1942:		Personalverluste Im Jahre 1943:
Gefallen	93	21
Verwundet	108	45
Vermißt	52	6
Gefangen	3	3

VERTEILUNG DER SEENOTBEREICHSKOMMANDOS SEENOTSTAFFELN UND SEENOTFLOTTILLEN IM JAHRE 1942

SBK	Seenot-staffel	Seenot-flottille	Luft-flotte	Stationiert in
I	1.	1.	3	Brest (Bretagne)
II	2.	2.	3	Cherbourg (Normandie)
III	3.	3.	3	Boulogne-Wimereux (Kanalküste)
IV	3.	4.	3	Utrecht/Schellingwoude (Holland)
V	4.	5.	Reich	Wilhelmshaven-Sengwarden (Nordsee)
VI	9.	6.	Reich	Bug auf Rügen (Ostsee)
VII	9.	7.	1	Riga (östliche Ostsee)
VIII	5.	8.	5	Stavanger (Südnorwegen)
IX	10.	9.	5	Tromsö/Kirkenes (Nordnorwegen und Finnland)
X	6.	10.	2	Taormina/Syrakus (Mittelmeer)
XI	7.	11.	2	Athen-Phaleron/Heraklion (Ägäis)
XII	8.	12.	4	Konstanza (Schwarzes Meer)
XIII	3.	13.	3	Berre/westliches Mittelmeer (Südfrankreich)

DIE VERLUSTE DES DEUTSCHEN SEENOTDIENSTES
DER LUFTWAFFE AN TOTEN UND VERMISSTEN.

Seenotbereichskommando		Tote	Vermißte
I	Brest (Bretagne)	27	13
II	Cherbourg (Normandie)	28	18
III	Boulogne (Kanalküste)	20	10
IV	Utrecht (Holland)	21	3
V	Wilhelmshaven (Nordsee)	15	6
VI	Bug auf Rügen (Ostsee)	16	0
VII	Riga (östliche Ostsee)	10	2
VIII	Stavanger (Südnorwegen)	12	0
IX	Tromsö (Nordnorwegen-Finnland)	22	0
X	Taormina (Mittelmeer)	47	14
XI	Athen-Phaleron (Ägäis)	23	17
XII	Konstanza-Krim-Kertsch (Schwarzes und Asowsches Meer)	30	25
XIII	Berre/Südfrankreich (Westliches Mittelmeer)	7	6
Gesamtverluste		278	114

(Diese Aufstellung bezieht sich nur auf das fliegende Personal.)

DIE TOTEN DES SEENOTDIENSTES CHERBOURG

Aus der Seenotstaffel:
Leutnant Jahnke
Obergefreiter Lochowitz
Unteroffizier Bihlmeyer
Oberfeldwebel Eggers

Aus der Seenot-Halbflottille:
Maschinengefreiter Müller
Obergefreiter Doersieb
Obergefreiter West
Obergefreiter Kretzner
Obergefreiter Kessler

Gefreiter Kunik
Maschinist Bruhn
Funker Tessmer
Matrose von der Heyde
Matrose Plundrich

Leutnant zur See Mietling
Obergefreiter Apelt
Oberfeldwebel Stockinger
Obergefreiter Pielsch

(Ihre Nennung erfolgt stellvertretend für alle Gefallenen des deutschen Seenotdienstes.)

DIE EINSATZMITTEL DES DEUTSCHEN SEENOTDIENSTES

Flugzeug-Baumuster:	Einsatzfähigkeit b. Seeg.:	Geschwindigkeit	Einsatzdauer:	Einsatztiefe:	Ausrüstung und Bewaffnung:
		A) Seenot-Rettungsflugzeuge			
He 59	3	190 km/h	5 Std.	350 km	FT, Peilgerät und Seenotausrüstung 1 MG 15, 1 MG 131
Breguet-Bizerte	4–5	180 km/h	8 Std.	600 km	FT und Peilgerät, Seenotausrüstung
Do 24	4–5	250 km	10 Std.	1000 km	FT, Sprechfunk- und Peilgerät, Seenotausrüstung 2 MG 15, 1 Kanone 2 cm
		B) Seenot-Such- und Schutzflugzeuge			
Me 410	–	430 km/h	3 Std.	500 km	FT, Sprechfunk und Peilgerät, 2 MG 131, 2 MG 151 vorn und 2 MG 151 in den Flügeln
Fw 190	–	450 km/h	1,5 Std.	300 km	FT Sprechfk.- u. Peilgerät 2 MG 17, Rumpf, 2 MG 151 u. 2 MG 151 in den Flügeln
		C) Seenot-Hilfsflugzeuge			
Do 18	2–3	210 km/h	6 Std.	500 km	FT, Sprechfk.- u. Peilgerät, 2 MG 15, Seenotausrüstung
Fw 58	–	200 km/h	3 Std.	300 km	FT, Peilgerät, 2 MG 15 Seenotausrüstung

Fieseler-Storch mit Kufen für Schnee- und Eisnot in Norwegen und Finnland, Arado 196 und 199 mit Schwimmern für das finnische Seegebiet und die norwegischen Fjorde.

DIE SCHIFFE UND BOOTE

Baumuster:	Einsatz-fähigk. bis Seegang:	Höchste Dauer-geschwindig-keit:	Reichweite:	Tiefgang:
6 Flugsicherungs-schiffe	6-7	20-24 kn/h	bis 3000 sm	2,5-3,0m
Fl.A. III	3	24,5 kn/h	300 sm	1,7 m
Fl.A. IV	5	30,0 kn/h	600 sm	1,4 m
Fl.B. IV	5	21,0 kn/h	500 sm	1,25 m
Fl.B. V	5	25,0 kn/h	500 sm	1,3 m
Vedetten (Schnellboote)	3-4	40,0 kn/h	320 sm	0,9 m
Pionier-Sturmboote	2-3	17,0 kn/h	8 sm	— m
Motor-Rettungsboote der DGzRSch.	6-7	8,0 kn/n	170 sm	0,9 m

Die Fl.A.- und Fl.B.-Boote hatten 40 bis 60 t, die Flugsicherungsschiffe um 1000 t Deplacement. Die A.-Boote waren leichter gebaut. Sie konnten mit der Eisenbahn transportiert werden, z. B. ins Mittelmeer. Die Vedetten wurden in einer Werft an der Seine gebaut und waren derzeit die schnellsten Kriegsfahrzeuge und wegen ihrer Beschußempfindlichkeit mit Drillings- und Vierlingswaffen stark bestückt.

Die A.- und B.-Boote besaßen Zwillings- und Drillingswaffen. Die Flugsicherungsschiffe mehrere 2 cm FlaMW und eine automatische Kanone größeren Kalibers.

Alle Waffen auf Booten und Schiffen wurden von Soldaten der Luftwaffen-Flak bedient.

VERTEILUNG DER FLUGZEUGE UND BOOTE AM 25. 4. 1945
IM BEREICH DES SEENOTKOMMANDOS LUFTFLOTTE REICH.

A) Seenotgruppe 80 (Nordsee)

List	Do 24	W.Nr. 82	unklar
List	Do 24	W.Nr. 2105	klar
List	Do 24	W.Nr. 3237	klar
List	Do 24	W.Nr. 3302	klar

List	Do 24	W.Nr. 3309	klar
List	Do 24	W.Nr. 3342	klar
List	Do 24	W.Nr. 3349	klar
Hörnum	Do 24	W.Nr. 1131	unklar
Hörnum	Do 24	W.Nr. 3235	unklar
Norderney	Do 24	W.Nr. 96	klar
Aalborg	Do 24	W.Nr. 75	klar
Westerland	Me 410	W.Nr. 41010016	klar
Westerland	Me 410	W.Nr. 420104	klar
Westerland	Me 410	W.Nr. 120127	unklar
Westerland	Me 410	W.Nr. 41010027	klar
Westerland	Me 410	W.Nr. 120099	klar
Westerland	Me 410	W.Nr. 0034	klar
Westerland	Me 410	W.Nr. 420190	klar
Terschelling	Fl.B.-Boot	5004	klar
Den Helder	Fl.B.-Boot	5001	klar
Cuxhaven	Fl.B.-Boot	549	klar
Borkum	Fl.B.-Boot	547	klar
Aalborg	Fl.B.-Boot	409	klar
Wilhelmshaven	Fl.B.-Boot	5005	unklar-Werft
Wesermünde	Fl.B.-Boot	508	unklar
Elsfleth	Fl.B.-Boot	586	unklar-Werft

An die Ostsee waren zu Sondereinsätzen folgende Fl.B.-Boote abgegeben worden:
5003, 514, 543, 505, 441.

B) Seenotgruppe 81 (Ostsee)

Bug	Do 24	W.Nr. 3296	unklar
Bug	Do 24	W.Nr. 3435	unklar
Bug	Do 24	W.Nr. 97	unklar
Bug	Do 24	W.Nr. 3346	unklar
Bug	Do 24	W.Nr. 3350	unklar
Travemünde	Do 24	W.Nr. 3332	klar
Travemünde	Do 24	W.Nr. 1062	klar
Großenbrode	Do 24	W.Nr. 3432	unklar
Großenbrode	Do 24	W.Nr. 1009	klar
Swinemünde	Do 24	W.Nr. 3348	klar
Aalborg	Do 24	W.Nr. 3232	klar

Parow	Me 410	W.Nr. 120096	unklar
Parow	Me 410	W.Nr. 41010191	klar
Parow	Me 410	W.Nr. 420637	klar
Parow	Ju 88	W.Nr. 360408	unklar
Parow	Ju 88	W.Nr. 360436	klar
Parow	Ju 88	W.Nr. 751034	klar
Travemünde	Fl.B.-Boot	202	unklar
Warnemünde	Fl.D.-Boot	213	klar
Kopenhagen	Fl.B.-Boot	310	klar
Fehmarnsund	M.R. »Nebelthau«		klar
Barhöft	M.R. »Korff«		klar
Schleimünde	M.R. »Schlei«		klar

Im Sondereinsatz in der Ostsee standen folgende Boote und Schiffe des Seenotdienstes:
»Flusi«, »Plüschow«, »Phoenix«, »Stinsky«, Schlepper »Atlas«, Schulschiff »Alk«, Bergungsprahm 41.
Fl.B.-Boote: 407, 416, 434, 524, 5051, 5503, 5502, 542, 553, 303, 308, 527, 532, 5505, 551, 517, 815, 545, 5507, 537, 504, 535, 418, 406, 301, 514, 543, 5003, 5508, 505, 5056, 5509, 441.

DIE FLUGSICHERUNGSSCHIFFE DER LUFTWAFFE

Schiffsname	Verdrängung	Geschw.	Besatzung	Schicksal
»Richthofen«	1335 t	21,5 kn	66	6.44 im Gef.
»Hans Albrecht Wedel«	1335 t	21,5 kn	66	8.4.45 FlBo.
»Boelcke«	1330 t	21,5 kn	66	10.4.45 Mine
»Immelmann«	1330 t	21,5 kn	66	1946 franz.
»Max Stinsky«	1330 t	21,5 kn	66	1946 franz.
»Karl Meyer«	1330 t	21,5 kn	66	9.44 FliBo.
»Hans Rolshoven«	1150 t	21,0 kn	67	3.45 FliBo.
»Bernhard von Tschirschky«	890 t	20,0 kn	61	7.1.44 FliBo.
»Gunther Plüschow« (ex »Krischan«)	370 t	19,0 kn	30	1946 UdSSR
»Krischan«	194 t	15,0 kn	19	7.1.44 FliBo.
»Greif«	1000 t	18,7 kn	50	1946 franz.
»Phoenix«	247 t	10,9 kn	16	1946 franz.

M.R.-Boote in der Nordsee

Borkum	MR »Bremen«	klar
Juist	MR »Tiarks«	klar
Norderney	MR »Norderney«	klar
Langeoog	MR »Langeoog«	klar
Spiekeroog	MR »Steffens«	klar
Wangerooge	MR »Lübeck«	klar
Wesermünde	MR »Weser«	klar
Cuxhaven	MR »Hindenburg«	klar
Helgoland	MR »Denker«	unklar
Büsum	MR »Laisz«	klar
Ording	MR »Hamburg«	klar
Amrum	MR »Freese«	klar
Hörnum	MR »Sartori«	klar
Rantum	MR »Köster«	klar
Westerland	MR »Ladisch«	klar
Westerland	MR »Benk«	klar
Munkmarsch	MR »Leppert«	klar
List	MR »Korff«	klar

SEENOTEINWEISUNGSLEHRGÄNGE
(Oberstleutnant Carl Heß)

Für den Erfolg eines Seenoteinsatzes sind drei Faktoren entscheidend:

1. Die Wetterverhältnisse.
2. Die Güte der Einsatzmittel. Schlagfertigkeit, seemännisches Können und Einsatzfreudigkeit der Besatzungen, sowie deren schneller und wohlüberlegter Einsatz.
3. Das richtige Verhalten der in Seenot geratenen Menschen, das in rechtzeitiger Positionsangabe, im Sichüberwasserhalten und Sichbemerkbarmachen gegenüber den Einsatzmitteln besteht.

An Wind, Sicht und See läßt sich nichts ändern. Man kann jedoch die Einsatzmittel so verbessern, daß es bei ungünstigen Verhältnissen noch etwas einzusetzen gibt. Aber dem Einsatz sind dennoch Grenzen gesetzt, vor denen wir Halt machen müssen.

Zum Faktor 2 ist zu sagen, daß jeder verantwortungsbewußte Einsatzleiter alles daran setzen muß, so gut wie nur eben möglich ausgerüstet zu sein und die Schlagfertigkeit seiner Einsatzmittel auf die höchste Stufe zu bringen.

Der Punkt 3 soll hier näher untersucht werden.

Um die folgenden Ausführungen besonders anschaulich zu machen, zunächst ein Beispiel:

Wenn für die Position eines Seenotfalles ein Kleinquadrat, also eine Fläche von 10 Minuten Länge und Breite, gemeldet wird, so ist dies für den Beobachter eines Seenotflugzeuges bereits eine Angabe, mit der er etwas anfangen kann. Bei der nun folgenden Betrachtung wollen wir der Einfachheit halber eine Seefläche von 10 km Länge und Breite annehmen. Auf dieser soll ein Schlauchboot von 2 qm Größe schwimmen. Das entspricht ungefähr der Flächenausdehnung eines Einmann-Schlauchbootes. Auf einem blaugrünen Untergrund von 100 qkm befindet sich also ein kleiner gelber Fabklecks von 2 qm Größe. In ein richtiges Verhältnis gebracht wäre dies:

100000000 qm zu 2 qm

Dies kann man sich kaum vorstellen. Deshalb wählen wir eine kleinere Fläche. Einen Saal von 10×10 m Länge und Breite. Darauf hätte das Schlauchboot eine maßstabsgetreue Größe von 2 qmm. Dieses winzige gelbe Stäubchen liegt also auf dem großen blauen Teppich und muß gefunden werden. Wenn aber der Jägerpilot, der ansonsten ein Schlauchboot mitführt, keines mitgenommen hat, dann hängt er in seiner Schwimmweste. Dieser Punkt wiederum ist zum einen noch viel kleiner und dazu meistens von dunkler Farbe mit einem kleinen gelben Ring umgeben. (Haarschopf und Schwimmwestenring.)

Wenn wir das winzige Schlauchboot entdecken wollen, müßten wir stundenlang suchen. Das »Staubkörnchen« des im Bach liegenden Jägers aber würden wir nie auffinden. So sind also die Größenverhältnisse bei fast allen Seenot-Suchaktionen.

Nun hat aber ein guter Seenotbeobachter meistens Augen wie ein Habicht. Auch die übrigen Besatzungsmitglieder des Seenotflugzeuges helfen mit, soweit es ihre Aufgaben erlauben, den Seeraum abzusuchen.

Die Männer verfügen durchweg über reiche Erfahrungen. Sie

wissen, daß beim Versinken eines Flugzeuges ein Ölfleck entsteht, der leichter auszumachen ist, als ein Schlauchboot und, daß das Schlauchboot wahrscheinlich nicht mehr im Ölfleck zu finden ist, sondern daß man es in Lee suchen muß, weil es inzwischen vom Wind abgetrieben wurde.

Die Besatzungen der Flugzeuge und Boote und ihre Einsatzstellen müssen überhaupt bei Seenotfällen oft mit seebedingten Faktoren rechnen und führen infolgedessen häufig Suchaktionen durch, die bei den Landfliegerverbänden nicht selten Proteste auslösen. Da gibt es (besonders im Kanal) beispielsweise den Gezeitenstrom, der es u. U. fertigbringt, ein Schlauchboot mit der Geschwindigkeit eines Fischkutters von seinem eigentlichen Seenotfall fortzutreiben.

Jäger umkreisen dann vergebens die mit Hilfe von Küstenbezugspunkten genau festgelegte Stelle, an der das Flugzeug ihres Kameraden in die See fiel und dieser selbst ins Schlauchboot kam, während das Seenotflugzeug 8 sm weiter westlich den Jäger und sein Schlauchboot findet und aufnimmt.

Die Mithilfe der über See fliegenden Verbände bei Suchaktionen ist unerläßlich. Es ist jedoch – wie aus obigem Beispiel ersichtlich – notwendig, daß diese Verbände mit einigen grundlegenden seemännischen Gegebenheiten bekanntgemacht werden.

Noch wichtiger bei einem Seenotfall ist jedoch das Verhalten einer in Seenot geratenen Besatzung. Wir haben an dem Beispiel mit dem Saal gesehen, wie ungeheuer schwer es ist, auf der weiten Seefläche ein Schlauchboot oder gar einen einzelnen, in der Schwimmweste hängenden Mann zu erkennen. Vor allem dann, wenn in Kriegszeiten solche Suchaktionen vom Gegner gestört werden können und der Luftraum beobachtet werden muß.

Es wurden deshalb nicht nur Schwimmwesten, Schlauchboote und Schaumanzüge entwickelt, um die Besatzungen möglichst lange und in guter körperlicher Verfassung über Wasser zu halten, sondern auch Farbbeutel, Leuchtpatronen, Rauchnotsignale, Seenotsignalfackeln, Notsendegeräte usw., die das Auffinden der in Seenot geratenen Flieger erleichtern sollen. Der große hellgrüne Farbfleck von oft 100 m Durchmesser, den beispielsweise ein Uranin-Farbbeutel erzeugt, ist während einer Suchaktion bei einigermaßen stimmender Positionsangabe kaum zu übersehen.

Die genaue Kenntnis, ihre Handhabung und die zweckentsprechende Anwendung all dieser Seenotmittel durch die über See fliegenden Besatzungen ist so ungeheuer wichtig, weil davon in den meisten Fällen der Erfolg einer Rettungsaktion überhaupt abhängt.

Im Laufe der Kriegsjahre wurden rund 15 Druckschriften herausgegeben, die sich mit Anweisungen über Verhalten in Seenotfällen, mit der Beschreibung der Rettungsgeräte und ihrer Handhabung befaßten. In den Verbänden hielten Gerätewarte diese Rettungsmittel in einem ständig einwandfreien Zustand, und die Seenotdienststellen sorgten, soweit sich dies ermöglichen ließ, für Kontrollen und aufklärende Vorträge.

Dennoch kam es häufig zu erfolglosen Seenoteinsätzen, weil die Positionsangaben ungenau waren und daher Seeräume von ungewöhnlicher Weite abgesucht werden mußten, oder weil die Besatzungen sich nicht über Wasser halten und zur rechten Zeit bemerkbar machen konnten.

Es gab Verbandsführer, die peinlich genau und regelmäßig die richtig angelegte Seenotausrüstung ihrer Soldaten überprüften und jede Neuerung interessiert begrüßten und einführten. Es gab aber auch Verbände, deren Flugzeugbesetzungen wichtige Seenotausrüstungsstücke nicht einmal vom Sehen kannten. Es soll zu ihrer Entschuldigung bemerkt werden, daß zahlreiche Verbände durch ständigen Einsatz, häufige Verlegung, große Verluste, und dadurch bedingten ständigen Wechsel in der Führung der Staffeln, Gruppen und Geschwader, nicht dazu kamen, sich eingehend mit Seenotfragen zu befassen.

Schon während seiner Tätigkeit am Kanal machte deshalb der Verfasser den Vorschlag, die Besatzungen der hauptsächlich über See fliegenden Verbände in kurzen Lehrgängen bei einem Seenotstützpunkt in Zweck und Handhabung der wichtigsten Rettungsgeräte einzuweisen. Wegen der Nähe des Gegners und der allgemeinen Einsatzlage war jedoch in diesen Bereichen ein Stützpunkt, der dazu die notwendigen Voraussetzungen bot, nicht zu finden.

Im Seenotbereichskommando V (Nordsee) konnte dann später der Plan realisiert werden. Der Seefliegerhorst Aalborg war für solche Lehrgänge wie geschaffen. Hier lag ein Seenotflugkommando, das den Seeraum zwischen Jütland und dem südlichen Norwegen betreute. Hier standen auch Seenotboote zur Verfügung, der Lim-Fjord war ein günstiges Übungsgebiet, und feindliche Einwirkung fanden nur selten statt.

Durch Vermittlung der L.In. 16 konnte eine große Zahl fliegender Verbände erfaßt werden, die ihre Besatzungen nach und nach zu diesen Lehrgängen kommandierten.

Nach den Jagdfliegern, die zuerst geschult wurden, legten später auch alle anderen Verbände Wert auf die seenotmäßige Ausbildung ihrer Besatzungen. Da die Teilnehmer gut betreut werden konnten und die Unterbringung vorbildlich war, bedeutete für die zum Teil schwer mitgenommenen Besatzungen der Lehrgang mit seinen interessanten, leichten und doch so wichtigen Übungen eine körperliche und seelische Erholung. Mit geringen Ausnahmen fand jede Woche ein solcher Lehrgang statt, so daß von Anfang 1944 bis März 1945 Lehrgänge mit rund 1500 Teilnehmern abgehalten werden konnten.

Nach drei Grundsätzen wurde in Aalborg die Einweisung durchgeführt:

1. Einführung in das See-Milieu mit etwas Seemannschaft.
2. Kennenlernen der Einsatz- und Rettungsmittel in Theorie und Praxis.
3. Die Begegnung der über See fliegenden Besatzungen mit ihren Rettern aus Seenot.

Zu Punkt 1 wurde immer wieder festgestellt, daß das bloße Überfliegen von Seegebieten so gut wie keine seemännischen Kenntnisse vermittelte und daß die Beschäftigung mit Seemannschaft, das Rudern und Segeln im Schlauchboot auf größeren Seeflächen ein grundsätzlich anderes, besseres Verhältnis zur See schuf.

Eine Crew junger aufgeschlossener Fähnriche einer Jagdfliegerschule z. B., die ausnahmsweise den Kursus auf 14 Tage ausdehnen durfte, hatte sich so intensiv mit seemännischen Dingen beschäftigt, daß zum Abschluß eine ganze Anzahl der Fähnriche die Prüfung für den kleinen Segelschein ablegen konnte.

Das Kennenlernen der Einsatz- und Rettungsmittel stand natürlich im Mittelpunkt der Lehrgänge. Alles wurde praktisch vorgeführt. Es kam oft zu nutzbringenden Aussprachen, denn es gab auch Teilnehmer, die wertvolle Erfahrungen mitbrachten und nicht selten war der FlStabsIng. der Erprobungsstelle anwesend, um an Ort und Stelle Erfahrungen und Vorschläge zur Kenntnis zu nehmen.

Die Begegnung mit dem Retter, das Mitfliegen in der Do 24 und das Mitfahren in einem Seenotboot, war für die Teilnehmer von großer psychologischer Bedeutung: Die Kameraden, die ihnen da die Kenntnisse über Seenoteinsatz- und Rettungsmittel vermittelten, waren keine Theoretiker, sondern Männer der Praxis, zum Teil hochverdiente und ausgezeichnete Soldaten.

Es gab für alle Lehrgangsteilnehmer keinen augenscheinlicheren Beweis von Seenotbereitschaft, als wenn der Oberleutnant, der soeben noch zu ihnen über Einsatzfragen sprach, beim Ertönen der Alarmsirene mit einer Hocke durch das Barackenfenster des Unterrichtsraumes setzte und wenige Minuten darauf mit seiner Do 24 zum Rettungseinsatz startete.

Die Lehrgänge wurden nämlich sämtlich von den Besatzungen der Do 24 durchgeführt, die in einem regelmäßigen Turnus von Norderney – einem Brennpunkt des damaligen Seenoteinsatzes – nach Aalborg verlegt wurden. Die Bootseinsätze der Lehrgänge wurden von der Bootsgruppe des Seefliegerhorstes Aalborg durchgeführt.

Als Abschluß eines jeden Lehrganges fand in der großen Schwimmhalle in Aarhus eine praktische Übung statt. Alle Teilnehmer legten über einen Drillichanzug ohne jede Mithilfe Schwimmwesten, Einmann-Schlauchboot und Fallschirmgurt an. Sie erkletterten dann einzeln den Sprungturm, über dem zum Wasserbecken hin, quer von Wand zu Wand, ein Tau gespannt war. Die Fallschirmgurte wurden in eine am Tau befestigte Leine gehakt und nun sprang der Flieger ab.

Infolge des langen elastischen Taues gab es den typischen Entfaltungsstoß, der Flieger klinkte aus und fiel aus etwa 2 m Höhe ins Wasser. Hier betätigte er zunächst die Aufblasvorrichtug seiner Schwimmweste, dann jene des Schlauchbootes. Wenn er dieses nach einigen Mühen erstiegen hatte, war seine Abschlußübung beendet.

In der Regel verlief alles vorschriftsmäßig, es gab aber gelegentlich auch infolge falscher Betätigung am Rettungsgerät Situationen, die für alle Teilnehmer aufschlußreich waren und

von der Lehrgangsleitung entsprechend ausgewertet wurden. Die über jeden Lehrgang angefertigten zum Teil sehr wertvollen Erfahrungsberichte stehen leider nicht mehr zur Verfügung.
Die Erfahrungen im Seenoteinsatz, sowie auf diesen Lehrgängen, haben jedenfalls gezeigt, daß zur Ausbildung aller zukünftigen Flugzeugbesatzungen ein Seenotlehrgang in Theorie und Praxis gehört, der auf einem Stützpunkt des zukünftigen Seenotdienstes stattfinden sollte. Hier wäre dann auch gleichzeitig der richtige Ort für die Erprobung neuer Einsatz- und Rettungsmittel.

SANITÄTSÄRZTLICHE VERSORGUNG IM SEENOTDIENST.

Mit der Einrichtung des Seenotdienstes der Luftwaffe begann man sich auch mit der ärztlichen Versorgung der Geretteten zu befassen. Nachdem im Frieden hierfür der zuständige Sanitätsoffizier des betreffenden Seefliegerhorstes verantwortlich war, wurde mit Ausweitung des Seenotdienstes durch den Zweiten Weltkrieg eine sanitätsärztliche Organisation im Rahmen des Seenotdienstes geschaffen.
Die Organisation des Sanitätswesens im Seenotdienst wurde so eingerichtet, daß sich der leitende Sanitätsoffizier beim Seenotdienstführer befand. Der Sanitätsoffizier verfügte über Schreibstubenpersonal in wechselnder Stärke. Außerdem stand ihm eine kleine Personalreserve an seemännischem und seefliegerischem Santitätspersonal zur Verfügung. So war er in die Lage versetzt, bei Ausfällen schnell Ersatz zu haben.
Zum Seenotbereichskommando gehörte als Sanitätsoffizier der Seenotbereichskommando-Arzt, dem außer dem Schreibstubenpersonal auch das Revierpersonal unterstand.
Beim Seenotkommando befand sich planmäßig kein Personal des Sanitätsdienstes; es konnte jedoch aus der Personalreserve des leitenden Sanitätsoffiziers bei Bedarf dorthin abgestellt werden.
Das Spezialpersonal befand sich an Bord der Einsatzmittel des Seenotdienstes; und zwar auf jedem Seenotflugzeug und auf jedem Flugsicherungsboot ein seefliegerisch ausgebildeter Sanitätsdienstgrad und auf jedem Flugsicherungsschiff zwei. Diese unterstanden der Sanitätsgruppe ihres Einsatzbereiches.

Die Ärzte des Seenotdienstes befanden sich meistens in ihren einsatzmäßigen Schwerpunktgebieten und flogen entweder in den Seenotflugzeugen mit, oder waren auf einem Boot oder Schiff, um am Unfallort direkt Hilfe leisten zu können.
Die Tätigkeit dieser sanitätsärztlichen Organisation konnte sich in vielen Fällen auch darum besonders segensreich auswirken, weil eine sofortige Versorgung in den Seenotrevieren, oder Überführung in Lazarette mit rechtzeitiger fachärztlicher und chirurgischer Betreuung oft Lebensrettung bedeutete. Vor allem aber soll des großen Verdienstes um die Bekämpfung des Auskühlungstodes gedacht werden, der den Menschen im Wasser am meisten bedrohte.
Ich möchte darum diese Ausführungen nicht abschließen, ohne dankbar der Ärzte und des Sanitätspersonals zu gedenken, die den Seenotdienst in so hohem Maße unterstützten und einen überzeugenden Beweis vorbildlicher, opfervoller Einsatzbereitschaft überall dort gaben, wo Wasser und See zur Ursache von Katastrophen wurden.

Carl Heß,
Oberstleutnant a. D.

ZUSAMMENSETZUNG DES STABES EINES SEENOTDIENSTFÜHRERS.

		Kommandeur SDF		
Leitender Sanitäts-offizier	Nachrichten-Offizier	Gruppe Verwaltung	Adjutant	Major b. Stabe
Sanitäts-Gruppe	Nachrichten-kompanie		Stabs-personal	

ZUSAMMENSETZUNG DES STABES
EINES SEENOTBEREICHSKOMMANDOS.

		Kommandeur SBK		
Seenotbe-reichskom-mandoarzt	Nachrichten-Offizier	Gruppe Verwaltung	Adjutant Stabsper-sonal	Flottillen-führer
Sanitäts-gruppe	Nachrichten-zug			Seenot-Flottille
Gruppe Schiffe und Boote.	Sachbearbeiter Flugbetrieb.		Staffelkapitän	Seenot-staffel

ZUSAMMENSETZUNG EINES SEENOTKOMMANDOS

Kommandoarzt*)	Kommandoführer SNK	
Sanitätsgruppe	Kommandopersonal	Nachrichtentrupp

*) = Nicht bei jedem Seenotkommando.

DIE AUSKÜHLUNG IM SEENOTFALL.

Merkblatt für den Bereich des Seenotdienstführers 1 (Mitte).

Eine große Gefahr beim Seenotfall ist in unseren Breiten der Tod durch Auskühlung. Kenntnis dieser Gefahr und zielbewußte Abwehr sind entscheidend für das Durchhalten bis zum Erfolg der Rettungsmaßnahmen. Schaumanzug und Schlauchboot sind deshalb bei *allen* Einsätzen über See lebensrettende Hilfsmittel.

Der Verlauf:

Wasser, und bei mangelhafter und durchnäßter Kleidung auch der Wind, entziehen dem Körper fortlaufend Wärme. Die Folge ist zunächst ein allgemeines Kältegefühl mit starken, langanhaltenden Schüttelfrösten.

Das Absinken der lebensnotwendigen Körperwärme führt allmählich zum Nachlassen der Kräfte, zu schmerzhafter Muskelstarre (Krampf) der Gliedmaßen und Gleichgültigkeit. Danach stellen sich Benommenheit, Bewußtlosigkeit mit Erstarrung des Körpers und schließlich Erschlaffung als Zeichen des Todes ein.

Die Zeitdauer bis zu lebensbedrohender Auskühlung ist beim Treiben in der Schwimmweste nach Stunden, im Schlauchboot nach Tagen zu berechnen. Sie richtet sich nach der Kälte des Wassers und der Luft, nach Windstärke und Seegang, nach der Kleidung und nach dem persönlichen Verhalten.

Abwehrmaßnahmen:

Äußerste Sparsamkeit mit Körperkraft und Wärmeenergie, reichliche warme Bekleidung schützt auch im Wasser gegen Wärmeverlust, aber nur bei ruhigem Verhalten. Sie hält dann eine isolierende Zwischenschicht von erwärmtem Wasser fest.

Bester Kälteschutz: Die unter der Uniform getragene Seenotbekleidung (Schaumanzug). Sie verlängert dann die Aufenthaltsmöglichkeit im Wasser und im Schlauchboot um mindestens das Doppelte.

Im Wasser Beine anziehen und sich zusammenrollen. Im Schlauchboot Kauerstellung einnehmen. Verschlüsse der Bekleidung dicht halten. Keine anstrengenden und aufgeregten Schwimmbewegungen. Sie erschöpfen vorzeitig die Leistungsreserven.

Wachsamkeit bei aufkommender Gleichgültigkeit. Einschlafen bei Seegang bedeutet Ertrinkungsgefahr. Bei unüberwindlicher Müdigkeit Pervitin nehmen.

Die Behandlung:

Die wirksamste Behandlung ist schnellste Erwärmung.

Bei erhaltenem Bewußtsein genügt das Verbringen in einen warmen Raum, Kleiderwechsel, kräftiges Abreiben, einwickeln in angewärmte Decken, Heizschlafsack, heiße Getränke.

Bei Benommenen und Bewußtlosen so schnell wie möglich heißes Wasserbad (bei ca. 40 Grad), oder Übergießen mit heißem Wasser von 40 bis 50 Grad in noch bekleidetem Zustand. Erst nach Erwärmung der Haut zwischendurch Abreibung und Massage. Diese Erwärmung bis zur vollkommenen Erholung (auf ca. 37 Grad Körpertemperatur), oder mindestens 45 Minuten lang fortsetzen; dabei feuchtkaltes Tuch auf die Stirn legen.

Vollkommen steife Bewußtlose sind fast immer noch zu retten!

Getränke erst nach der Erholung reichen.

Bei gleichzeitig Ertrunkenen: Sauerstoff und künstliche Beatmung.

Bei stärkerer Auskühlung Vorsicht mit *allen* Medikamenten! Vorsicht mit Alkohol. Die Giftwirkung ist um ein Vielfaches gesteigert.

Die Geretteten beim weiteren Transport sorgfältig vor körperlichen Anstrengungen schützen. Bettruhe ist angezeigt, auch wenn sie sich wieder frisch fühlen. Bei Erschöpfungszuständen als erste Nahrungszufuhr Traubenzucker, Schokolade, Michsuppen verabreichen.

Seenotbereichskommando VI
Swinemünde
B.Nr. 268/43geh.

Geheim!

Merkblatt
des Seenotbereichskommandos (L) VI Swinemünde

für die im Seenotbereich liegenden Luftwaffen-Dienststellen und sonstigen interessierten Wehrmachtteile.

I. Organisation

1) Das gesamte, von Deutschland und seinen Verbündeten beherrschte Seegebiet wird durch den Seenotdienst betreut. Es wird eingeteilt in vier Großgebiete, die je einem *Seenotdienstführer* unterstehen; der SNDF. erteilt die grundsätzlichen Weisungen für die Durchführung des Seenotdienstes seines Gebietes und überwacht die Tätigkeit der ihm unterstellten Seenotbereichskommandos.
Das Seenotbereichskommando ist die Einsatz- und Truppendienststelle des Seenotdienstes. Ihm unterstehen die Einsatzmittel (Seenotstaffeln, Seenotflottillen), die es entweder selbst oder durch die ihm unterstellten Seenotkommandos zum Einsatz bringt.
2) Das Seenotbereichskommando (L) VI, Swinemünde untersteht in jeder Hinsicht dem Seenotdienstführer 1 (Mitte) in Kiel-Holtenau, dessen Gebiet die Nord- und Ostsee (einschl. ostwärtiger Ostsee) umfaßt. Der Bereich des »S.B.K. VI Swinemünde« grenzt im Westen an das Seenotkdo. Aalborg (Trennungslinie deutsch-dänische Landesgrenze – Gedser Trälleborg) erstreckt sich über die gesamte deutsche Ostsee bis zur baltischen Küste und wird im Norden vom 56. Breitengrad begrenzt. Es ist in drei Seenotkommandos (S.K.): Seenotkdo. Kiel-Holtenau, Seenotkdo. Swinemünde und Seenotkdo. Pillau unterteilt.

II. Dienstvorschriften usw. über den Seenotdienst.

Jeder, der Aufgaben im Seenotdienst zu erfüllen hat oder in Seenot geraten kann, hat sich mit folgenden Dienstvorschriften usw. unbedingt vertraut zu machen. Unkenntnis von Anordnungen, Beschreibungen, Anleitungen und von sofort zu ergreifenden Maßnahmen haben nicht selten schon zu ganz unnötigen Ausfällen geführt:

1) L.Dv. 92/1. Der Seenotdienst der Luftwaffe (zum größten Teil überholt).
2) D(Luft) 1804: Das Gradnetzmeldeverfahren.
3) D(Luft) 1203: Ausg. 1941: Vorläufige Anweisung für Verhalten in Seenotfällen.
4) D(Luft) T 5202: Fl. Schwimmwesten, Beschreibung und Wirkungsweise, sowie Bedienung u. Wartung der Luft- und Kapok-Schwimmwesten.
5) D(Luft) T 5204: Einmann-Schlauchboot, Gerätehandbuch. Beschreibung, sowie Bedienung u. Wartung.

5a) Werkschrift 1021 (Schlauchboote 3 m u. 2,2 m, Beschreibung, Bedienung, Wartung).
6) Merkblatt 157: Seenot-Merkblatt für Besatzungen der Kampf-Aufklärungs- u. Transportfliegerverbände.
7) Merkblatt 164: Seenot-Merkblatt für Jagdflieger-, Sturzkampfflieger- u. Zerstörerverbände.
8) A.Fu.Luft Anlage 6 Beilage 20: Der Notfunkdienst der Luftwaffe im Kriege.
9) D(Luft) T 4006: (N.S.G.2 Geräte-Handbuch, Beschreibung u. Wirkungsweise, sowie Bedienung u. Wartung des Notsendegerätes N.S.G.2).

Für fliegende Besatzungen ist die eingehende Kenntnis der unter Nr. 2–9 aufgeführten Druckvorschriften unerläßlich. Sie müssen bereits bei der Ausbildung unterrichtlich gewissenhaft verwertet werden. Praktische Übungen in der Handhabung von Schlauchboot, Schwimmweste und Signalmitteln sind, schon auf den Schulen systematisch betrieben, auch in den Verbänden fortzusetzen. Sie sind im Sommer (für Horste mit Hallenbad auch im Winter) als sportliche Wettkämpfe durchzuführen und bis zur höchsten Vollendung zu steigern. (Siehe Merkblatt 157 unter I und II) und Merkblatt 164 unter I 1 u. 2, II A 4 u. 5) (Ziff. 1), 2) u. 3), II D 10).

Eine Besatzung, die nicht ins Schlauchboot kommt, hat, besonders in der kälteren Jahreszeit, wenig Aussicht, gerettet zu werden, u. wer nicht sachgemäß mit seinen Signalmitteln umgeht, ist schon oft bei sorgfältigster Suchaktion übersehen worden, weil er in dem Augenblick, in dem er hätte entdeckt werden können, sich nicht mehr durch irgendwelche Signale bemerkbar machen konnte. (Siehe Merkblatt 157, II E 15, 16, 17 u. 18 und Merkblatt 164 II E 13, 14 u. 15.)

III. Allgemeine Fragen.

A. Aufgaben des Seenotdienstes.

1) Der Seenotdienst der Luftwaffe hat die Aufgabe, in Seenot geratene Flugzeugbesatzungen zu retten. Er wird daneben auch überall da helfend eingreifen, wo andere Menschen in Seenot geraten sind, soweit seine Einsatzmittel und seine eigenen Aufgaben dieses erlauben.
2) Bergungen führt der Seenotdienst nur dann durch, wenn es sich bei diesen um *schwimmfähige* Seeflugzeuge handelt. Darüber hinaus werden die mit Krananlagen versehenen Flugsicherungsschiffe, soweit sie bereichsmäßig zur Verfügung stehen, auch zur Bergung *gesunkener* Flugzeuge eingesetzt, wenn
   a) eine entsprechende Anforderung an die bereichsmäßige zuständige Seenotdienststelle ergeht,
   b) die Hebung des Flugzeuges nach Lage, Wassertiefe usw. möglich ist,
   c) die Bergungsarbeiten ohne erhebliche Beeinträchtigung der Seenotbereitschaft durchgeführt werden können und
   d) der Aufwand an Brennstoff und die Gefährdung eines Seenotfahrzeuges in einem annehmbaren Verhältnis zum erstrebten Bergungserfolg steht.

In jedem Falle prüft das zuständige Flughafenbereichskommando mit dem Seenotbereichskommando, in dessen Bereich der Unfallort liegt, ob die Bergung mit einem luftwaffeneigenen Fahrzeug (Flugsicherungsschiff, Bergungsprahm usw.) durchgeführt werden kann, oder ob die Heranziehung anderer Bergungsfahrzeuge (Kriegsmarine, staatl. Wasserstraßen- u. Wasserbauämter, Wasserbauverwaltungen, Hafenbauämter und -verwaltungen, private Bergungsreedereien) erforderlich und zweckentsprechend ist. (Siehe L.V. Blatt 42, 31. Ausgabe, Ziff. 1928.)

B. Zusammenarbeit mit den Verbänden und Schulen.

1) Der Seenotdienst steht allen Verbänden und Schulen, die auf Grund ihrer Aufgaben über See fliegen müssen, sowie allen Fliegerhorsten zur Vervollkommnung deren Seenotbereitschaft beratend zur Verfügung und erstrebt mit ihnen bei Seenotfällen eine erfolgreiche Zusammenarbeit. Alle Horste bzw. Verbände und Schulen haben zu diesem Zweck eine Seenot-Dienstanweisung aufzustellen und einen Offizier – den Seenotleiter – zu bestimmen, mit dem die zuständigen Seenotdienststellen (Zuständigkeit aus Anlage 1 zu ersehen) enge Fühlung halten und der zu gemeinsamen Seenotbesprechungen usw. innerhalb des Seenotbereichskommandos herangezogen werden kann.
2) Seenotrettungsmittel werden grundsätzlich nur von den Seenotdienststellen (Seenotbereichskommando, Seenotkommando) eingesetzt. Erhält jedoch eine Lw.-Dienststelle an der Küste Kenntnis von einem in der Nähe liegenden Seenotfall, zu dem eigene Rettungsmittel erfolgversprechend eingesetzt werden können, so hat dieses sofort zu geschehen unter Meldung an die zuständige Seenotdienststelle, die dann die Weiterführung der bereits angeordneten Maßnahmen verantwortlich übernimmt.

C. Die Einsatzmittel des Seenotdienstes.

1) Die Dienststelle des Seenotbereichskommandos (L) VI befindet sich auf dem Seefliegerhorst Swinemünde. Der Gefechtsstand der Dienststelle ist durchgehend besetzt. Tagsüber mit einem Wachleiter, dem N.O. und einem Auswerter, nachts mit einem Wachleiter. (Fernsprechanschluß: Seefliegerhorst Swinemünde, Nr. 14 u. 45 M.V. Swinemünde Nr. 5312. Der Kommandeur ist unter Nr. 5 der V. unter Nr. 3. Die Seenotbereichswelle der Bodenstelle ist dauernd besetzt.
2) *Die Nachrichtenverbindungswege* zum Seenotbereichskommando sind aus der Anlage 2) zu ersehen; an ihrer Vervollkommnung wird laufend gearbeitet. *Ferngespräche* bei Seenotfällen (zur Abwehr drohender Gefahr für Leben und Gerät) werden gem. L.Dv. 704/2a, Ziffer 158, Abs. c 4 als *Ausnahmegespräche* behandelt. Um jedoch im Seenotfall einen reibungslosen Einsatz der Seenotmittel zu gewährleisten, haben (lt. »Notfunkdienst der Luftwaffe im Kriege«) Ferngespräche im Seenotfall in der Dringlichkeitsstufe vor allen Ausnahmegesprächen den Vorrang. Sie sind deshalb stets mit dem Stichwort »Ausnahmegespräch – Seenotfall« anzumelden. *Fernschreiben* im Seenotfall sind stets mit dem Dringlichkeitsvermerk »Kr« zu versehen und werden gem. L.Dv. 704/3a, Ziffer 133 befördert.
3) *Seenotflugzeuge:* Seenotflugzeuge (Do 24, Do 18 u. He 59) stehen z. Zt. in Kiel, Parow u. Pillau zur Verfügung.
4) *Seenotfahrzeuge:* Neben Flugsicherungsschiffen (einsatzfähig bis Seegang 6–7) sind zahlreiche Fl.A.- und B.-Boote (einsatzfähig bis Seegang 4–5) an der Küste des Seenotbereichskommandos verteilt (siehe Anlage 1). Sie entwickeln, je nach Bootstype, Geschwindigkeiten zwischen 12 und 30 sm, sind mit Sondereinrichtungen zur Hilfeleistung in Seenotfällen ausgestattet und in der 6. Seenotflottille zusammengefaßt, die dem Seenotbereichskommando untersteht.
5) *Suchflugzeuge und Hilfsseenotflugzeuge* sind von den in Frage kommenden Verbänden, Schulen usw. zu stellen, wenn der Standort des Seenotfalles nicht bekannt ist oder Fühlungshalter nötig sind.

6) *Alle Einheiten der Marine,* sofern ein Abweichen vom Kurs mit ihren Aufgaben zu vereinbahren ist, sind zur Hilfeleistung verpflichtet. Zusammenarbeit erfolgt auf Anforderung der Seenotdienststelle und ist durch einen Befehl des Kommandos der Marinestation der Ostsee festgelegt.
7) Mit der schwedischen Marine und dem der dänischen Kriegsmarine unterstehenden »Danske Redningsvaesens« sind gleichfalls Abmachungen über Mitwirkung bei Seenotfällen getätigt worden.
8) *Alle* in der Ostsee fahrenden deutschen Handelsschiffe werden auf Veranlassung des Seenotbereichskommandos (L) VI durch »Rügen-Radio« auf den Seenotfall aufmerksam gemacht.
9) Jedes deutsche, in der Nähe fahrende Schiff, kann von Suchflugzeugen usw. an den Seenotfall herangeführt werden. (Siehe Signaltafel in D (Luft) 1203). Es ist dann in einem solchen Falle bei Annäherung an das Schiff E.S. zu schießen und durch Fliegen flacher Schlangenlinien das Hoheitsabzeichen zu zeigen. Nach E.S.-Beantwortung ist unter Schießen mehrerer *grüner* Einzelsterne das Schiff zu umkreisen und in gerader Richtung auf die Unfallstelle abzufliegen. Ein Verstandenzeichen seitens des Schiffes wird nicht gegeben, das Schiff folgt, wenn es ihm möglich ist, zur Unfallstelle.

IV. Erkennen eines Seenotfalles.

A) *Wann liegt ein Seenotfall vor?*
1) Wenn ein Flugzeug über See eine Notmeldung abgibt, aus der hervorgeht, daß es gezwungen ist, auf See notzulanden, oder (wenn es ein Seeflugzeug ist), daß es bereits notgelandet ist.
2) Wenn ein Seeflugzeug auf offener See treibend gesichtet wird, das rote (gegebenenfalls auch weiße und grüne) Sterne schießt, oder das, wenn auch keine Sterne geschossen werden, in anormaler Lage auf dem Wasser erkannt wird.
3) Wenn eine Flugzeugbesatzung oder ein Teil einer solchen im Schlauchboot treibend oder im Wasser schwimmend gesichtet wird.
4) Wenn der Absturz eines Flugzeuges über See beobachtet wird oder schwimmende Trümmer auf dem Wasser auf einen solchen schließen lassen.

B) Wann muß mit einem anlaufenden Seenotfall gerechnet werden?
1) wenn ein Flugzeug mit Flugauftrag über See überfällig ist.
2) Wenn ein Flugzeug über See unter »Pan« Peilung oder ähnl. anfordert und sich beim nächsten Anruf nicht mehr meldet.
3) Wenn mit einem Flugzeug über See, falls kein F.T.-Verbot besteht, länger als eine Stunde keine Funkverbindung mehr hergestellt werden kann.

C) Kein Seenotfall liegt vor, wenn Seeflugzeuge bei Start oder Landung innerhalb des festgelegten Rollfeldes im eigenen Horst zu Bruch gehen. Hier entfällt eine Seenotmeldung und die Angelegenheit wird wie ein Flugunfall auf dem Horst behandelt.

V. Vorbereitende Maßnahmen der über See fliegenden Verbände und Schulen.

1) *Alle* Besatzungsmitglieder eines über See fliegenden Flugzeuges müssen eingehend mit den unter B. aufgeführten, den Seenotdienst betreffenden Vor-

schriften bekannt gemacht, außerdem sollen mit ihnen möglichst auch schon praktische Übungen durchgeführt sein. (Siehe Merkblatt 157 und 164 unter I. und II. A.)

2) Der Seenotleiter der Schule, des Verbandes usw. meldet tagszuvor mit Geheimfernschreiben die von dem Verband oder der Schule voraussichtlich zum Überseeflug eingesetzten Flugzeuge an das S.B.K. VI Swinemünde mit folgenden Angaben:
   a) Tag des Einsatzes
   b) Anzahl der Flugzeuge
   c) Dauer des Einsatzes (von ... bis ...)
   d) Flugweg

   Spätestens eine Stunde vor dem Start sind die endgültige Startzeit, sowie Anzahl, Flugzeugmuster und Kennzeichen der Flugzeuge durchzugeben.
   Diese Angaben benötigt der Seenotdienst, um bei Anlaufen eines Seenotfalles bereits wichtige Unterlagen zu besitzen und seine Einsatzmittel gegebenenfalls vorher schon auf eine entsprechende Bereitschaftsstufe zu bringen. Fällt der angemeldete Flug aus, so ist das S.B.K. VI zu benachrichtigen.
3) *Die vorbereitenden Maßnahmen für den Funkverkehr* bei Notlandungen sind im »Notfunkdienst der Luftwaffe im Kriege«, Ausgabe Juli 1942, Abschn. I unter B. befohlen.
4) Die Mitnahme und Handhabung der in einem über See fliegenden Flugzeug notwendigen Rettungsmittel, sind im Merkblatt 157 und 164 unter II. ausführlich erläutert.
5) *Das Hilfsseenotflugzeug.* Eine Fw 58 (Weihe) ist mehreren Verbänden als *Hilfsseenotflugzeug* zugeteilt. Abgesehen davon, daß es verboten ist, dieses Flugzeug für andere als Seenotzwecke einzusetzen, hat es dann erst eine zweckentsprechende Bedeutung, wenn es während der Über-Seeflüge des Verbandes, der Schule usw. startklar mit einsatzfähiger Besatzung bereitsteht. Über Mitnahme und Abwurf von Seenotrettungsgerät sind die im Merkblatt *157* unter IV, Ziff. 24, 25 u. 26 und im Merkblatt 164 unter IV, Ziff. 19, 20 und 21 ausgeführten Anweisungen genauestens zu beachten.
   Besonders wird die Mitnahme mehrerer Abwurfleuchten »Lux S« oder »Lux N« empfohlen, die sich bereits sehr gut bewährt haben, weil mit ihrer Hilfe die nächtliche Suche durch ein Seenotfahrzeug sehr erleichtert wird. Das Hilfsseenotflugzeug verhält sich nach Auffinden des Seenotfalles als Fühlungshalter. Es ist das einzige, nicht zu den Seenoteinsatzmitteln der Seenotdienststellen gehörige Flugzeug, das auf Anordnung des Seenotbereichskommandos oder Seenotkommandos (sie erfolgt über Heimathafen oder Flugsicherungszentrale) die Seenotbereichsfrequenz schalten und am Seenotfunkdienst teilnehmen darf.

VI. Der Seenotfall.

A. Verhalten der in Seenot geratenen Besatzung.

1) *Seenotmeldungen* dürfen von Flugzeugen, abgesehen von plötzlich auftretender Lebensgefahr (z. B. Absturz), *nur auf ausdrücklichen Befehl* des Kommandanten bzw. des Flugzeugführers abgegeben werden.
2) *Seenotmeldungen* werden auf der *geschalteten Welle* je nach Dringlichkeit mit »Pan« oder »S.O.S.« eingeleitet, anschließend werden zunächst der *Stand-*

ort und alsdann die Rufzeichen und die sonstigen Meldungen gegeben. Diese Meldungen werden *offen* 2–3 mal getastet.

Beispiel:

SOS (Pan) 3 mal
Standort nach dem Gradnetzmeldeverfahren
offenes Rufzeichen (Tragdeck-Name)
rechtweisender Kurs
Flughöhe
Uhrzeitgruppe
evt. Zustand der Besatzung und des Flugzeuges
(hierauf Standortpeilung vornehmen lassen.)

Im äußersten Notfall:

SOS
Standort (und wenn möglich)
offenes Rufzeichen

Im Übrigen sind für den Funkverkehr die Anweisungen im »Der Notfunkdienst der Luftwaffe im Kriege«, Abschn. IC und D zu befolgen.
Wenn der Standort nicht bekannt ist, darf auf keinen Fall, nur um der Pflicht zu genügen, irgendein Standort gegeben werden, da hierdurch das Auffinden nur erschwert wird. Mutmaßliche Standorte müssen als solche bezeichnet werden.

3) Bei Notlandung auf See ist nach D (Luft) 1203, Ausg. 41, Abschn. IA, sowie nach Merkblatt 157, Abschn. II C und Merkblatt 164, Abschn. II D zu verfahren. Ist die Besatzung ins Rettungsschlauchboot gekommen, verhält sie sich nach den Anordnungen der D (Luft) 1203, Abschn. II A, B u. C (befindet sich im Rettungsschlauchboot), sowie des Merkblattes 157 und 164, Abschn. II E. Über Verhalten beim Fallschirmabsprung über See gibt Merkblatt 157, D, Anleitungen. Dazu ist ferner zu bemerken: Nicht in der ersten Aufregung alle Signalmittel verschwenden! Es dauert gewöhnlich erst eine geraume Zeit, bis Suchflugzeuge und Seenotrettungsmittel zur Stelle sind. Bei bekanntem Seenotstandort und Entfernungen zwischen 10–40 sm dürften Seenotmittel in 1/2–2 Stunden in der Nähe sein; es kann bei günstigen Voraussetzungen und besonders dann, wenn Seenotflugzeuge eingesetzt werden können, natürlich auch wesentlich schneller gehen. Abgesehen davon, daß bei genügender Signalmunition, und wenn mit der Nähe suchender Seenotmittel gerechnet werden kann, ein, wenn möglich, roter Stern zu jeder vollen und halben Stunde geschossen werden soll, sind Signalmittel erst dann ausgiebig zu verwenden, wenn Flugzeuge oder Seefahrzeuge gesehen oder gehört werden.

Hierzu ist neuerdings folgender, dem gesamten fliegenden Personal, sowie den Besatzungen aller Seenot-Fahr- und Flugzeuge bekannt zu gebender Befehl zu befolgen:

»Mit dem Sternsignal »rot/weiß« fordern Suchflugzeuge und Schiffe in Not befindliche Soldaten, Besatzungen, Schlauchboote usw. auf, sich durch Abgabe eines Stern- oder Sichtsignals bemerkbar zu machen. Hat das Suchflugzeug oder Fahrzeug die in Not Befindlichen gesichtet, so schießt es das Sternsignal »weiß/weiß«.

Ferner sollen auf Anordnung D.Ob.d.L.Gen.St.Gen.Q.L.In. 16 folgende, beim Gegner gebräuchliche Verständigungszeichen im Einvernehmen mit den Luftflotten, selbständigen Fliegerkorps usw. eingeführt werden:

1) Beide Arme hochheben – Schlauchboot ist leck, bitte neues Schlauchboot abwerfen

2) Beide Arme in Schulterhöhe heben und waagerechte Bewegungen machen – Schlauchboot ist in Ordnung

3) Mehrfaches Hochstoßen beider Arme – wir haben Verwundete an Bord, dringend Hilfe erforderlich

4) Rechten Arm hochstoßen und über dem Kopf Kreise schlagen – Wir benötigen Proviant.

Einzelne schwimmende Besatzungsmitglieder, die von einem Seenotflugzeug gesucht werden, sparen nach Befolgung des vorher Gesagten, ihre letzte Signalpatrone oder Ähnliches möglichst für den Augenblick auf, wo die Seenotmaschine zur Landung anschwebt, weil sie von dem gelandeten Flugzeug nur sehr schlecht (besonders bei etwas Seegang) ausgemacht werden können, auch wenn sie aus der Luft erkannt wurden. In der Nacht sind Seenotfahrzeuge angewiesen, im Suchgebiet zu jeder vollen und halben Stunde die Motoren abzustellen, zu rufen und nach allen Seiten zu horchen, damit bei fehlender Signalmunition, wenigstens durch Antwortruf eine Verständigung herbeigeführt werden kann.

B. Maßnahmen zur Rettung.

1) von dem betroffenen Verband (bzw. der Dienststelle, die die Flugsicherung übernahm.):

2) Sofortige Meldung des Seenotfalles an die nächste Seenotdienststelle (siehe Anlage 1) mit:

a) Seenotposition (nach Lw.-Gradnetzmeldeverfahren oder Küstenbezugspunkten) oder letzten Standort mit Kurs, beides mit Uhrzeit.

b) Flugzeugmuster, Kennzeichen und Heimatdienststelle.

c) Flugweg, auf dem der Seenotfall vermutet wird.

d) Angaben darüber, was der eigene Verband veranlaßt hat. Dieses kann sein: Start des Hilfseenotflugzeuges oder eines oder mehrerer Fühlungshalter, wenn Unfallstelle bekannt: Start von Suchflugzeugen, wenn kein genauer Standort gegeben wurde.

Bei Einsatz von Suchflugzeugen hat der einsetzende Verband mit der leitenden Seenotdienststelle Fühlung aufzunehmen und die beabsichtigte Art der Aufklärung zu besprechen, damit von vornherein eine lückenlose Zusammenarbeit gewährleistet wird.

Heranziehung weiterer Seenotmittel ohne Verständigung und Zustimmung der den Seenotfall leitenden Seenotdienststelle (Seenotkommando, Seenotbereichskommando) ist unerwünscht und geeignet, eine planvolle Seenotaktion zu stören und zu zersplittern.

Ist das notgelandete Flugzeug oder die schwimmende Besatzung gefunden, so ist der Standort sofort der Seenotdienststelle durchzugeben, damit die Seenoteinsatzmittel zur Unfallstelle geleitet werden können. Auf genaueste Beachtung des im Merkblatt 157 und 164 unter IV. Gesagten (wie leistet eine Flugzeugbesatzung zweckmäßig einer in Seenot geratenen Besatzung wirksame Hilfe) wird hingewiesen. Sind mehrere Fühlunghalter über dem Seenotfall, so fliegt ein Fühlunghalter dem Seenotflugzeug oder Fahrzeug entgegen, umfliegt es und leitet es zur Unfallstelle.

2) *Von den Seenotdienststellen:*

a) Befehl zu sofortiger Startbereitschaft aller in Frage kommenden Seenotmittel.

b) Je nach Lage des Falles Anforderung weiterer Seenothilfsmittel (siehe unter Absch. III C 5, 6 u. 7).
c) Meldung an das Seenotbereichskommando, falls dieses nicht das Anlaufen der Rettungsaktion veranlaßt hat.
d) Laufende Fühlungnahme der den Seenotfall bearbeitenden Seenotdienststelle mit dem betreffenden Verband und dem Seenotbereichskommando.
Die einzelnen Maßnahmen, von denen der Verband laufend verständigt wird, richten sich nach der Lage des Falles, den Wetter- und zeitlichen Bedingungen und den zur Verfügung stehenden Seenoteinsatzmitteln.
Ist der Unfallort ungefähr bekannt oder kann nach den Umständen eine mutmaßliche Position angenommen werden, so werden Rettungsmittel möglichst sofort eingesetzt. Umso notwendiger ist die umgehende Benachrichtigung der den Fall durchführenden Seenotdienststelle, wenn die in Seenot befindliche Besatzung von den Suchflugzeugen gefunden ist, damit Fehlleitungen möglichst vermieden und die Einsatzmittel auf kürzestem Wege zum Unfallort dirigiert werden können. Hier ist besonders zu erwähnen, daß, wenn Suchflugzeuge über dem Seenotfall stehen, zunächst eine Standortpeilung veranlaßt wird, sodann, mit Ausnahme eines zweiten Fühlunghalters, der das Seenotrettungsmittel heranführt, alle anderen Suchflugzeuge zurückzuziehen sind und der betreffende Verband bis zur Bergung der Besatzung durch die eingesetzten Seenotrettungsmittel eine lückenlose und gewissenhafte Fühlunghaltung durchzuführen hat. Es muß grundsätzlich *über* dem Seenotfall abgelöst werden.
Meldungen des Seenotbereichskommandos an vorgesetzte Dienststellen sind hier nicht erwähnt.

C. Beendigung des Seenotfalles.

1) Der Seenotfall ist beendet:
a) wenn die Besatzung lebend oder tot geborgen ist.
b) wenn die Suchaktion als aussichtslos abgebrochen wird, weil infolge der verstrichenen Zeit, der Wetterlage und der sonstigen Umstände und Feststellungen nach menschlichem Ermessen keine Aussicht mehr besteht, die Besatzung noch lebend auffinden zu können.
Der Abbruch der Rettungsaktion wird vom Seenotbereichskommando befohlen. Die Zurückziehung aller Einsatzmittel veranlaßt die den Seenotfall bearbeitende Seenotdienststelle.
2) Um einen erschöpfenden Einblick in den Ablauf eines Seenotfalles zu gewinnen, sowie zur Prüfung der getroffenen Maßnahmen und zur nutzbringenden Auswertung der sich aus dem Seenotfall ergebenden Erfahrungen, ist die Ausfüllung des Seenotfragebogens (Anlage 4), Anfertigung von Skizzen und Berichten durch alle Beteiligten, also auch der in Seenot geratenen Besatzung, sowie des für den Einsatzhorst oder den Verband zuständigen Seenotleiters notwendig. Für die *Seenotdienststellen* ergeht in dieser Hinsicht ein Sonderbefehl. Die Seenotleiter der *Einsatzhorste, Schulen* oder *Verbände* werden gebeten, nach einem Seenotfall umgehend folgende Unterlagen an das zuständige Seenotbereichskommando bzw. Seenotkommando einzusenden:
a) Den Seenotfragebogen in 4-facher Ausfertigung. Dieses geschieht durch den Kommandanten des in Seenot geratenen Flugzeuges oder durch die Einsatzdienststelle, wenn die Besatzung nicht gerettet wurde. Reicht der unter Nr. 5 des Fragebogens vorgesehene Platz (Verlauf des Seenotfalles und der Hilfe-

leistung) für die Darstellung nicht aus, so ist hierfür ein Bogen an das Formblatt anzuheften und dieses unter Nr. 5 des Formblattes zu vermerken.
b) Einen ergänzenden Bericht des Seenotleiters (ebenfalls in 4-facher Ausfertigung) der gegebenenfalls auch eine Ausführung über die Beteiligung von Suchflugzeugen der betreffenden Einheit enthalten muß mit
c) einer Skizze auf der Luftwaffengradnetzkarte 1:200000, die den Seenotfall und gegebenenfalls die Suchkurse der eingesetzten Suchflugzeuge darstellt. (Anlage 5)

Während drei der zugesandten Ausfertigungen weitergegeben werden müssen, wird die vierte mit einer Stellungnahme des Seenotbereichskommandos zurückgesandt. Auf diese Weise wird ein hoffentlich fruchtbringender Erfahrungs-Meinungsaustausch zwischen den über See fliegenden Verbänden und den Seenotdienststellen zustande kommen.

Über Zusammenarbeit mit den innerhalb des Seenotbereichskommandos (L) VI liegenden Tag- und Nachtjagdverbänden sind – als Ergänzung zu diesem Merkblatt – Sondervereinbarungen vorgesehen.

gez. Heß
Oberstleutnant und Seenotbereichskommandeur

QUELLENNACHWEIS (Manuskripte, Briefe, Befehle)

Verschiedenes:

GenLt. a. D. Konrad Goltz:

Die Seenotflugzeuge und Seenotfahrzeuge der Luftwaffe. Der Aufbau des Seenotdienstes bis zum Beginn des Zweiten Weltkrieges.

Der Seenotdienst der Luftwaffe vom Beginn des Zweiten Weltkrieges bis Juli 1940.

Der Seenotdienst der Luftwaffe vom Juli 1940 bis zur Umorganisation im Frühjahr 1942.

Einsatzraum Nordsee:

Oberstltn. a. D. Fengler:

Seenotzentrale Nord, Wilhelmshaven.

Major a. D. Kretschmar:

Der Seenotdienst in der Deutschen Bucht von 1941–1943.

Ob. d. L.:

Verfügung vom 19. 8. 1944 betr. Vereinfachung der Führung des Seenotdienstes der Luftwaffe.

Oberstltn. a. D. Carl Heß:

Die Lösung der Einsatzfrage im Seenotverbindungskommando Luftflotte Reich.

Hptm. a. D. Luchmann:

Der Einsatz von Seenotflugzeugen und -Fahrzeugen in der Deutschen Bucht von Oktober 1944 bis Kriegsende.

Einsatzraum Ostsee:

Oberst a. D. Dreyer:

Seenotzentrale Ost von September 1939 bis Juli 1940.

Hptm. a. D. Schirmack:

Briefbericht an Oberstleutnant a. D. Heß vom 10. 5. 1957.

Einsatzraum Norwegen und Finnland:

Oberstltn. a. D. Ludwig Wahl:

Der deutsche Seenotdienst in Norwegen im II. Weltkrieg.

Hptm. a. D. Neuber:

Die Geschichte der 5. Seenotstaffel vom 1. 1. 1941 bis zum 1. 9. 1943 im Einsatzgebiet Norwegen.

ders.

Die 10. Seenotstaffel im Einsatzgebiet Südnorwegen in der Zeit vom 1. 9. 1943 bis zum 1. 3. 1945.

Einsatzgebiet Atlantik und Kanal:

Oberst a. D. Dreyer:

Der Seenotdienst der Luftwaffe 3 (Luftflotte 3) vom August 1940 bis Juni 1941.

Oberstleutnant a. D. Heß:

Das erste Jahr der Seenotzentrale Brest am Atlantik.

ders.:

Die Seenotboje »Generalluftzeugmeister«.

Ofw. a. D. Wilhelm Heefchen:

»Bojenkontrolle«.

Luftflotte 3:
  Tätigkeitsbericht der Luftflotte 3 über den Seenotdienst.
Major d. Res. Dr. Pössel:
  Briefbericht vom 16. 7. 1953 an GenLt. Goltz.
Oberstltn. a. D. Fengler:
  Seenotbereichskommando Holland.
Hptm. a. D. Schoen:
  Auszug aus dem persönlichen Kriegstagebuch.
Hptm. a. D. Luchmann:
  Einsätze von Seenotflugzeugen im Kanal und in der südwestlichen Nordsee in den Jahren 1941 und 1942.
Oblt. d. Res. Dr. Th. Wagner:
  Erfolgreiche Seenoteinsätze.

Einsatzraum Mittelmeer:
Oberst a. D. Bartels:
  Der Seenotdienst der Luftwaffe im Mittelmeer in der Zeit vom April 1941 bis Dezember 1941.
Major a. D. Kretschmar:
  Der Aufbau des Seenotdienstes an der libyschen Küste.
Hptm. a. D. Luchmann:
  Der Einsatz von Seenotflugzeugen- und Fahrzeugen im westlichen Teil des Mittelmeeres im Jahre 1943 (mit einer Stellungnahme von Fengler jun.).
Kapitän Hans Haeger:
  Der Seenotdienst Italien November 1943 bis Mai 1945 (mit Ergänzung zum Bericht von Oberst a. D. Engelhorn).

Einsatzraum Ägäis:
Oberstleutnant a. D. Fengler:
  Seenotzentrale Ägäisches Meer.
Oberstleutnant a. D. Securius:
  Briefbericht vom 28. 3. 1954 an GenLt. Goltz.
Nautiker Karl Sarges:
  Briefbericht vom 2. 6. 1953 an GenLt. a. D. Goltz.
Hptm. a. D. Hülsmann:
  Ägäis.

Einsatzraum Schwarzes Meer:
Oberstleutnant a. D. Fengler:
  Feldzug gegen Rußland, Seenotzentrale Schwarzes Meer.
Ofw. Gieger:
  Briefbericht vom 27. 5. 1944 an Oberst von Hansing.
Oberst a. D. Hansing:
  Der Einsatz des Seenotbereichskommandos XII im Schwarzen Meer in den Jahren 1942-43.
Major a. D. Gladigau:
  Der Seenotdienst der Luftwaffe im Schwarzen Meer.
Hptm. a. D. Hülsmann:
  Der Seenotdienst im Schwarzen Meer Juni 1943 bis August 1944.

Sanitätsärztliche Berichte:
Stabsarzt Dr. Mathes:
Der deutsche Seenotdienst während des Zweiten Weltkrieges.
Stabsarzt Dr. Winkler:
Die Seenotgefahren als Aufgabengebiet der Sanitätsoffiziere bei Fliegenden Verbänden und an Fliegerschulen.

Bericht über das Nachrichtenverbindungswesen:
Hptm. a. D. Stedtler:
Das Nachrichtenverbindungswesen im Seenotdienst der Luftwaffe im Kriege.

Bericht über Seenotlehrgänge:
Oberstleutnant a. D. Heß:
Seenoteinweisungslehrgänge.

Sonstige Unterlagen:
Auszüge aus den Genfer Abkommen.
Brief des Comité de la Croix-Rouge.
Brief der Forschungsstelle für Luftrecht.
Brief von Dr. jur. Fokken, Präsident des Landeskirchenrates (Oberkriegsgerichtsrat im R. L. M.).
Zeitungsnotiz aus »Münchener Neueste Nachrichten«, Nr. 214 vom 31. Juli 1940.
Kptlt. a. D. K. E. Schoen:
Briefberichte an Oberstleutnant Heß vom 20. 3. 1957 und 26. 3. 1957.
Hptm. W. L. Conrad:
Briefbericht an Oberstleutnant a. D. Heß vom 27. 3. 1957.
Oblt. von Aswegen:
Chef der Seenotflottille 81.
Oberstleutnant a. D. d.BW Schirmack:
seinerzeit Hauptmann und Chef der Seenotflottille 60.
Kapitän Misch:
Das Flugsicherungsschiff »Greif«.
Kapitän Mathias:
Untergang des Flugsicherungsschiffes »Boelcke«.
Obergefreiter Gerhard Manteufel:
Untergang des Flugsicherungsschiffes »Hans Albrecht Wedel«.

Aus unserem Marine-Sachbuch-Programm

Alexandre Korganoff
Prien gegen Scapa Flow
Tatsachen, Geheimnisse, Legenden
236 Seiten, 65 Abbildungen, gebunden, DM 29,–.

Das Buch gliedert sich in zwei Teile. Zunächst werden die Vorbereitungen und der Ablauf der Unternehmung in all ihrer Dramatik fesselnd geschildert. Dann setzt sich der Autor mit dem bisher ungelösten Problem des von U 47 torpediert gemeldeten zweiten Schiffes auseinander. Schließlich bestätigt Korganoff für alle noch Ungläubigen erneut, daß Prien am 8. 3. 1941 mit seiner gesamten Besatzung fiel, als sein Boot U 47 durch HMS Wolverine am Geleitzug OB-293 versenkt wurde.

Jung/Wenzel/Abendroth
Die Schiffe und Boote der deutschen Seeflieger 1912–1976
416 Seiten, 250 Abbildungen, gebunden, DM 44,–.

Dies ist die erstmalige Gesamtdarstellung aller Schiffe und Boote, die den deutschen Seefliegern von den ersten Anfängen im Kaiserreich bis zu den Tagen der Bundeswehr zur Verfügung standen. Es ist das Bild einer bisher weitgehend unbekannt gebliebenen großen Schiffsgruppe. Rund 250 Fotos, Zeichnungen und Karten erläutern technische Entwicklungen, Gliederungen und Einsatzräume. Hier ist ein Buch entstanden, das den Luftfahrt- und Marine-Interessierten ebensosehr anspricht, wie etwa den Modellbauer.

Arnold Kludas
Die deutschen Lazarettschiffe im Zweiten Weltkrieg
176 Seiten mit 196 Fotos und 20 Zeichnungen, gebunden, ca. DM 29,80.

Die erste Dokumentation über die deutschen Marine-Lazarettschiffe und Verwundeten-Transporter im Zweiten Weltkrieg; einer Flotte von über 80 Schiffen, durch deren Einsatz viele Tausende von Verwundeten gerettet werden konnten. Das Werk schildert anschaulich die Planungen eines Lazarettschiff-Einsatzes in den Jahren vor dem Krieg, die Auswahl der in Frage kommenden Schiffe, die letzten Vorbereitungen und den Kriegsausbruch.

MOTORBUCH-VERLAG
POSTFACH 1370
7000 STUTTGART 1

Motor buch Verlag

A

B

E

F